住房城乡建设部土建类学科专业"十三五"规划教材
"十二五"普通高等教育本科国家级规划教材
高校土木工程专业指导委员会规划推荐教材
（经典精品系列教材）

土木工程概论（第二版）

沈祖炎　主编

中国建筑工业出版社

图书在版编目（CIP）数据

土木工程概论/沈祖炎主编. —2版. —北京：中国建筑工业出版社，2016.10（2024.6重印）

住房城乡建设部土建类学科专业"十三五"规划教材."十二五"普通高等教育本科国家级规划教材. 高校土木工程专业指导委员会规划推荐教材（经典精品系列教材）

ISBN 978-7-112-19874-0

Ⅰ.①土… Ⅱ.①沈… Ⅲ.①土木工程-高等学校-教材 Ⅳ.①TU

中国版本图书馆 CIP 数据核字（2016）第 223976 号

　　本书是在 2009 年出版的第一版基础上根据近年来土木工程专业发展新形势修订而成。本书为学习土木工程专业及相关学科的学生提供了一本概论性教材，帮助其了解所学专业和未来从事工作的行业。全书从不同的角度介绍了宽口径土木工程学科的若干分支领域，如土木工程材料、建筑工程、桥梁工程、轨道交通工程、地下空间与隧道工程、水利工程、海洋工程结构、土力学与基础工程、防灾减灾以及土建行业未来发展趋势。

　　本书可作为高校本科土木工程概论课程的教材和阅读材料，也可供从事土木工程设计、研究的专业人员参考。

* * *

责任编辑：吉万旺　王　跃
责任校对：李美娜；刘梦然

住房城乡建设部土建类学科专业"十三五"规划教材
"十二五"普通高等教育本科国家级规划教材
高校土木工程专业指导委员会规划推荐教材
（经典精品系列教材）

土木工程概论（第二版）

沈祖炎　主编

*

中国建筑工业出版社出版、发行（北京海淀三里河路 9 号）
各地新华书店、建筑书店经销
北京红光制版公司制版
北京圣夫亚美印刷有限公司印刷

*

开本：787×960 毫米　1/16　印张：13¼　字数：271 千字
2017 年 8 月第二版　　2024 年 6 月第二十八次印刷
定价：**36.00** 元
ISBN 978-7-112-19874-0
（36126）

出　版　说　明

为规范我国土木工程专业教学，指导各学校土木工程专业人才培养，高等学校土木工程学科专业指导委员会组织我国土木工程专业教育领域的优秀专家编写了《高校土木工程专业指导委员会规划推荐教材》。本系列教材自 2002 年起陆续出版，共 40 余册，十余年来多次修订，在土木工程专业教学中起到了积极的指导作用。

本系列教材从宽口径、大土木的概念出发，根据教育部有关高等教育土木工程专业课程设置的教学要求编写，经过多年的建设和发展，逐步形成了自己的特色。本系列教材曾被教育部评为面向 21 世纪课程教材，其中大多数曾被评为普通高等教育"十一五"国家级规划教材和普通高等教育土建学科专业"十五"、"十一五"、"十二五"规划教材，并有 11 种入选教育部普通高等教育精品教材。2012 年，本系列教材全部入选第一批"十二五"普通高等教育本科国家级规划教材。

2011 年，高等学校土木工程学科专业指导委员会根据国家教育行政主管部门的要求以及我国土木工程专业教学现状，编制了《高等学校土木工程本科指导性专业规范》。在此基础上，高等学校土木工程学科专业指导委员会及时规划出版了高等学校土木工程本科指导性专业规范配套教材。为区分两套教材，特在原系列教材丛书名《高校土木工程专业指导委员会规划推荐教材》后加上经典精品系列教材。2016 年，本套教材整体被评为《住房城乡建设部土建类学科专业"十三五"规划教材》，请各位主编及有关单位根据《住房城乡建设部关于印发高等教育 职业教育土建类学科专业"十三五"规划教材选题的通知》要求，高度重视土建类学科专业教材建设工作，做好规划教材的编写、出版和使用，为提高土建类高等教育教学质量和人才培养质量做出贡献。

高等学校土木工程学科专业指导委员会

中国建筑工业出版社

第二版前言

自本书第一版出版以来，我国土建行业继续保持飞速发展的态势，在产业规模方面，2015 年建筑业总产值约为 18 万亿元，占国民生产总值（GDP）20% 以上，是国民经济的支柱产业；在产业效能方面，相继完成了一系列令世人瞩目的设计理念超前、科技含量高、施工难度大的重大工程，是我国依靠本国人才和科技力量自主实现高速发展的行业之一。但是，目前人类也面临着资源消耗、环境恶化等问题，作为承载着民众福祉、城市运行和经济发展的土建行业，必须从传统的安全、经济向舒适、美观、耐久、可持续方向发展。土建行业未来的发展方向应该是绿色土建工程、新型建筑工业化和建筑信息化智能化三个方面；而且这三个方面不应孤立发展，应三位一体协调发展。

从人才培养角度看，本书第一版所依据的《高等学校土木工程专业本科教育培养目标和培养方案及课程教学大纲》已经过了修订，对培养目标、培养规格、教学内容和课程体系等提出了新的要求，形成了《高等学校土木工程本科指导性专业规范》。特别地，基于信息技术变革和用户需求驱动的新经济发展对传统工科专业的人才培养提出了挑战，"基于思维培养和知识本质把握的自我学习与自我完善、基于创新素养和多文化融合的发现问题与综合解决问题能力"成为面向未来的土建行业人才培养的关键。

鉴于此，我们对《土木工程概论》一书进行了修订，重点在于理念和内容的更新，包括增加章节、合并章节、以新的资料取代陈旧的内容等，主要有"更新了我国土木工程专业教学指导意见以及未来土木工程师的能力要求；增加了新型土木工程材料；增加了城市轨道交通工程；增加了地下空间开发内容；将"水工结构物"和"水利工程"两章合并为一章；新增了"土建行业未来发展趋势"一章，便于学生尽早尽好地进行职业和人生规划。

本书由沈祖炎院士主编，各章的执笔编写人为：陈世鸣教授（第 1 章）、陈以一教授（第 2 章）、孙振平教授（第 3 章）、童乐为教授（第 4 章）、徐栋教授（第 5 章）、周顺华教授（第 6 章）、张子新教授（第 7 章）、匡翠萍教授（第 8 章）、祁德庆教授（第 9 章）、张子新教授（第 10 章）、葛耀君教授（第 11 章）、沈祖炎院士和罗金辉助理研究员（第 12 章）。全书由沈祖炎院士修改定稿，赵宪忠教授进行了校对。

由于编者水平限制，本书难免会有不足之处，敬请读者批评指正。

同济大学　土木工程学院

2017 年 3 月

第一版前言

土木工程是一个覆盖面非常广阔的工程学科，按工程对象的不同，有以下分支：建筑工程、桥梁工程、岩土工程、隧道和地下工程、轨道交通工程、道路与机场工程、港口工程、矿井工程等，国际上还包括水利工程、给水排水工程、暖气通风工程等；按工作内容的不同，有以下分工：设计、施工、管理、咨询、监理、投资、教育、研究、开发等的技术或管理工作；按工作性质的不同，有以下几种职业：工程技术人员、教师和研究人员等。

在高等学校内设置土木工程专业就是为了培养土木工程所需的各类人员。在土木工程专业开设的课程中，一般都在第一学期为入学的新同学开设土木工程概论课程。其目的就是让刚进入土木工程专业学习的学生通过土木工程概论课程的学习能够对土木工程的工作对象、工作内容和工作性质有一概略且较完整的了解，有助于学生能够结合自己的特点和兴趣，对大学四年的学习作出合理的考虑和安排。

鉴于此，我们在编写土木工程概论时，做了如下的考虑。第 1 章和第 2 章主要介绍什么是土木工程、土木工程师的职业内容、土木工程师是怎样工作的、土木工程师应具有的知识结构和能力结构以及学生应怎样适应大学的专业教育环境。第 3 章到第 12 章则分别介绍土木工程的分支，分别为土木工程材料、建筑工程、桥梁工程、轨道交通工程、隧道工程、水工结构物、海洋工程结构、土力学与基础工程、水利工程和减灾。由于学习的学生都是刚入学的新生，在介绍土木工程的各分支时，尽量避免出现难于理解的专业内容，而把注意力放在各分支工程的具体类型、结构体系、组合和功能、荷载的传递、各组成的截面形式、所用的材料以及受力特点等，使学生得以了解土木工程各分支的主要内容。

2005 年我们根据这一考虑撰写并由中国建筑工业出版社出版了英文版的土木工程概论（Introduction of Civil Engineering），同时也作为双语教学的英语教材使用。现应中国建筑工业出版社的要求，对它作了少量修改后，用中文出版，以期在达到双语教学目的的同时，能够让更多的刚进入土木工程专业学习的学生更早地了解土木工程和土木工程专业。

本书由沈祖炎院士主编，各章的执笔编写人为：陈世鸣教授（第 1 章）、陈以一教授（第 2 章）、孙振平教授（第 3 章）、童乐为教授（第 4 章）、徐栋教授（第 5 章）、周顺华教授（第 6 章）、张子新教授（第 7 章）、祁德庆教授（第 8、9 章）、张子新教授（第 10 章）、苏小卒教授（第 11 章）、葛耀君教授（第 12

章）。全书由沈祖炎院士修改定稿。对邹晶硕士所作的图形绘制和文字输入工作表示感谢。

　　本书难免会有不足之处，敬请读者批评指正。

同济大学　土木工程学院

2009 年 5 月

目　　录

第1章　土木工程和土木工程师

1.1　什么是土木工程

什么是土木工程？根据历史记载，土木工程是人类有史以来最古老的工程技术之一，其历史至少可追溯到 5000 年前的古埃及金字塔、古罗马庙宇、古代水利灌溉工程和许多古代著名建筑（工程）。尽管随着历史变迁，"土木工程"涵盖的意义发生了很大的变化，但其基本内涵仍然是运用科学技术和人类的发明创造来解决实际的工程问题。

根据伦敦英国皇家土木工程师宪章（1818 年）记载：土木工程是"构成土木工程师职业的一门学科，是引导绝大多数种类的自然力量为人类服务的一种艺术"。

在最新一版的中国大百科全书中，土木工程被定义为："土木工程是建造各类工程设施的科学技术的总称，它既指工程建设涉及的工程材料和设备相关的勘测、设计、施工和保养维修等技术活动，也指工程建设的对象，如房屋、道路、铁路、运输管道、隧道、桥梁、运河、堤坝、港口、电站、机场、海洋平台、给水排水以及防护工程等。"

土木工程的英文是 Civil Engineering，其中"Civil"源于单词"civilization"，其意为"民用"，所以 Civil Engineering 的直译也称为民用工程。人类文明进步和许多方面都与土木工程有关。可以说：土木工程是伴随人类追求美好生活、改变自然环境的科学技术活动的一种形式。土木工程的英文词汇还是涵盖各类建设工程的统称。

古代的土木工程在历史上有很长的时间跨度，大致可以从公元前 5000 年新石器时代最原始的土木工程活动记载，到 16 世纪末意大利的文艺复兴时期，文艺复兴也导致了土木工程的迅速发展，前后经历了两千多年。早期古代社会没有土木工程师和建筑师的区分。古埃及的金字塔（图 1-1），中国古代的万里长城（图 1-2），古罗马的公路、道路、水渠、桥梁、运河和港口等在那时都被认为是建筑师的作品和成就。直到 18 世纪，从事公共建筑设施规划设计、建造和保养维修的专业人士开始称自己为"土木工程师"。1761 年，著名的 Eddy 灯塔的设计和建造者 John Smeaton 成立了土木工程协会（又称 Smeatonian 协会），并第一个称自己为"土木工程师"，使公众开始了解土木工程师的职业和他们所从事的工作。

图 1-1　埃及的金字塔（公元前 2550），
坐落在撒哈拉沙漠的 King Zoser

图 1-2　中国长城

　　土木工程和近代科学技术密切联系在一起，使得近代和现代的土木工程区别于历史上的土木工程。其最重要的区别，就是近现代的"土木工程"成为一门系统的学科。虽然古代的土木工程项目也只有在符合科学原理的基础上才能实现，但从事土木工程项目建设的人们对科学原理的认识，主要是通过经验的积累来感受和获取。近现代的土木工程则不再仅仅依赖经验，而更依托于建立在观察和系统试验基础上的科学理论，包括力学和材料科学的理论，而这些理论的掌握还有赖于广泛的数学知识。

　　土木工程与我们的日常生活密切相关，并在人类的发展历史中起到了非常重要的作用。今天，土木工程师则面临更加复杂的问题。水库堤坝和发电厂（图1-3）的建设需要土木工程师，各种大大小小的工程结构的建造，不论是在设计、规划还是在工程的管理上，都需要土木工程师来完成。提供我们生活的洁净安全水的水处理工厂的系统建造和运营需要土木工程师的技术专长。土木工程师还通过规划和处理人类生活垃圾的技术来减少人类对空气、土地和水的污染，保护我们的大自然环境。

　　总的来说，土木工程是一门古老的学科，它已经取得了巨大的成就，未来的土木工程将在人们的生活中占据更重要的地位。由于地球环境的日益恶化，人口的不断增加，人们为了争取生存，为了争取更舒适的生存环境，必将更加重视土木工程。21世纪以来，许多重大工程项目已陆续建设，如插入云霄的摩天大楼（图1-4）、横跨大江大河的超大跨度桥梁。科技的发展以及地球不断恶化的环境也将促使土木工程向太空和海洋发展，为人类提供更广阔的空间。人类也更加关注人类社会和自然的可持续发展，包括土木工程的可持续发展。另外，各种工程材料新技术的涌现也将推动土木工程的进步。传统的工程材料主要是钢材、钢筋、混凝土、木材和砖材。在未来，传统材料将得到改观，一些全新的更加适合建筑的材料将问世，尤其是化学合成材料将推动建筑走向更高点。同时，设计方法的精确化，设计工作的自动化，信息和智能技术的全面引入，将会使人们有一个更加舒适的居住环境。

图 1-3 堤坝和发电厂

图 1-4 632m 高的上海中心大楼

1.2 土木工程的分支

土木工程涉及相当广泛的技术领域。建筑工程、交通土建工程、井巷工程、水利水运设施工程、城镇及建筑环境设施工程、防灾减灾工程，都属于广义的土木工程范围。此外土木工程还包括：减少和控制空气和水的污染、旧城改造、规划和建设新的居住区、城市的供水、供电、高速地面交通系统等，这些基础设施的建设都是土木工程师所涉及的技术领域。大坝、建筑、桥梁、隧道、发电厂、公路和港口等设施的建设还关系到自然环境与人类需求之间的和谐。经过多年的发展演变，今天的土木工程已被分为许多分支，如：结构工程、水利与水资源工程、环境工程、交通工程、测量工程和岩土工程等。现代土木工程技术不仅包括对工程的理论分析、设计、规划、建造、维护保养、修缮和管理，还涉及应对和处置遍布全球的各类基础设施工程项目对自然环境可能造成的影响。

结构工程（Structural engineering）是与建筑和桥梁结构设计及建造相关的科学技术（图 1-5、图 1-6）。任何结构，不管其功能何用，都会承受自然环境（如风荷载和地震作用）和人类活动（如货物和汽车交通）引起的荷载。这些结构必须经过设计计算，使其能承受各种可能的荷载作用。结构可以包括建筑、桥梁、管道、机器、汽车甚至是航天飞机。结构工程师的主要工作通常是进行拟建结构的设计、评估和改进既有结构的承载能力，防止其在地震中遭到损坏。为此，结构工程师必须具备扎实的专业知识，知晓结构的变形特性、材料性能、荷载属性、大小以及发生概率、结构设计原理、设计规范以及计算机程序的应用等。

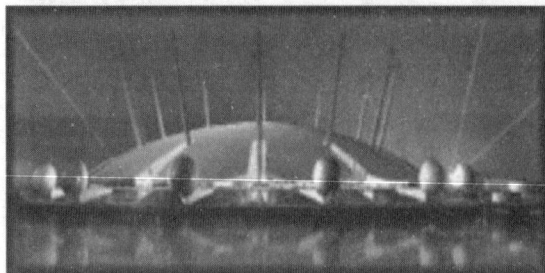

图1-5　千年穹顶（英国，格林威治）

图1-6　澳大利亚的悉尼歌剧院

水资源工程（Water resources engineering）涉及水供应和水系网络、洪水和洪涝灾害的控制、水利和水质相关的环境问题以及水质环境的遥感预测的规划、管理、设计和营运等。水资源工程中常常会用流体力学原理来解决水流动的相关问题，也包括解决固液混合的半流体力学问题。工程水利学可定量分析水环境中的水的流动与分布等水利学问题，如：洪涝、沉淀物的流动、水量供应、水浪产生的力、水力机械学以及水源地表的保护与形成等。水利和水力工程师还在应用数学、实验室和建设现场等方面进行大量的试验和研究。

环境工程（Environmental engineering）不仅涉及水的环境质量，还包括空气质量和土地的使用。环境工程师关注大气污染、水污染、固体废料处理、放射性有害物质控制、昆虫灾害控制和安全洁净水的供应等与环境有关的问题。他们设计了供应安全饮用水及能控制和防止水、空气和土地污染的系统。在水资源的管理等许多方面，起到了关键作用，如供水的处理与配置以及废水处理系统的设计等。这一领域是目前迅速成长起来的新兴行业。世界各国每年在水源配置和水环境处理、固体废料处理以及有害污水的处理方面都投入了亿万资金。

图1-7　城市环形高架道路

交通工程（Transportation engineering）是采用某种方式将人群或物体有序高效地从一个地方运送到另一个地方的科学技术（图1-7）。交通系统的设计和作用不仅为人们提供了出行的便利，而且在相当长的时间里，对相关地域经济发展模式和发展程度会产生重要影响。交通工程技术集中反映在交通系统的规划、设计、建造和管理中，并形成包括交通的基础设施、运行车辆、交通管理控制系统和交通管理策略在内的有效交通系统，以保障人员和货物安全和便捷的运送。

测量工程（Survey engineering） 是对地表进行精密测量以获取工程项目所在位置的可靠信息。通常，在工程设计开始之前，测量工程人员就已经在现场工作。现代测量工程师会采用大量的电子仪器甚至借助卫星技术（可提供精密的俯视详图）来进行工程测量。有些工程建设项目测量会跨越几十平方公里范围。另外，海洋上的工程测量，可以借助 GPS 定位系统，以确定工程的精确位置。

岩土工程（Geotechnical engineering） 是土木工程中处理工程项目设计施工中与土、岩石和地下水相关的专门技术（图 1-8、图 1-9）。有时也称为土体或地下工程。岩土工程师专事分析土体和岩石的性能，这些性能会影响土体和岩石所支承的上部结构、路面以及地下结构的结构特性。岩土工程师评估建筑可能出现的沉降，测算填土和边坡的稳定，评估地下水渗漏和地震的影响。参与大体量土石结构（如水坝和大堤等）、建筑基础以及一些特种结构的设计与施工，如海洋平台、隧道和大坝以及深开挖等其他施工技术。

图 1-8　意大利比萨斜塔　　　图 1-9　土体滑坡 the Vaiont Dam（1963）Italy

1.3　若干位历史记载的著名土木工程师

土木工程作为一门独立学科最早出现在 1716 年创建法国桥梁和公路协会的时候，1747 年该协会演变为法国国立桥梁和公路学校。在土木工程历史记载上，有许多对今天的技术和社会有着很大影响的先驱。下面的一些名字只是他们其中的一部分，他们提醒着我们，土木工程领域中一些重要的技术发明和进展对人类社会进步所起的作用和影响。

约瑟夫·阿斯普丁（Joseph Aspdin，1779－1855） 是一位英国利兹的建造商，1824 年发明了一种称为"波特兰"的新水泥材料，其名字主要是由于这种水泥材料与英国一个叫波特兰的地方用于砌筑房子的天然石头相似而得名。阿斯普丁用车轮将石灰石路面的石子碾碎，并与细黏土混合烧制成粉状，经养护，获得高强水泥。波特兰水泥获得了巨大的商业成功。为了保持其制作秘密，阿斯普丁在制作中最后喷洒了一些"神秘的盐"。阿斯普丁的发明导致了用山区原材料来生产水泥粉的水泥工业。

丹尼尔·伯努利（Daniel Bernoulli，1700—1782）和雷哈德·欧拉（Leonhard Euler，1707—1783）是俄罗斯圣彼得堡的两位数学教授，他们既是同事又是多年的好友。伯努利出版了流体静力学和流体动力学著作，首次记录了流体力学现象并发现了用其名字命名的流体运动方程。欧拉则比他的同事对数学显示了更大的兴趣。事实上，是欧拉推导了以他的朋友名字命名的流体运动方程，发表了数百篇研究论文，仅论文题目排列起来就有 50 多页厚。

克劳德·伯赛（Claude H. Birdseye，1878—1938）是美国摄影测量技术协会的创建者并任协会的第一任主席，该协会成立于 1934 年，现通称为美国摄影测量和遥感技术协会。作为一名摄影测量的先驱，伯赛承担了距鲍德市东北部有 7 英里远的大黑峡谷急流河道的测绘工作，该峡谷后建成为胡佛水坝。由于大黑峡谷地形险要，沿克劳拉德河两侧都是悬崖峭壁，传统的测绘方法根本无法使用。伯赛发明了摄影测绘方法，在峡谷里设置了精确的测绘控制网点，在胡佛水坝修建竣工之前，他带领着一支测量考察队，7 年里，深入到克劳拉德河道所有地方，寻找建造大坝的位置。胡佛水坝最终在 1936 年完成修建，水坝坝高有 726 多英尺（是全美国第二高的坝体），峡谷中形成的密德湖也成为全美国最大的人工湖（水库）。

艾赛巴德·金·布鲁乃（Isambard Kingdom Brunel，1806—1859）是泰晤士运河隧道建造者马齐艾赛巴德·布鲁乃的儿子，生于英格兰的朴次茅斯。和他父亲一样，布鲁乃的职业生涯是与一个又一个宏大工程联系在一起的，其中最著名的应该是英格兰铁路工程。19 岁时，布鲁乃在他父亲负责的泰晤士运河隧道工程中担任一名现场工程师。1833 年，他完成了伦敦到布里斯托之间铁路线施工前的测量，该线路后来成为大英西线铁路。布鲁乃的工作还包括为火车设计了 7 英尺宽的轮距，使火车在高速下行驶更加平稳。总之，布鲁乃为英格兰西、英格兰中部和南部威尔士建造了 1600 多英里的铁路线路。后来，他又将兴趣转向航海，建造了世界上第一艘采用蒸汽动力横跨大西洋的轮船。

莱昂纳多·达·芬奇（Leonardo Da Vinci，1452—1519）是一位著名的意大利艺术家、发明家和科学家，同时对土木工程也作出了巨大贡献。小学毕业后，达·芬奇跟随艺术家安德鲁（Andrea del Verrocchio）学徒，1482 年，达·芬奇来到米兰，受雇于米兰公爵，作为公爵的专用画师和工程师。在此位置上，达·芬奇对大教堂的建造提出了许多建议，许多设想和建议都与水利工程和机械工程有关。1500 年，法国人占领了意大利，达·芬奇为法国人工作，绘制了许多城堡设计图纸并设计了后来连接米兰和 Lake Como 湖的 Adda 运河。达·芬奇吸引人的才智和手记都与机械有关，涉及非常复杂的吊车机械、钻机、水下呼吸机和第一个飞行器的设计。他还是一名军事工程师，发明了许多攻击性武器、浮桥和蒸汽动力船舟。

查尔斯·埃利（Charles Ellet，1810—1862）是历史上第一位设计悬索桥的美国人，又称为"美国的布鲁乃"。埃利 1828 年在 Chesapeake 和 Ohio Canal 作为一名测量技术员和助理工程师开始了他的职业生涯。1832 年，国会否决了埃利在华盛顿珀特玛克河上建造一座悬索桥的方案，10 年后，埃利在费尔芒德的歇凯尔河上建造了他的第一座悬索桥。该悬索桥主跨 858 英尺，采用了在法国已经使用了多年的一种技术，用许多细绳索制作出主缆绳。在美国南北战争前，埃利在美国各地建造了许多大跨度桥梁，其中包括世界上第一座大跨度悬索桥，该桥主跨 1010 英尺，跨越在惠灵的俄亥俄河上。

约翰·劳顿·麦克达母（John Loudon McAdam，1756—1836）是一个英格兰工程师，他的主要杰出成就在道路工程方面。麦克达母年轻时生活在美国，1783 年回到了英国，1827 年被任命为英国所有道路的工程总督官。他提出了碎石路面施工方法，在压实的土基上，铺设一层大石垫层，然后在上面铺设一层小碎石垫层，再铺设路面，道路两侧铺设排水沟槽。到 19 世纪末，欧洲大部分的道路都采用了这样的技术。麦克达姆是一位道路工程技术的推进者，共写了三本道路工程方面的专著，另外还提供奖金吸引更多的人进入道路工程这个行业。

约翰·斯米顿（John Smeaton，1724—1792）出生在英国，是历史上第一位称自己为土木工程师的人，以区别于当时的军事工程师。1771 年，斯米顿成立了历史上第一个工程专业协会，即土木工程师协会（他去世后被命名为斯米顿协会）。斯米顿以设计和建造英国 Eddy 灯塔而著名，该灯塔迄今仍在使用。他还有许多发明和技术革新，如：发明了测量不同材料膨胀系数的仪器。他还通过试验证明了水轮车和风车采用上射式轮叶方法产生的功率是采用传统的下冲式轮叶方法的两倍。

卡尔·太沙基（Karl Terzaghi，1883—1963）是土力学之父，并将土的固化、侧压、承载能力和稳定理论引进了土力学。1925 年他在维也纳首次报告了他的科学发现，当时他还在土耳其的伊斯坦布尔技术大学和堡伽之兹大学工作。太沙基著有许多有影响的技术专著，如 1925 年出版的基于土和土体物理的土力学，1943 年出版的理论土力学，可以说这两本书集中代表了他在土力学方面的主要研究成就。在该著作中，太沙基提出并详细阐述了土的固化理论、土的沉降计算方法、土的承载力理论、土的侧压效应、挡土墙原理、土的抗剪理论以及边坡稳定理论。为了使工程师们能应用这些理论和方法，太沙基在书中附录了许多设计和计算图表。他提供的技术咨询和指导遍布世界各地。1938 年，当德国占领了奥地利，太沙基离开了自己祖国去了美国，并在美国哈佛大学任教。太沙基直到 1956 年退休后还承担各种学术技术工作，为公众提供其特长和专业学识。

他在美国各地大学和专业学术机构里担任客座教授，去世时，享年 80 周岁。

詹天佑（1861－1919）是江西婺源人，中国杰出的爱国工程师、铁路工程专家。1872 年，12 岁的詹天佑考取了第一批幼童赴美留学班。在美国中学读书的时候，他发奋学习自然科学。1878 年，17 岁的詹天佑考入了美国耶鲁大学，学习土木工程和铁路专业，毕业成绩优异。1881 年回国。1888 年在当时的中国铁路公司任工程师。在他开始任职的 80 天里，就完成了塘沽到天津的铁路铺轨任务，后来又建成了滦河大桥。1894 年英国工程研究会正式接纳詹天佑为会员。1905 年清政府任命詹天佑为总工程师，主持修建我国自建的第一条铁路——京张铁路。

茅以升（1896—1989），土木工程学家、桥梁专家、工程教育家，是中国近代桥梁事业的先驱。20 世纪 30 年代，他主持设计并组织修建了钱塘江公路铁路两用大桥，成为中国铁路桥梁史上的一个里程碑，在我国桥梁建设上做出了突出的贡献。他主持我国铁道科学研究院工作 30 余年，为铁道科学技术进步做出了卓越的贡献，是积极倡导土力学学科在工程中应用的开拓者。在工程教育中，始创启发式教育法，坚持理论联系实际，致力教育改革，为我国培养了一大批科学技术人才。长期担任学会领导工作，是我国工程学术团体的创建人之一。

1.4　科学、技术和工程

许多人很难分清“工程”与另两个词汇“科学”和“技术”之间的区别。这主要是对工程在社会中所起的作用缺乏理解。

什么是工程？工程是将科学理论应用于人们社会实践活动的一门专业艺术，工程的主要作用是把自然资源转化为人类服务。工程定义为“创新性地应用科学原理来进行结构、机械、仪器设备或者整个制造工艺的设计和生产，其设计和生产的内容可以是其中单一个体，也可以是许多单体的组合，所有的东西都可依据设计重复制造生产出来，其在特定使用条件下的性能是可预知的，并符合产品的功用、经济性和安全性要求”。（选自美国工程师协会的工程师职业发展章节）。

工程师这一单词来源于拉丁文“ingenium”这一单词，其原意表示“有天赋、有才能、聪明和天生有能力”。古代的士兵最早被认为是工程师，因为他们能制作战场上使用的兵器，并很有天赋。所以最早的工程师都是兵器工程师（或称军事工程师）。以后，逐渐需要非“兵器”工程师，又称为“民用”工程师或土木工程师。土木工程师的作用开始被人认识，其职责是指导道路、桥梁运河和水利灌溉工程的建造。后来，又出现了许许多多工程专业分支。今天，工程师具备更一般、更广泛的含义。今天的工程师是“掌握并运用科学理论知识和数学工具，具备专业技术能力和良好职业道德，具有创新意识，解决问题满足人类需求的专业技术人员”。工程师应该兼具科学家和数学家的素质，具有创新意识，知任善断，善于解决问题，工程师应具备良好职业道德和为公众社会服务的责任心，工程师还应是一位改革创新者，要充分意识技术变革对社会将产生巨大的影响。

与工程密切联系在一起的是浩瀚广博的各种专业知识及其应用的强化训练和专业实习。各种工程技术标准由众多专业技术协会致力建立并不断修订。在这些地区和国家的专业协会组织中，每一成员都充分意识到自己的公共责任要比对雇主和协会其他成员的更为重要。

专业工程的实践不仅要具备各种工程材料物理属性的知识，而且还应掌握数学分析的逻辑推演、系统和过程的运作原理，社会、物质和经济条件的各种制约、公众利益的保护以及现在乃至未来社会和环境的内容。职业工程师不仅是某一个具体技术领域的专家，还应该是知晓其他知识的通才，这样才能在真实世界中充分展示自己的专长。工程活动的核心是设计，是承担独创、想象力、知识、技能、学科和基于经验判断等活动的艺术。

与科学家不同的是，工程师不能根据个人兴趣来自由选择要解决的问题，他必须解决所面临和发生的问题，其结果还需符合充满分歧的要求。例如，高性能、高效率可能伴之带来高成本，高安全度性能会使结构的重量与复杂程度增大，因此，工程方案的最终解决是考虑众多因素后所得到的一个优化结果。其结果可能是在重量允许值内最可靠的，在满足安全要求下最简单的，或者在给定的价格内最有效的。在许多工程问题中，工程的社会影响是至关重要的。

"技术"这个词汇最早来源于古希腊文字，含有艺术和手艺的意义。技术的最基本含义是指：人运用自己的知识，采用工具或其他方式使人们生活得更方便或舒适。人类利用技术来改善和提高工作能力。通过技术，人们能更好地相互通信交流。技术使人们能用上更好的产品。例如，我们居住的房屋，因为技术的使用而越建越好；因为技术的进步，人们能以更舒适、更快的方式旅行。今天，技术给人的印象是与计算机、激光、机器人和其他精密复杂的仪器设备联系在一起的，所以常被称为高科技。但是，我们必须清楚地明白，人类运用技术已经有几千年的历史。

科学和技术常常是密切关联的。有句名言说得好："科学是技术得以存在的基础"。因此，技术可以看作为科学理论的应用。根据此观点，可以认为：通过科学研究，形成科学理论，然后技术就是将这些科学理论应用到解决实际问题，服务于我们的生活和社会。但这仅是其中的一部分，在人类的技术发展史上，技术似乎与科学没有很大关联。今天，社会发展对技术的要求实际上也促进了科学的进步，即科学和技术进步相辅相成。一个领域的技术进步往往还取决于其他领域的进展。

尽管今天绝大多数的技术都是工程师努力工作的结果，但并不是所有技术都是由工程师的活动所发展形成的。可以说，我们今天是生活在一个充满工程活动的技术世界中。

科学家工作的主要目的是获取和增加人类对自然的知识和了解。在追求新知识的进程中，科学家要进行系统的研究。研究中，科学家常常会提出一些假说，试图来解释自然现象。然后他们会通过一些实验和数值分析来验证这些假说，随后对结果进行分析，试图得到普遍适用的结论。在研究工作的基础上，如果实验结果呈现的规律与假说相符，科学家们会尝试通过实验结果的归纳演绎，推演出一般定律或理论。虽然科学家的研究常常会促进其研究成果的应用，但是多数情况下，应用研究成果并不是驱动和引导进行科学研究的直接原因。并不是任何时候都能很容易地分辨出科学家和工程师的工作的。研究工程师经常会为了针对某个具体工程应用，提出一些假定，推演一些基本原理，科学家们也经常会研究一些应用问题。尽管科学家和工程师的工作有时相互交错，但总体上，科学家探寻的是对自然现象和规律的更深理解，工程师则侧重于自然现象和规律知识的应用，来开发出新的装置和工艺。例如：热力学是物理学家通过研究蒸汽机而形成的一门科学理论，而蒸汽机则是在没有专门的理论的情况下由工程师发明的。又如：工程师应用科学家发现的核裂变原理，研制开发了核电厂技术以及许多需要核反应堆来实现其功能的装置。从更广的层面上，工程师和科学家的不同之处在于：工程师开展研究的目的是为了解决实际问题，科学家是为认识和了解自然现象和科学规律，其研究的目的不在于是否具有实际应用背景。

1.5　土木工程师的工作做什么

土木工程关系并影响着我们的日常生活，譬如：我们工作和生活所居住的建筑，我们每天乘坐的交通，我们所喝的饮用水，以及确保人类健康生活所需的城市排水、排污系统都与土木工程密切相关。我们大多数人都会有一些土木工程的基本概念。土木工程师从事房屋、桥梁和交通等基础设施的规划、设计和建造工作。而实际上，土木工程师的工作远不止这些。土木工程中许多工程并不只简单地为遮风避雨的居所或交通用具，他们还担当着艺术欣赏和美观的载体。举例而言：桥梁除了要求能承受其荷载重量外，还要在其外表上增加具有艺术观赏性的细部来标志其所建造的年代。在许多房屋、公路和桥梁的建造中，我们可以看到土木工程师与建筑师在结构外表上所作的努力（图1-10）。一个外观丑陋的建筑表征着土木与建筑两种专长在沟通上的失败；一栋建筑如果发生倒塌，或者不能正常地被使用，也表征着失败，但是土木工程师的工作可以防止这样的情况发生。

总而言之，土木工程师涉及的工作范围广泛，如：

（1）丈量和测绘地表；

（2）设计并指导桥梁、隧道、房屋、

图1-10　香港青马大桥

堤坝和海岸结构等的施工；

（3）道路、公路、铁路（图1-11）和机场等的规划、设计和施工；

（4）高效交通流程和控制的系统设计；

（5）水利灌溉和防洪工程的设计与
施工；

（6）给水排水体系以及废弃物处置；

（7）管理大型工程项目。

上述例子表明土木工程师的工作范
围相当广泛。但扼要而言，土木工程师
应该是规划者、设计者和建造者。和在
工厂制造产品一样，土木工程师发挥着
自己的聪明才智，将大自然中的原材料
建成为造福于人类的有用产品。

土木工程师可以更细分为各类专长，
这些专长相对独立，但又相互关联。

图 1-11　日本神户等地的子弹头高速列车

（1）结构工程师（Structural engineer）：结构工程师所从事各类工程的设计
和技术指导，这些工程包括：民用房屋、剧院建筑、体育场馆、医院、桥梁、油
田井架、人造空间卫星和办公楼建筑等。结构工程师必须了解并明确建筑的问题
特征，有效合理地应用新的建筑材料，解决结构的抗震、建筑的空气动力学问
题，处理好工程的施工管理、结构的养护和修缮、建筑的节能效率等相关问题，
并得到合理和创新的结果。

（2）施工工程师（Construction engineer）：施工工程师在施工现场工作，其
职责是在现场将图纸转化为混凝土和钢的实体。施工工程师除了要理解建造结构
的设计原理，还必须知晓怎样才能使设计在施工中实现。这涉及对现场建筑材料
和工人的管理，根据所要完成的工作目标作出精确而有序的计划和安排。通常施
工工程师要意识到工期和项目所需资金的重要性。由于工程主要是户外工作，有
时还在偏远地区，因此，施工工程师还要能适应临时的野外生活方式。

（3）测绘测量工程师（Surveying and mapping engineer）：测绘工程师的工
作在工程设计前开始并伴随工程的整个进行过程。测量工程师采用大量的电子仪
器甚至借助卫星技术来进行工程测量。有些工程建设项目地域覆盖可达几十平方
公里范围。通过测量来确定工程的立面，计算出要挖除的土方量，并准确测量出
结构的具体所在位置坐标。

（4）交通工程师（Transportation engineer）：交通工程师的工作涉及与整个
公共交通系统有关的规划、设计、施工和维护管理等一切活动，这里所指的公共
交通系统包括：公路、铁路、航空、自行车和人行方式的所有设施，还包括智能
交通的管理系统等。

（5）环境工程师（Environmental（sanitary）engineer）：环境工程师的工作涉及采用科学技术和方法来进行供水处理和废水处理、土表恢复补偿、水管沟渠、固体废料处置等技术工作，并尽量减少人类这些活动对环境的不利影响。环境工程师设计了供应安全饮用水和能控制和防止水、空气和土地污染的装置和系统，在水资源的管理等许多方面，起到了关键作用。

（6）水利工程师（Hydraulic and irrigation engineer）：生活中许多活动，如公用事业、工厂、农庄甚至江河船舶的日常运行都取决于有一个稳定的水源。水利工程师从事与水相关的规划、设计、施工和日常维护的技术工作。像水坝的设计和施工、洪水控制、水库、水井和管道的设计和施工都是水利工程师所经常从事的项目。过去水利工程师还要解决排水、排污、下水道的疏通清理问题。

（7）岩土工程师（Geotechnical engineer）：与地质工程师一起，岩土工程师要帮助了解并确定结构基础以下的岩石层和土的条件及特性，这些参数会影响上部道路、水库、桥梁以及其他大型结构的安全性。场地的抗震性能评估也属于岩土工程师的工作。岩土工程师通过分析土体和岩石的性能进行工作，这些性能会影响土体和岩石所支承的上部结构、路面以及地下结构的结构特性。岩土工程师通过计算分析，评估建筑可能出现的沉降，测算填土边坡的稳定，评估地下水渗漏和地震的影响。他们的工作还涉及大体积土石结构（如水坝和大堤等）和建筑基础以及一些特种结构的设计与施工，如海洋平台、隧道和大坝以及深开挖和其他施工技术。

现在我们了解到土木工程师的工作不仅仅是建造摩天大楼或者建造桥梁。土木工程师所受到的训练是解决我们周围各种结构设施中可能出现和存在的技术问题，如结构、土和水，还涉及公路道路、水坝和大型水库等所有应用技术。土木工程技术还与采用的建筑材料密切相关，许多土木工程师就受雇于这些生产建筑材料的企业。建设一个大型建筑或公共设施项目需要精细的计划和有效的实施，因此，土木工程师还可能是一个优秀的项目经理。更重要的是：许多土木工程师的工作还直接关系到自然环境的维护和保护。随着人类文明的进步以及自然环境资源的限制，土木工程师将引导人们对环境问题更多关注和最大限度地减小人类社会活动对环境的不利影响和冲击。

1.6   土木工程师是怎样工作的

土木工程项目通常是一个多步骤的实践过程，具体包括：收集数据、计划或规划、设计、经济分析、现场施工以及日常运营或维护。大部分土木工程项目都会从收集和整理现场地貌数据、土及场地地质情况、水利资料以及社会及人口的统计资料等开始。

工程项目的规划过程要求通过较大范围的规划分析来确定工程所涉及相关设施的未来需求，要进行尽可能远的需求分析，如果需要，应进行针对近期需求的初步设计。

工程设计是一个综合过程，是通过采用方案规划和场地勘察的相关数据，根据业主（或社会）的要求，设计出能满足功能要求的、并可在业主预算下建造出来的结构或设施的过程。显然，设计工程师要与业主互动，共同来确定工程的使用需求，定义空间条件，选择采用的材料和设备，以保证工程的结构安全，合适的使用功能以及工程外表的美观。

施工方案明确后，土木工程师要对项目进行工程估算。如果经业主授权，可以对设计进行相应的调整，确保工程的造价控制在业主的项目预算之内。在项目的招投标时，要准备详细的施工方案和技术要求，招投标可以是竞标也可以是协商邀标。

在施工过程中，土木工程师负责保证所有的工程设施满足规划和技术要求，工程所采用的材料和设备要与设计相符。许多情况下，还要求施工工程师针对项目施工中的设计变更，提出经济、有效而且适用的解决方案。

即使工程已经完成，工程设施已移交业主，土木工程师的职责仍然没有结束。土木工程师还要指导工程设施的正常使用和日常维护工作。

1.7 土木工程师职业

土木工程师的职业大致可分为咨询、承包和维护三大类。咨询工程师是业主或客户的技术顾问，这些业主和客户可能是个人，也可能是企业商家，也可能是政府部门。咨询工程师通常是一个工程项目的设计者。咨询工程师的职责一般涵盖工程项目总体准备、项目的造价估算、项目监理、场地勘察、项目的工程设计，其中还包括图纸绘制、技术要求和工程量清单、起草承包合同、给业主关于工程招标的建议以及现场施工的督查指导等。在承包合同的执行过程中，当业主与承包商在一些问题上发生分歧时，咨询工程师有时还要承担相当于仲裁人的角色来作出裁定。咨询工程师通常采取合伙人制开展工作，这种合伙人咨询公司（事务所）一般具有很强的专业背景，从事细分行业的咨询业务，如：交通、供水、大坝以及大型建筑项目等。

工程承包行业的土木工程师的工作是进行现场的具体工程测量、获取所供材料的相关资料、安排工程施工的实施细节方案，并决定现场所需的施工机械种类、数量以及所需的劳动力人数。

市政工程师承担着地方和中央政府管辖的公共基础设施项目的规划、督管和维护管理，这些公共基础设施与我们的生活密切相关，如供水、排水及污水处理、道路、桥梁、公众交通系统、公共建筑等。除了众多的工程类项目之外，市政工程师还很大程度地肩负着社区福利、公共健康卫生以及社区公共安全的责任。

上述三大行业分别与土木工程师所参与工程的不同阶段相对应，有的是在工程施工前（如工程的可行性分析、场地勘察和设计），有的是在工程项目的进行过程中（如与业主沟通和工程承包），有的则是在工程竣工后（如保养维护和研究）。简述如下：

可行性分析（Feasibility study）：今天，所有重要的项目，启动前都会有一个详细的项目可行性分析，在对众多方案的初步分析基础上，给出一个或几个建议方案。项目可行性分析会涉及采用不同的方法，例如考虑跨江交通通道方案时，是采用桥梁形式还是采用隧道形式？一旦采用的结构形式确定，还必须考虑项目涉及的经济和工程问题。

场地勘察（Site investigation）：场地初步勘察是工程项目可行性分析的一部分，一旦项目方案被采纳，通常还必须对场地进行进一步详细勘测。通过对场地土和下部结构的仔细检测和分析，从而选择合理恰当的施工方法，这样可以节省相当一部分的工程开支。

设计（Design）：工程项目的设计就是把诸如固体力学、水利学、热力学以及核物理等理论应用于解决不同的工程问题。结构分析以及材料技术的研究成果为工程问题提供了许多合理计算方法、新的设计概念以及高性价比的新材料。结构理论和材料科学的进展带来了更为精细的结构受力分析和试验技术。今天的工程设计人员不仅掌握先进的计算理论，而且还充分利用计算机来完成结构的精密设计。

施工（Construction）：工程师可以由私营公司雇用，但更多的施工工程师会被规模较大的公司、政府机构以及一些公共专业权威部门所雇用。虽然许多公司有着自己的工程咨询部门，但是，对一些大型高度专业化的工程项目，他们会委托专业咨询工程师。

咨询工程师首先对工程进行可行性分析，然后提出一个建议方案和项目概算。咨询工程师负责工程的设计、提出技术细则要求、绘制工程图纸并提供工程竞标所需详细的规范文件。咨询工程师还必须对工程竞标者提供的竞标文件中的关键指标进行比较，提出合适的中标人选。尽管咨询工程师不是承包合同的参与者，但是其职责和义务在合同中会有明确规定，在工程承包合同的履行过程中，咨询工程师要证明工程的完成与业主的目标一致。职业化的行业组织的行业条律规范着工程师的职业行为。驻场工程师是咨询工程师在现场的最高代表。

交钥匙工程承包方式近年来在土木工程领域中越来越普遍，采用这种承包方式，承包商要对项目的融资、设计、技术细则、施工和项目委托等实施一体化操作。在这种情况下，咨询工程师是由承包商雇用，而不是业主雇用。承包商一般以公司形式承包工程，以保证合同按照咨询工程师签署的技术要求和设计图纸执行。任何由承包商提出的工程变更以及图纸改变必须得到咨询工程师的签署和同意。

养护与维护（Maintenance）：工程承包商对工程项目的维护必须满足咨询工程师的技术要求。维护的职责还会扩展到工程项目的一些辅助和临时设施上。工程项目竣工完成后，有一段时间的维护是由承包商来负责，只有经过负责督察的咨询工程师签署确认后，才能支付承包合同的最后一笔款项。之后，由中央和地方政府的工程部门或一些公共部门负责公共基础设施的日常养护和维护。

　　研究（Research）：土木工程领域的研究通常是由政府相关机构、企业基金、大学和相关研究院所来承担。许多国家都有政府支持的研究机构，如美国的标准化局、从事基础研究的英国国家物理实验室以及建筑、道路和公路、水利工程、水污染等领域的众多研究机构。许多研究机构都受到政府部门资助，还有许多研究机构得到工业界的研究资助。

1.8　土木工程的明天

　　未来的土木工程师将面临许多挑战：首先是全球持续增长的人口；其次是大量基础设施的老化与损坏；再者要应对人类所面临的各种自然灾害；不断更新交通设施和系统以满足日益增长的需求。土木工程师应改变传统的思维方式以应对日新月异的技术变革和挑战，如生物和生命技术、现代通信和信息等新技术等。土木工程师要与其他行业的工程师们紧密合作，以取得不断创新和技术进步（图1-12）。

图1-12　未来要建造的莫斯科摩天大楼

　　中国是一个大国，也是一个充满机遇的发展中国家。中国的土木工程正面临着一个历史上从没有过的机遇时代，这样的时代，激励着当代中国土木工程师。21世纪，中国土木工程师充满着成功的职业机会。

思 考 讨 论 题

　　1. 您知道土木工程有哪些分支吗？

　　2. 请说明科学、技术和工程之间的主要区别。

　　3. 举例说明发生在你身边的工程问题，提出解决方案，分析其可行性和经济性。

　　4. 一项土木工程一般可分为哪些不同的阶段？

　　5. 在土木工程的不同阶段，土木工程师应做哪些主要工作？

第 2 章　为土木工程师准备的大学教育

2.1　土木工程师应当具有哪些必要的知识

一般而言，要成为土木工程师，首先需要在大学学习，经过土木工程专业或相近专业的工程教育。在许多工业化国家，只有在经过认证（评估）合格的土木工程专业或相关专业学习并毕业，才能成为具有执业资格的注册工程师。

当今，大学的工程教育普遍含有"基础教育"（或更广义的"通识教育"）和"专业教育"两部分。

如第 1 章所述，工程本质是应用科学原理将自然资源最佳地转换为人类生活所需的各种产品。所以，科学是工程的基础；大学基础教育的重要任务，就是培养学生的科学素养。自觉应用科学理论，是近代土木工程学科与古代的工程建筑活动最大的区别。虽然古代的工程建筑活动也始终必须符合科学原理才能实施，才能成功，但那时人们对科学原理的理解是局部的，不系统的，基于经验的。

经过若干个世纪的发展，现代科学已经形成了相当完整的知识体系，积累了极其丰富的文献。作为工程科学的初学者，完全没有必要再像前驱者（例如传说中的牛顿）那样，坐在苹果树下从探究宇宙万有引力定律起步，甚至连更为抽象的相对论原理、引力波本质等也无需冥思苦想从头破解。从事工程技术学习和研究的新一代可以直接站在巨人的肩膀上进入科学的殿堂。但是，作为工程专业的科学基础，其范围已变得更加宽广。在土木工程专业的学习科目中，除了传统的力学课程之外，还包含有近现代物理学、化学、计算机与信息科学、材料科学、环境科学等，以及更多需要了解和把握的科学原理。

现代科学的一个基本特征是其原理可以用数学进行精确、简洁而优美地阐述。工程师必须掌握这一强大的数学工具去解决他们在工程中可能遇到的问题，例如工程规划、设计、分析和控制。工程专业的学生需要学习函数、分析几何、微分和积分、级数、微分方程等称之为高等数学的基本知识。此外还需学习矩阵方法和线性代数、概率论和统计分析、数值方法等。应用这些数学工具，工程师可以相当准确地预期工程结构的状况，例如在地震或强风的作用下，一栋房屋或一座桥梁是否安全。通常工程师根据物理原理和数学方法，将客观对象抽象为一定的分析模型，并对其进行计算，从而了解在一定的外界作用下工程结构会发生何种反应，是否超过结构物自身的承载能力。数学学习不仅提供给工程师坚实的科学基础，更是通过数学学习过程的训练：反复地证明、推导和计算，使工程专业学生习惯严密的逻辑思维，追求合理的概念解释，并把自己的判断建立在可以量化分析的结果之上，这些都奠定了一个出色工程师必备的专业品格。

一个工程师不仅对自己的技术活动和产品负责，归根到底还肩负着对社会和人类的责任。你所从事的工程技术活动最终是有益于社会和人类，还是有害于他们？一些短期看来可以解决问题的措施，会否对可持续发展造成损害？工程师必须永远将社会责任铭记于心，并用良心警醒自己。为了使工程师具有更高的道德站位、更广的视野、更深刻的思维品质，所有的大学都对工程专业的学生开设人文科学类的课程，包括哲学、伦理学和职业道德、文学、历史学、美学等。注册于工程专业的学生必须经过相应的学习。此外，经济学知识、管理学知识等也将与工程师的职业活动如影相随，在专业课表中，学生们可以找到这些课程。

土木工程的"专业教育"是与未来工程师职业生涯直接关联的相关课程。专业教育通常由两部分构成：专业基础与专门化知识。

关于土木工程的专业基础课程所涵盖的知识，2011年颁布的《高等学校土木工程本科指导性专业规范》将其概括为6个知识领域：力学原理和方法，专业技术相关基础，工程项目经济与管理，结构基本原理和方法，施工原理和方法以及计算机应用技术。因为绝大部分土木工程都可以视为各种不同形式的结构物。为了保证结构的安全，土木工程师必须理解结构的力学行为，这些力学行为是由结构物自身和设备等的重力、风、车辆、温度变化以及其他外界作用（例如地震等）引起的效应，表现为内力、应力、位移和变形等。与此相关的课程有理论力学、材料力学、结构力学（结构分析）、弹性力学等。几乎所有的土木工程结构物都建于地上或地下（桥梁的基础置于河床或海床，也就是水面下的地表和地下），因此需要了解岩石和土层的性质，工程地质、土力学和岩石力学以及基础工程等提供了这方面的知识。许多工程结构物会碰到水和风的作用。这两者在宏观力学性质上具有相同的性质，都可以用流体力学的原理来描述，水力学/流体力学成为土木工程师重要的必修知识。任何工程系统的建造都离不开工程材料，需要掌握有关材料的知识。工程结构物及其设备需要用工程图来表示，工程图一直被称为工程师的"语言"。掌握空间图形概念的基础是"画法几何"，将设计和建造的工程对象用符合标准的图形表达出来的技术通过"工程制图"教授。此外，工程师们还需具备测绘的知识，电气、机械、工程管理、概算预算和项目招投标等方面的知识。上述这些都是专业基础范围内的相关知识。

由于各种基础设施的建设和房屋的建造都属于土木工程的范畴，所以土木工程专业包含许多专门领域。在土木工程学科的一般原理之下，每一专门领域都有自己独特的技术体系和处理问题的方法和程序。要在大学期间穷尽所有专门领域的相关知识将受到大学学制年限和个人精力的限制，因此当今世界上各个学校较为普遍采用的教学课程组织模式是设置若干平行的专门化方向和与之相对应的课程组，要求高年级本科生能够较好地掌握某一专门化方向的知识系统，从而学会如何设计、分析、组织和实施工程项目。土木工程专业的各领域知识是相通的，精深一个专门化方向有助于学生触类旁通，较为容易地进入其他的专门化领域。所以，有条件设置若干专门化方向课程的学校，通常鼓励学生兼学其他，涉猎若干个专门化领域的技术知识，以更容易适应未来不断发展的职业生涯。

2.2　大学的专业教育能为学生提供什么

首先是**课程**。大学提供给学生以各种课程。上一节所介绍的知识以知识单元的方式分别包含在各种课程中。各大学制定的专业培养计划（或培养方案）中，课程的性质一般有必修课、推荐选修课（限定选修课）和任意选修课。

必修课和推荐选修课是在工程专业注册的学生必须学习的。两者的区别在于：培养计划规定的必修课程只有全部通过才能满足毕业条件；推荐选修课则是在一组课程中，通过规定的最低修习门数或最低学分就满足毕业条件（学分是课业评价的当量分值，通常根据课时数加权折算）。任意选修课则有更大的自由度，但也有院校会要求学生在不同学科门类中进行选择，以满足上一节所述的广泛的知识学习要求。

随着科学技术的发展和社会需求的变化，院校定期修改培养计划和课程内容要求，以满足未来工程师的培养需要。所以培养计划和课程内容也是与时俱进的。

教师是大学又一重要资源。如同在初中、高中一样，大学教师也给学生讲课、布置和批改作业，针对一些专题安排学生的课堂讨论，直到实验和实习，组织课程考试并给出最终成绩。同时，大学教师往往还是科学家或工程师。他们在实验室里工作以获得新的发现，为了工程目的测试材料的性质以及自行研制新材料，设计或发明工程设备和新型结构，在科学技术会议和学术期刊上发表最新的研究成果。土木工程专业的许多教师本身就是注册的工程师，有的还主持设计事务所的工作。在一些顶尖的大学里，聚集着世界著名的科学家和学者，例如国家科学院和工程院的院士们。这些在科研和工程实践一线工作的智者能够给予学生最好的指导和帮助。但是，与初中、高中老师们显著不同的是，大学教师很少直接监督学生的一般学习过程；对大学而言，发自学生内心的学习动力和自我学习能力更为重要。

随着网络技术的发展，"慕课"（由"大规模开放式在线课程"的英文 Massive Open Online Course 缩略语 MOOC 转换过来的词汇）逐渐发展起来，即时即在的学习成为一种学习者自主性更强的获取知识的模式。在这种背景下，为什么大学里仍要汇集那么多的老师，并把学生聚集到课堂去授课？我们看到有一些蹩脚的讲课者，可能仅靠照本宣科或一成不变的幻灯片（PPT）来对付学生，这种教学方式确实不如聆听名教师的远程课程。但是，直到今天，面对面的师生以及学生群体间的互动方式还是更能够保证学习效果。一个好教师的讲课，一定会根据教学目标和学生当堂反应做出即时调整。教师与学生间的表情、姿势、语言交流都成为课堂学习的重要因素，教师的随堂提问与师生讨论也因人而异，思想的碰撞和对知识的深入探究，将在这种互动中得到实现。这可能就是自苏格拉底、孔夫子以来，大学校园和师生汇聚历经数千年而不衰的重要原因之一。

对工程专业的学生而言，**实验室与实习基地**是不可或缺的。大学工程专业的实验室内装备有各种实验设备和测试仪器并且面向所有学生开放。作为专业教育的平台基础，大学实验室的装备可能不及工业界那么先进，但其覆盖面则相对齐全，足以帮助学生完成基本和全面的训练。实验项目在许多教科书中有所描述，实验室还会提供详尽的实验指导书。实验类型有演示、验证、技能操练和自行探索等多种。近年来，由学生自己设计、自己完成的实验项目在许多大学实验室得到开发，在帮助学生掌握基本实验技能的同时，更加注重学生创造能力的发挥。

未来的工程师必须通过参加工程实践逐步积累起丰富的实践经验，所以在土木工程专业的培养计划中，实践环节是基本环节之一。实验室工作是实践环节的组成部分，但实践环节包含更广泛的内容。例如：在学校或设计院所和事务所完成的工程设计作业，具有从局部到系统的渐进式层次，使学生较为切实地熟悉整个设计过程并具有初步设计能力；工程施工现场的参观和实习，了解工程组织和工程技术的细节；户外地质勘探，加深对岩土的感性认识；有各种对象的工程测量，有些院校还规定土木工程学生需要一定的金工、木工、泥工的技能学习，以切实感受工程细节。为了保证工程实践环节的实施，大学除了建立专用的实习场所外，还与工业界广泛联系。许多院校都在培养计划中安排一定时间将学生直接安排到企业和工地现场进行实践训练。让学生自行联系实习单位的做法也在尝试中，以便使得联系企业的过程本身也成为实际工作能力训练的一项内容。进一步提高工程实践活动的有效性是院校面临的一项任务。

无论课堂学习还是自学，都需要有**图书馆**以及其他资讯源。成功的学生往往是那些不满足于课堂听讲和教师布置作业的人，他们总是渴望指定教科书之外的更加广泛和最新发展的知识。图书馆藏的出版物，包括书籍、期刊、报告和各种论文，提供给这些学生取之不尽的知识源泉。如今现代化大学的图书馆所提供的资讯，已不再局限于纸面印刷品；电子图书系统和全球互联的信息系统已经使得学生获取知识的渠道更为多样化和简捷化。寻找、搜集、整理和加工有用的信息在当今世界已经变得越来越重要，而这也是大学教育给予学生锻炼的一种基本能力。

大学氛围和大学精神并不是一种抽象的描述，而是实实在在给大学生以实质性影响的一种独特存在。就某种意义而言，每所大学都是一个令人独立思考的殿堂，一个在学术上人人平等的世界，一个处处鼓励创新的社会。每年都在更新着的学生们，特别是新生们，永远给大学带来勃勃生机和发展的动能，传承着、充实着以至升华着每所大学独特的校园精神。

最后我们还可以提到大学的**社团文化**。每所大学都有为了不同目的组织起来的学生社团，非常有效地帮助学生将目前的班级或专业学习与将来的职业发展相联系，并在大学生的人格成长上起到重要的作用。例如中国土木工程学会和英国结构工程师协会都在中国大学的土木工程专业高年级学生中发展学生会员，最近美国土木工程师协会也加入了这一行列。大学内有许多的体育组织，完全没有班级、年级、专业、系科甚至校园的界限，使得未来工程师们不仅可以强身健魄，更可以建立广泛的社会联系。类似这样的社团还包括了文学、艺术以及各种其他兴趣上志同道合的学生们的各种组合。这种独到的文化，就其广泛性和功效性而言，恐怕只有大学才普遍存在。

2.3   未来土木工程师应有怎样的能力

应用各种知识包括工程科学、工程技术知识的能力：经过四年的大学学习，土木工程专业的毕业生应该掌握基本而又系统的知识。他们要掌握高等数学，包含微分学与积分学、级数与微分方程、线性代数和概率论；掌握基于高等数学基础之上的现代物理学，掌握大学水平的普通化学；牢固掌握理论力学、材料力学、结构分析以及流体力学、地质工程和土石力学方面的知识；掌握工程测量、工程制图、工程试验的基本技能。掌握土木工程规划、设计、施工的一般过程和相关技术，对某一个或若干个专门化领域的知识有深入的理解和掌握。我们在上一节已经对这些知识作了较为详细的说明。这里，把强调的重点放到对于知识的运用能力上。对专业和基础知识的理解不过是成为职业工程师中的第一步，更为重要的事情，或者说之所以能够成为工程师的最要紧的一步，是将从书本上、论文里获得的知识，从自然科学到数学，从专业基础到专门化领域的各种技术，从原理到公式，都能用来解释和解决工程中碰到的实际问题。

这里遇到的问题可能源于大学里知识的学习方式。近代科学发展过程中，知识按照学科门类进行了细分，形成了各个分支和学说。就整体而言，知识是一个完整的系统，但就知识的整理和学习的方式，学生们通常是经过一门一门课程的学习和训练逐渐获取完整的知识体系。这一过程不可避免，但却造成了对知识应用的非贯通性。尽管院校注意采用多种方式培养学生综合运用知识的能力，但非经过一定的实践锻炼不能充分具备综合运用各种知识解决实际问题的能力。土木工程专业的学生必须认识这一点，从大学期间的各种实践环节开始，就加强锻炼自己运用所学到的各种知识来说明问题和提出解决问题的方案。

进行实验和解释数据的能力：能够策划实验方案，获取实验数据，分析实验结果，说明实验现象是对未来工程师能力的一项基本要求。目前，凭借精细化的数学力学模型，已经能够通过计算机分析预见和认知许多问题，但这绝不是我们碰到的工程问题的全部。当在土木工程中应用新材料、新结构形式时，既有的计算模型往往不能覆盖过去尚未遇见过的新的变数和特点。如果工程师不能随着材料和结构形式的变化而更新自己的分析模型，甚至会面临灾难性的危险。怎样更新模型？怎样确定合理的分析参数？最为可靠的办法是通过典型实验探明未知的现象。类似的情况也在工程组织和施工中碰到，因为其中有更多未知的因素。例如工程结构物所采用的材料可能会随时间推移而劣化，达不到我们对其性能的初始预期，而这种变化我们并不确切知晓。另一方面，与结构物相互作用的环境和外界条件会发生变化，结构物上承受的荷载也会变化，这些变化将造成怎样的结果？工程师和研究者们设法在实验室内重现这些变化，观察、记录实验现象，进而揭露和认识其后隐藏的规律和机理。有时，根据已知的知识，人们可以预见实验结果，在既有知识的框架范围内做出说明。但是，许多情况下实验现象和结果可能与预期不符，有的与既有知识的解释互相矛盾。如果实验条件没有失误，则人们很可能就此发现新的知识。对看似不符常识的实验现象给出合理的解释，是非常具有挑战性的工作，不仅需要工程师具备综合多学科知识对问题进行分析的能力，也要求工程师们具备创造书本和文献上还未记录的新知识的能力。

设计能力： 能够设计一个部件、一个系统或者一种施工工艺的能力，是对工程师的另一项基本要求。事实上，土木工程师每天每时都在从事为这个世界创建出以往不曾存在的物质性实体的工作。在创建之前，工程师们必须先"描述"这一尚未存在的实体，这就是所谓的"设计"的含义。设计工作需要用工程技术人员和施工人员能够明白的行业术语、图形、模型等来说明：将要建造的是什么？采用何种材料、应用何种方式、经过何种步骤将其建造起来。工程设计与艺术品设计虽有相通之处，但在许多重要方面是完全不同的，虽然我们有时比喻工程结构物如同"优美的雕塑"。例如艺术家可以塑造马踏飞燕那样只脚落地的造型，但若将其转化为数十倍规模的结构物，则因为重力的作用而变为不可能。工程师必须在功能、安全和经济性之间作出平衡，只有满足所有这些条件的"设计"才是可能的。工程师的设计一般都要符合各种规范、标准和技术指南的要求，因为这些文献是基于科学原理和过去积累的工程经验的总结，使得"设计"具有合理性和可行性。同时，工程师们必须切记，任何前人的总结都是一定条件下的产物，适合科学、技术、经济和社会的新发展，总有许多过去不可能的设计会变成可能。在一定的限制性条件下，完成具有创新意义的工程设计，正是工程师设计工作具有强大吸引力的魅力所在。

解决复杂工程问题的能力： 工程问题有不同层次，作为工程师所要具备的是能够解决复杂工程问题，而非一般技术问题的能力。所谓复杂问题，涉及在工程问题中面对多种资源（例如人力、资金、信息、设备、材料等），涉及各方面可能冲突的因素（包含技术性的、组织性的、时空条件限制性的以及不同利益矛盾性的等），涉及非过去经验的创新要求以及涉及可预期与难以预期的多种后果的问题。解决复杂工程问题的能力，当然离不开实践经验的积累，但是，在专业学习的过程中，通过不同的知识学习方法，积极参与课内外的实习实践创新活动，逐步摒弃单向的、线性的、简单的、唯书本的思维方式，提升自己的分析问题能力、综合能力、开拓能力、全局观点以及危机意识，就是十分重要的。

与团队协同工作的能力：与某些科学领域的工作不同，工程师绝不可能单独完成自己的任务。每个工程项目都是一个系统，仅就设计工作而言，就包含了许多人的共同努力。对一个大型房屋建筑工程而言，结构工程师就必须和建筑师、测量工程师、地质勘探技师、机械和电气工程师等技术人员合作。过去，一个熟练的工程师可以担当若干个不同领域的技术工作，但现代大型工程设施中，已经难以看到这种情况了。不同专业领域的工作只会由该领域的专家胜任，特别是不同专门技术领域都有自己的职（执）业资格。无论作为工作团队的领导还是其中一员，都要努力保持团队的和谐和合作。为此，工程师们要具有聆听和理解他人的能力，学会从自己和合作者的不同角度考虑问题，并通过讨论和研究获得必要的共识。

表达和有效沟通的能力：现代社会中的工程师应当注意培养这方面的能力。作为设计者的工程师需要使委托人（业主）确信你的设计在诸多可能的方案中是最佳的，使设计监督和政府主管部门的官员认可你的设计符合行政法规和行业标准，对社会、生命、财产和环境等都是足够安全的，要使所有的工程分包者、制造商、建造商等理解你的设计意图，并通过交流沟通使得你的设计方案以最合理有效的方式得到实现。一旦成为一个职业工程师，你会发现你将出席许多会议，解释你所设计的工程项目，你必须经常到建设现场，了解发生的问题，提出解决问题的措施。所有这些工作都需要你表达自己，进行有效的沟通。令人遗憾的是，到目前为止，国内大学前教育还未十分重视对学生的表达能力进行普遍的训练。年轻一代的工程专业学生务必高度重视这方面能力的培养。

表达和沟通能力的第一要素就是说话。说话也需要技巧。各位可以看到凡是吸引学生的教师在讲课时，总是会用目光留意自己的学生。因此，无论在什么场合，你都要学会用目光与你的听众交流，说话的同时，你就可以获得更多和更深入的交流；学会大声说话，学会清晰的有逻辑感的表达，以及学会用明白但不失生动的语言说话，更进一步就是努力培养自己的幽默感。

有效的沟通方式不止于口头表达，写作、图示、数学表达等，都可以在不同场合、不同背景的人群中作为交流的手段。学生可以练习和掌握各种交流的技巧，但你必须明白交流的目的是在你和同事间达成互相理解和共识，乃至与你的竞争对手之间通过充分交流而发现互利互惠之处。交流与舞台上的表演不是同一件事。最大的区别在于双向的信息互换。因此良好的沟通依赖于倾听的能力，以及双向沟通中平等和深入的讨论。

2.4 怎样适应大学的专业教育环境

通过四年的学习使自己获取工程师所必需掌握的专业基础知识和专门化方向的知识，初步具备从事工程职业的基本能力，这是进入大学专业学习的主要目标之一。对大一新生而言，大学是一个全新的环境；刚刚离开高中的新生，特别是那些第一次离开家庭呵护住进集体宿舍的新生，愈早适应大学生活环境，愈有利于顺利达成大学教育的目标。

毋庸置疑，**课程学习**是大学期间最重要的任务。整个大学生活期间，有许多东西值得学习，其中最基本的要求是大学专业培养计划所规定的各种知识的学习。新入学的大学生，已经有了十多年的学校学习经验，了解学习的一般方法：阅读教科书，听课，做笔记，完成课后作业，等等。这些似乎和以往中学时代没有两样。但是，新生会觉察并必须适应那些变化了的环境和不同的学习方式。

举例来说，工程专业的学生往往发现没有了固定不变的属于"自己班级"的教室，他们在课间 10 分钟内要从一个教室转移到另一个教室，甚至在不同的教学楼中穿梭。在同一专业、同一年级的同学中，没有统一的课程表，每个学生可以为自己的兴趣量体裁衣，打印一份只属于自己的课程表，这样每学期结束前，学生需要为自己选择下一学期的课程，乃至自己中意的授课教师。对大多数中国学生而言，更大的变化在于：没有一位如同中学时代的班主任那样的教师，来督促你的日常学习。

从这些变化，新生真可以感受到大学校园的自由。但必须明白这是有限的自由。

如同大学所有的专业学习一样，土木工程专业也为学生规定了能够毕业所必需完成的最低课程要求，包括课程内容和课程学时。院校根据课程的重要性和所需时数，规定了课程的学分。如果通过了课程的最终考试，可以获得相应的学分。假如专业规定毕业和学位授予的最低要求是 150 个学分，那么仅得到 149 个学分的学生就不能毕业，也得不到相应的学位。大学的课程分为必修、推荐选修和任意选修。院校通常规定了各类课程的最低学分要求，也作为能否毕业的衡量条件。由此可见，课程学习的自由度建立在必须完成培养计划的前提下。为了把握自己的学习生活，学生应当认真阅读和理解专业培养计划对于课程设置和修习的具体规定，并通过自己的计划和课程选择来满足培养计划的要求。教师最多只给学生以选课的建议。所以，我们可以说，大学的学习自由，是一种高度自律条件下的自由。

另一问题是如何看待课程学习的成绩。虽然毕业的要求一般仅看学生是否通过了培养计划规定的课程，但争取良好的课程成绩是应当鼓励的。大学本科之后攻读高一级的学位时，研究生导师会关注本科知识基础是否牢固——通常这需要以本科课程学习成绩衡量。出国留学时接受学校一定会检视本科阶段的成绩单，并往往要求推荐者对学生成绩偏低的情况"是否反映真实水平和能力"做出说明。不仅如此，用人单位也会对学生的成绩单予以考量。但是一个工程专业的好学生是不应当仅仅满足于课程考试的高分；对实际问题的解释和说明，对未知现象的发现和探究，对创新知识的冲动和热情，是大学尤其要鼓励的。所以大学教授们通常引导学生从不同角度认识问题，对学生通过自己思考认识和提出问题给予更高的评价。

通过积极参与课外的**校园活动**促进自己全面发展。工程专业学生需要学习表达和沟通的技巧，需要养成团队工作、与人共事的习惯，在工程活动和社会活动两者中都能成为好的领导者或良好伙伴，而不应把自己的活动只限制在技术、学术范围内。大学恰恰是这样一个社会，为学生提供了除专业之外更加丰富多彩的发展可能性，这就是我们称之为"第二课堂"的氛围。学生可以选择性地加入一些自己感兴趣的校园活动，例如体育、戏剧、音乐、演讲、竞赛、读书会。第二课堂的活动有益于学生情操的陶冶，增强学生的相互联系，帮助学生发现自己的潜在才华。

养成**体育锻炼**的习惯。这并非是对土木工程专业学生的特殊要求，因为保持身体健康将帮助所有学生以充分的自信和精力投入学习和将来的职业发展。工程师们将面临非常繁重的工作，又承担着重要的社会责任，健康的体魄使你可以自如地应付巨大的精力和体力支出。大学通过两种途径帮助学生达成上述目的：首先通过日复一日的体育锻炼：晨练、体育课、定时点名的课外锻炼等形成锻炼的习惯；其次是通过课程训练和俱乐部、专业队的活动以及各类体育比赛来教会学生体育锻炼的技能，提高参与体育活动的兴趣。

还有一点非常重要，那就是要**意识到自己的社会责任**。为什么要设立注册工程师制度？为什么这一制度已经被工业化国家普遍接受？因为由工程师们负责设计、建造的每一个工程项目都不仅要解决技术问题。在工程技术问题后面，第一是生命和财产的安全。无论是房屋建筑的破坏还是桥梁的垮塌，甚至是工程结构物建造过程中的意外事故，都可能危及人的生命安全。所以社会要求从事工程技术设计和建造的工程师们必须具备保证结构物安全的专业知识和运用这些知识的能力。保证工程师们是合格的、可以信任的制度之一，就是实行严格的注册制度，即只有具备一定经验并经过考试证明确实掌握了专业知识和相应法规的技术人员，才能被赋予设计和建造工程结构物的资格。从中，土木工程专业的学生可以体会到自己社会责任的重大。

随着自然和社会科学的发展，人们对于人与自然的关系有了更加深刻和全面的认识。在这样的发展背景之下，工程师们具有更广泛的责任。工程师们需要更多考虑所规划、设计、建造的工程项目与社会发展的关系，对于环境和可持续发展的影响。假如一个工业项目可能为投资者带来巨大利益，但生产废弃物却可能对河流与土壤带来严重污染风险，土木工程师将如何处理这一难题？无疑，必须与环境工程师们密切合作来解决这一问题，从而需要将仅从单体工程项目看来最优、但对社会和环境总体最优或损害最小相悖的方案予以调整。为了成为一个富有社会责任意识的工程师，土木工程专业的学生从大学时代起，就应留给自己一定的时间接触专业技术和基础科学以外更加广泛的知识，包括不同地区的文化、历史以及随着人类发展而变化的道德观，培养起关怀人类和自然和谐发展的情怀。可以想见，一个只念及个人利益的人是难以成为一个优秀的工程师的。

2.5 树立终身学习的理念

本章论述的土木工程师教育，其实只涉及专业培养的第一步，也即大学的专业教育。我们建议学生们认真阅读你所进入的大学的专业培养计划，通常你可以在"培养目标"或类似的章节中读到本专业的教育给予学生的是工程师的初步训练。这就是说，在完成大学学业并被授予工程学士学位之后，你还必须继续学习，在实践中学习。在某一个设计院、事务所、建筑企业，在有经验的注册工程师指导下，通过工程项目的规划、设计、施工等过程，熟悉各种相关法律、规范、技术标准，学会处理各种实际问题。在此过程中，更加深入、全面、系统地理解曾在大学里学习过的各种知识，从而积累起属于你个人的独特的经验，经过4~5年的训练，你才能获得职业工程师的注册资格。当然，之前仍要通过执照考试。

即使到此，工程师的学习生涯仍将持续，只要继续土木工程师的职业，就要不断学习。政府规定了获得注册资格的工程师们必须定期参加新技术、新规范的学习，注册资格才能持续有效；而即使没有政府的强制性要求，土木工程师也必须不断学习，不仅要跟上时代和科学技术的发展，还要不断有所创新，引领技术的变革，更好地造福于社会。

这样看来，养成自学的习惯，学会自学的技能，也需要从大学的专业培养开始。

2.6 我国土木工程专业教学指导的意见

2011年，我国高等学校土木工程专业指导委员会编制了《高等学校土木工程本科指导性专业规范》（以下简称《规范》），对培养目标、培养规格、教学内容、课程体系等作出了明确的阐述。

专业指导委员会认为，《规范》提出的培养目标、培养规格等体现一般性指导意见，其核心是要求办学院校切实按照宽口径专业规格进行专业建设和学生培养。同时《规范》的基本原则是给各院校以充分的自主性，在保证宽口径和基本培养规格的前提下，各院校完全可以在课程设置、教材选用、教学重点、培养方式等方面，根据本地区、本学校以及教师、设备、生源等条件办出自己的特色。

思 考 讨 论 题

1. 您认为大学教育与高中教育的最大区别是什么？
2. 您能说明为什么一个学习工程专业的学生还必须学习和了解非工程领域的社会和人文科学方面的知识？
3. 一名土木工程师应具有哪些能力，为什么？
4. 请仔细阅读土木工程专业的培养计划，并试行制订适合您自己的一、二年级学习阶段的课程计划。
5. 结合对高年级学长或已毕业校友关于学习和职业发展的调研、访谈，描述对自己本科毕业时和毕业后若干年的目标期许。

第3章 土木工程材料

3.1 土木工程材料简介

　　土木工程材料在土木工程中的重要性是不言而喻的。如果没有各种各样的土木工程材料，建筑设计师们的设想不可能变成现实。土木工程材料是建（构）筑物的重要物质基础，在任何一项建（构）筑物中，土木工程材料的投资都占有非常大的比重。土木工程材料的品种、性能和质量将直接影响着建（构）筑物的功能、适用性、耐久性、经济性和环保性，并在一定程度上影响着土木工程材料的使用方式和建（构）筑物的施工方法。土木工程中许多技术突破，往往依赖于土木工程材料性能的改进和提高，典型的例子如北京奥运会场馆之一的"水立方"膜结构材料 ETFE（乙烯-四氟乙烯共聚物）、世界第一高度建筑物——迪拜塔建设中使用的超高泵程高强混凝土、上海世博会场馆之一——意大利馆使用的透光混凝土，以及最近比较热门的 3D 打印建筑用材料等。

　　土木工程材料包括石材、金属材料、木材、石灰、石膏、水泥、混凝土、沥青材料、合成高分子材料、烧结及熔融制品、砌块和复合板材等。除了这些传统材料外，新型建筑材料也正在被研究、改进和逐步应用，如新型胶凝材料、纳米改性材料、超高性能结构材料、新型功能性建筑材料等。按照来源，土木工程材料分为天然土木工程材料和人造土木工程材料。按照主要用途，土木工程材料分为土木工程结构材料和土木工程功能材料。土木工程结构材料主要有石材、钢材、木材、水泥、混凝土。

　　新技术、新工艺的应用带来了土木工程材料的性能提升和功能多元化。如自密实混凝土、高强混凝土和超高强混凝土、活性粉末混凝土、透光混凝土、空气净化混凝土、导电混凝土、3D 打印混凝土等就是在这种背景下应运而生的。

　　在大力提倡可持续发展社会和绿色生态建筑的今天，新型绿色环保土木工程材料和生态土木工程材料也正被广泛开发生产，且逐渐地被应用于实际土木工程中。如秸秆压制板材、稻壳保温砂浆、脱硫石膏复合胶凝材料、淤泥烧制陶粒及砌块、再生集料水泥混凝土、大掺量掺合料水泥混凝土和再生沥青混凝土等，这些土木工程材料具有节省资源、节约能源、减少排放和保护环境等优点。

3.2　木　　材

木材是最早用于土木工程的材料之一。木材来源于植物。乔木和灌木的祖先是羊齿科植物。这种植物的生长史可追溯到泥盆纪。约在二亿五千万年前的二叠纪，这种原始羊齿科植物发展为针叶树。然后，到了一亿年前的白垩纪才形成阔叶林。而今，我们的地球上有24亿公亩（1公亩=100m²）的有用森林（全部森林面积为38亿公亩），可供利用的木材约有3000亿m³。其中每年约采伐30亿m³。

古代，人类一开始使用树木是利用它和石头绑在一起制作成工具。而后，随着学会用火，木材成为人类最重要的能源。约在距今4000～10000年前的新石器时代，人类学会了加工木材，然后修筑简单的住所，成为最早的木结构建筑。

图 3-1　五台山佛光寺大殿

从此，木材成为一种永恒的最古老的建材，使建筑具有一种特别的亲和力，消除建筑本身作为外来物的冰冷感觉。木结构建筑中最多的当属木结构房屋，古代多为宫殿和庙宇。其中，我国现存时代最早、规模最大的木结构古建筑——五台山佛光寺大殿堪称木结构建筑之经典，如图3-1所示。

如今，作为可再生资源的木材，在土木工程中仍然占据着相当重要的地位。欧美和日本等东南亚国家的居所50％以上都采用木结构，而木材在建筑物室内的装饰和家具中的应用地位就更是不言而喻了。

3.2.1　木材的特征

木材的优点如下：轻质高强；有较高的弹性和韧性；易加工；承受冲击和振动作用好；导热系数低；保温隔热；具有较好的耐久性；纹理美观，色调温和，风格典雅，装饰效果好；绝缘性能强；无毒性。

但木材也有许多缺点：构造不均匀，呈各向异性；自然缺陷多，影响了材质和使用率；湿胀干缩，使用不当容易产生干裂和翘曲；存放和使用过程中维护不当，则易腐朽、霉烂和虫蛀；耐火性差，易燃烧。

树木的种类很多，常分为针叶树和阔叶树两类。

针叶树，又名软木材，树干直而高大，材质轻软，易于加工，表观密度和胀缩变形小，有一定强度，是常用的主要承重结构木材，如红松、落叶松、云杉、冷杉及杉木等。阔叶树，又名硬木材，大多数树种的材质强度较高，表观密度较大，材质坚硬，加工较难，且胀缩、翘曲、裂缝等较针叶树明显，如椴木、杨木、桦木等。

各种类型的成年树木都是很好的结构木料。如图 3-2 所示，树木由树皮、髓心和木质部三部分组成。

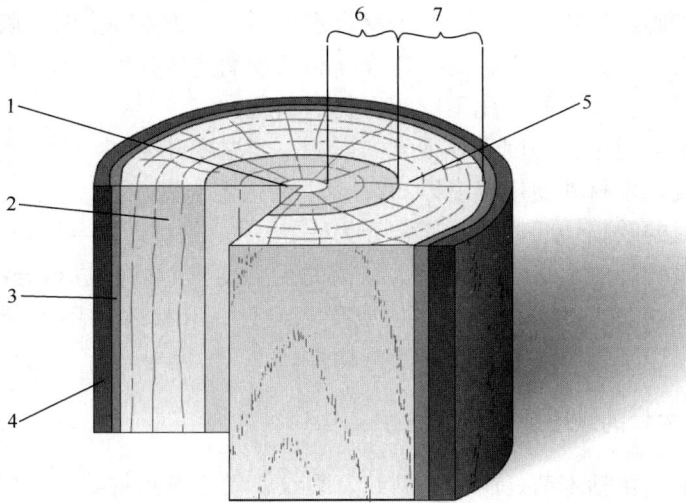

图 3-2　木材的构造

1—髓心；2—木质部；3—形成层；4—树皮；5—木射线（髓线）；6—心材；7—边材

木质部是土木工程材料使用的主要部分，其中靠近髓心部分颜色较深，称为心材；靠近树皮部分颜色较浅，称为边材。一般情况下，心材的利用价值比边材高。

从横切面上可以看到深浅相间的同心圆即所谓年轮。在同一生长年中，春天细胞分裂速度快，细胞腔大壁薄，所以构成的木质较疏松，颜色较浅，称为早材或春材；夏秋两季细胞分裂速度慢，细胞腔小壁厚，构成的木质较致密，颜色较深，称为晚材或夏材。

木材的主要物理和力学性质是含水率、湿胀干缩、表观密度和强度。工程上木材常用的强度有抗拉强度、抗压强度、抗弯强度和抗剪强度。由于木材是一种非均质材料，具有各向异性，使木材的强度有很强的方向性。木材的强度有顺纹强度和横纹强度之分。木材的顺纹强度比横纹强度要大得多，在工程上应充分利用木材的顺纹强度。理论上，木材强度以顺纹抗拉强度为最大，其次是抗弯强度和顺纹抗压强度。

影响木材强度的主要因素有含水率、密度、颗粒结构、温度和木材缺陷。其中木材的密度是影响木材强度的最主要因素。一般来说，木材的密度越大，强度越高；木材的密度越小，强度越低。对于软木材来说，树木的生长速度对木材的强度有着非常重要的意义。一般来说，树木都有一个最佳的生长速度。如果树木的生长速度超过或不及这个最佳的生长速度都会对木材的强度有影响。

木材的含水率对木材强度影响很大。木材的含水率是木材中水分质量占干燥木材质量的百分比。木材中的水分按其与木材结合形式和存在的位置，可分为：自由水、吸附水和化学结合水。当木材中无自由水，而细胞壁内吸附水达到饱和时，木材含水率称为纤维饱和点。当细胞壁中水分增多时，木纤维相互间的联合力减弱，使细胞壁软化。因此，当木材含水率小于纤维饱和点时，随含水率的增加，强度将下降，尤其是木材的抗弯强度和顺纹的抗压强度；当木材含水率超过纤维饱和点时，含水率的变化不影响木材的强度。

此外，温度对木材强度也有很大的影响。当温度升高时，木材的强度也会降低。一般来说，木材的使用温度以 50℃ 以下的正温为宜。

根据木材的缺陷情况，木材通常分为一、二、三、四等。结构和装饰用木材一般选用等级较高的木材。按照承重结构的受力要求对木材进行分级，分为 Ⅰ、Ⅱ、Ⅲ 三级。一般 Ⅰ 级木材用于受拉或受弯构件；Ⅱ 级木材用于受弯或受压构件；Ⅲ 级木材用于受压构件及次要受弯构件。

3.2.2　木材的缺陷和木材的防护

木材的缺陷包括木节、腐朽、斜纹、裂纹、髓心及虫蛀等。这些缺陷都会影响木材的强度。如木节使顺纹抗拉强度明显降低，而顺纹抗剪强度有所提高；斜纹使木材的抗弯强度和抗拉强度都有所下降。这些木材缺陷都会在一定程度上影响木材的强度、耐久性和视觉效果。

木材作为土木工程材料最大的缺陷是容易腐蚀、虫蛀和燃烧，这些破坏大大降低了木材的强度和耐久性。所以采取适当的措施来提高木材的耐久性是非常重要的。

木材的腐朽是由真菌在木材中寄生而引起的。侵蚀木材的真菌有三种，即霉菌、变色菌和腐朽菌。霉菌一般只寄生在木材表面，并不破坏细胞壁，对木材强度几乎无影响。变色菌多寄生于边材，对木材力学性质影响不大。但变色菌侵入木材较深，难以除去，损害木材的外观质量。

腐朽菌的生存和繁殖，除了靠木材提供养料外，还必须同时具备以下三个条件：适宜的水分、空气和温度。当木材的含水率在 35%～50%，温度在 25～30℃，木材中又存在一定量的空气，最适宜腐朽菌的繁殖。如果缺少其中任何一个条件的话，腐朽菌则不能破坏木材。

木材的防腐主要采用两种形式，一种是破坏腐朽菌生存繁殖的条件，如对于使用在干燥条件下的木材，应预先进行干燥处理，并在木结构中采取通风、防潮等措施。另一种是把木材变成有毒物质，使其不适于作真菌的养料，如用化学防腐剂对木材进行处理。常用的防腐剂主要有水溶性防腐剂、油质防腐剂和膏状防腐剂三类。

水溶性防腐剂主要有：氯化锌、氟化钠、氟硅酸钠、硼铬合剂等；油质防腐剂有：煤焦油、蒽油、林丹五氯酸合剂等。

木材的防火主要有表面涂敷法和溶液浸渍法两种。

3.2.3　木材的应用

木材被广泛应用于临时建筑和永久性建筑中。虽然我国森林资源匮乏，目前木材已经成为严重缺乏的土木工程材料，但木材是绿色环保的可再生资源，只要在土木工程中合理使用木材，节约资源，保证资源可持续生长和利用，木材必将发挥出更大作用。

我国木材供应的主要形式有原条、原木和板枋三种。原条是指去除皮、根、树梢，但尚未加工成规定尺寸的木材。土木工程中常用原条搭建脚手架等。原木是指去除皮、根、树梢的木材，并按一定尺寸加工成规定直径和长度的木材。土木工程中可直接使用原木制作屋架等。板枋是指原木经锯解加工而成的木料。宽度不足厚度三倍的木料，称为枋材。

人造板是以木材、木质纤维、碎木料或其他植物纤维为原料，加入胶粘剂和其他添加剂制成的板材。人造板主要有型压板、层压板和夹心板三种。型压板是用胶粘剂将纤维、刨花、锯末等松散材料粘合成型的板材，如纤维板、木屑板、刨花板等；层压板是用胶粘剂将薄板材料粘结压合而成的板材，如胶合板；夹心板是用碎木板或其他材料作面层胶合而成的板材，如胶合夹心板等。常用的有纤维板、胶合板和胶合夹心板。主要用于装饰装修、门窗和家具。

此外，木材还可以深加工成塑合木、铝合木、重组木、压缩木和层积木等新型木材产品用于土木工程。

3.3　金　属　材　料

3.3.1　概述

金属材料包括黑色金属和有色金属两大类。黑色金属是以铁元素为主要成分的金属及其合金，如铁、钢、合金钢。有色金属是以其他金属元素为主要成分的金属及其合金，如铜、铝、铅等金属及其合金。

金属材料在土木工程中应用广泛。土木工程中使用的钢材主要有各种型钢、钢板、钢管钢丝束、钢缆和各种钢筋、钢丝、钢绞线。钢材具有较高的抗拉、抗压、抗冲击强度和较好的耐疲劳特性，可以通过焊接、铆接、螺栓连接、切割和热加工等手段制成制品和钢结构。随着建筑业和钢铁工业的快速发展，钢铁已成为高层建筑和大跨度结构中重要的土木工程材料之一。

在土木工程中，使用最多的金属材料是钢材。钢材品质均匀、强度高，具有一定的弹性和塑性变形能力，能够承受冲击、振动等荷载；钢材的可加工性能好，可以进行各种机械加工，也可通过铸造的方法，将钢铸造成各种形状；还可以通过切割、铆接、螺栓连接或焊接等多种方式的连接，进行装配法施工。钢材的缺点是容易腐蚀，维修费用高，而且能耗大、成本高、耐火性差。

3.3.2   金属材料在土木工程中的应用

许多黑色金属和有色金属及其合金在土木工程中有着广泛的应用，其中铁合金因为价格低廉而被大批量地应用于土木工程中。

1. 土木工程结构用钢

土木工程结构使用的钢主要有碳素结构钢、低合金高强度结构钢和优质碳素结构钢。

(1) 碳素结构钢又称普通碳素结构钢，适用于一般结构和工程。碳素结构钢采用氧气转炉、平炉或电炉冶炼，且一般以热轧状态交货。

(2) 低合金高强度结构钢，冶炼时在钢材中加入规定数量的合金元素，用以提高钢材的使用性能。常用的合金元素有硅、钒、钛、锰、铬、镍和铜等。大多数合金元素不仅可以提高钢材的强度和硬度，还可以提高钢材的塑性和韧性。低合金高强度结构钢是由氧气转炉、平炉或电炉冶炼，为镇静钢和特殊镇静钢。

(3) 优质碳素结构钢，冶炼时对有害杂质含量严格控制，其中 $S<0.035\%$，$P<0.035\%$，其性能优于碳素结构钢。

2. 土木工程结构用钢材

(1) 常用的热轧型钢主要有角钢、工字钢、槽钢、H 型钢、吊车轨道、金属门窗、钢板桩型钢等。

(2) 常用的冷弯型钢用厚度为 1.5～25mm 的钢板或钢带经冷轧或模压而成，厚度为 1.5～6mm 的冷弯型钢也称为冷弯薄壁型钢。冷弯型钢属于高经济截面，由于壁薄、刚度好，能有效地发挥材料的作用，节约钢材。

(3) 钢板按轧制方式可分为热轧钢板和冷轧钢板，其种类按照厚度的不同可分为薄板、厚板、特厚板和扁钢。

(4) 建筑用钢管有热轧无缝钢管和焊接钢管两种。无缝钢管以优质碳素结构钢或低合金高强度结构钢为原材料，采用热轧或冷拔无缝方法制造。焊接钢管由钢板卷焊而成。

(5) 热轧光面钢筋采用碳素结构钢轧制而成。热轧带肋钢筋为表面具有规则间隔带肋的钢筋，分为纵肋和横肋两种。纵肋与钢筋纵向一致，横肋是与纵肋不平行的肋，其断面为月牙肋。

(6) 冷轧带肋钢筋和钢丝是采用碳素结构钢、优质碳素结构钢或低合金高强度结构钢热轧盘条经冷轧后，在钢筋表面分布有三面或两面横肋的钢筋与钢丝。冷轧带肋钢筋具有强度高、塑性好、与混凝土的握裹力高、综合性能优良等优点。

（7）预应力混凝土用钢丝为高强度钢丝，是用优质碳素结构钢经冷拔或再经回火等工艺处理制成。其强度高，柔韧性好，适用于大跨度屋架、吊车梁、桥梁箱梁等大型构件等。使用钢丝可节省钢材，施工方便，安全可靠，但成本较高。

（8）其他，如钢丝束索、钢绞线索、钢丝绳索等，适用于大跨度空间结构体系。

3. 专门结构用钢

（1）桥梁结构钢，冶炼时要求气体杂质含量少，晶粒细化，脱氧完全。桥梁结构钢都采用平炉或氧气转炉镇静钢。

（2）钢轨钢，要求具有较高的强度、抗剥离能力、较高的耐磨性、冲击韧性和疲劳强度。一般应选用含碳量较高的平炉或氧气转炉镇静钢进行轧制。

3.3.3　钢材的防腐

钢材的防腐一般采取以下三种措施。

（1）涂敷保护层

在钢材的表面涂敷一层保护层，以隔离空气或其他介质，常用的保护层有搪瓷、涂料、耐腐蚀金属、塑料等，或经化学处理使钢材表面形成氧化膜或磷酸盐膜。

（2）电化学防腐

对于不易涂敷保护层的钢结构，如地下管道、港口结构等，可采取阳极保护或阴极保护的措施来防止金属材料的腐蚀。

阳极保护又称外加电流保护法，是在钢结构的附近埋设一些废钢铁，外加直流电源，将阴极接在被保护的钢结构上，阳极接在废钢铁上。通电后废钢铁成为阳极而被腐蚀，钢结构成为阴极而受到保护。

阴极保护是在被保护的钢结构上连接一块比钢更为活泼的金属，如锌、镁等，使钢结构成为阴极而受到保护。

（3）制成合金钢

在钢中加入铬、镍等合金元素后，可制成不锈钢。但是该措施成本较高，仅用于特殊工程。

3.4　水　　泥

3.4.1　概述

水泥的发明是土木工程材料历史上的一个重要里程碑，到今天，世界上每年生产使用超过 35 亿 t 水泥，中国的水泥年产量占世界总产量的一半以上。

水泥是最常用的土木工程材料之一。水泥加水拌合后成浆体，能在空气中硬化或者在水中更好地硬化，并能把砂、石等材料牢固地胶结在一起。水泥是重要的土木工程材料，用水泥制成的砂浆或混凝土，坚固耐久，广泛应用于土木建筑、水利、电力、道路、桥梁、隧道、矿山、国防等工程。

水泥按其组成可分为两大类，常用水泥和特种水泥。常用水泥是用于一般土木工程的水泥，如硅酸盐水泥、普通硅酸盐水泥、矿渣硅酸盐水泥等。它们均是以硅酸盐水泥熟料为主要组分的一类水泥。特种水泥泛指水泥熟料为非硅酸盐类的水泥，如高铝水泥、硫铝酸盐水泥等。

3.4.2 水泥的基本组成

水泥是由水泥熟料、混合材（有时不加）和石膏按一定比例混合磨细而成。在粉磨水泥时，为改善水泥的易磨性和降低粉磨能耗，通常还掺加少量的助磨剂。

硅酸盐水泥的主要熟料矿物为：硅酸三钙（$3CaO \cdot SiO_2$），含量 $37\% \sim 60\%$；硅酸二钙（$2CaO \cdot SiO_2$），含量 $15\% \sim 37\%$；铝酸三钙（$3CaO \cdot Al_2O_3$），含量 $7\% \sim 15\%$；铁铝酸四钙（$4CaO \cdot Al_2O_3 \cdot Fe_2O_3$），含量 $10\% \sim 18\%$。此外，水泥中还含有少量游离氧化钙、游离氧化镁和碱等。

水泥中的石膏起调整（通常指延缓）水泥凝结时间的作用，保证水泥加水后能够较长时间保持塑性，以完成浇筑和振捣密实工序。通常使用天然二水石膏和天然硬石膏，当前也有水泥厂利用工业副产石膏作水泥调凝剂。

水泥混合材主要有活性混合材和非活性混合材两大类。活性混合材指的是混合材磨细后与石灰或石膏拌合，加水后既能在空气中也能在水中硬化的混合材，如粒化高炉矿渣、火山灰质混合材、粉煤灰、煤矸石、偏高岭土等。非活性混合材是为了提高水泥产量，降低水泥强度等级，减小水化热而掺入的没有活性的混合材，如磨细的石英砂、石灰石、慢冷矿渣、窑灰等。

3.4.3 水泥的水化硬化

水泥用适量的水拌合后，最初形成具有可塑性的浆体，随着时间的推移，失去可塑性（但尚无强度），这一过程称为初凝。随着水化反应的继续进行，终至浆体完全失去可塑性并开始具有一定强度时称为终凝。由初凝到终凝的过程称为水泥的凝结。此后，水泥浆体产生明显的强度并逐渐发展而成为坚硬的石状物水泥石，这一过程称为水泥的"硬化"。值得注意的是，水泥石的凝结和硬化是人为划分的，实际上是一个连续、复杂的物理化学过程，这些变化决定了水泥石的某些性质，对水泥的应用有着重要意义。

3.4.4 水泥的应用

硅酸盐系列水泥是常用水泥，是土木工程中应用最为广泛的水泥，产量占整个水泥工业总产量的 95% 以上。硅酸盐系列水泥具有凝结硬化速率适中、强度发展稳定、后期强度仍有部分增长、耐久性理想等特点，因而硅酸盐系列水泥广泛应用于水泥混凝土的制备以及建筑、桥梁、道路、铁路、机场、大坝、核电和海工等工程建设。硅酸盐系列水泥也广泛应用于砌筑、抹灰、地面、粘结和修补等工程各种砂浆产品的制备。通过原材料组分的控制和烧成、粉磨工艺的控制，可将通常呈灰色的硅酸盐系列水泥制备成白色硅酸盐水泥。白色硅酸盐水泥可广泛应用于各种装饰工程，如用于制备白色的装饰混凝土、白色的装饰砂浆和各种白色水泥制品等。在白色硅酸盐水泥中配制不同的颜料可以制备色彩绚丽的彩色砂浆和彩色混凝土，丰富土木工程的美观效果。

其他系列水泥泛指水泥熟料为非硅酸盐类的水泥，如铝酸盐水泥（也称高铝水泥）、硫铝酸盐水泥和铁铝酸盐水泥等。

铝酸盐水泥是以铝酸钙为主的熟料与混合材一起磨细而成的水泥。铝酸盐水泥具有水化硬化和凝结速率快、早期强度高、抗硫酸盐侵蚀性好、耐热性优良等特点。铝酸盐水泥的另一特点是具有较高的耐热性，配合耐火性粗、细骨料（如铬铁矿等）可制成使用温度达 $1300\sim1400℃$ 的耐热混凝土。但铝酸盐水泥长期强度有倒缩趋势，因而不推荐用于长期承重的结构，只适用于紧急军事工程（筑路和筑桥）、抢修工程（堵漏等）和临时性工程以及配制耐热混凝土等。

硫铝酸盐水泥是 20 世纪 70 年代中国建筑材料研究总院研制成功的，这也是我国水泥科学家为世界水泥行业所做的一项重大贡献。20 世纪 80 年代，我国科学家又为世界贡献了铁铝酸盐水泥的制备工艺。

硫铝酸盐水泥熟料以无水硫铝酸钙和硅酸二钙为主要矿物。将硫铝酸盐水泥熟料、二水石膏和混合材共同磨细，就得到硫铝酸盐水泥产品。硫铝酸盐水泥同样具有水化硬化和凝结速率快、早期强度高等特点。硫铝酸盐水泥后期强度不出现倒缩现象，这一点对扩大其应用范围非常有意义。硫铝酸盐水泥由于浆体液相碱度较低，常用于玻璃纤维增强混凝土（GRC）制品的生产。通过调整矿物组成、石膏掺量、混合材掺量和其他措施，可将硫铝酸盐水泥制备成快硬硫铝酸盐水泥、高强硫铝酸盐水泥、膨胀硫铝酸盐水泥、自应力硫铝酸盐水泥和低碱度硫铝酸盐水泥等品种，满足不同工程的需要。

3.5 混 凝 土

3.5.1 普通混凝土的特性和应用

混凝土是由胶凝材料将集料（骨料）胶结而成的固体复合材料。新拌制而未硬化的混凝土，称为混凝土拌合物。经硬化有一定硬度和强度的混凝土称作硬化混凝土。根据混凝土中所用胶凝材料的不同，混凝土分为水泥混凝土、石膏混凝土、水玻璃混凝土、树脂混凝土、沥青混凝土等。其中在土木工程中使用最广泛的是水泥混凝土，属于水泥基复合材料。

混凝土是现代土木工程中应用范围最广、用量极大的人造材料。其主要的优点是：具有较高的强度和耐久性，可以通过调整其组分，使其具有不同的物理力学特征，以满足各种工程的不同要求；混凝土拌合物具有可塑性，便于浇筑成各种形状的构件或整体结构；能与钢筋牢固地结合成坚固、耐久、抗震且经济的钢筋混凝土结构；经久耐用，维修费用低。混凝土的主要缺点是：抗拉强度低，一般不用于承受拉力的结构；在温度、湿度变化的影响下容易产生裂缝。此外，混凝土原材料的品质及混凝土配合成分的波动以及混凝土的运输、浇筑、养护等施工工艺，对混凝土的质量也有很大影响。

水泥混凝土是随着硅酸盐水泥的出现而问世的，至今已有近 200 年的历史。随着科学技术的进步，混凝土的强度不断提高，性能不断完善，品种不断增加。自 20 世纪以来，混凝土已经成为土木工程中至关重要的一种建筑材料而受到广泛的关注。它被广泛地应用于工业与民用建筑、给水排水工程、水利水电工程、交通工程以及地下工程、国防建设等。

随着科学技术的日益进步，混凝土技术也不断地发展。具有特殊功能的混凝土以及具有多种特殊性能的高性能混凝土也将逐步得到应用。此外，为保护环境资源，保持社会可持续发展，再生混凝土也正在被广泛地研究和应用。

3.5.2　普通混凝土的制备

从图 3-3 中我们可以清楚地看到混凝土是如何被制备出来的。养护条件的好坏是决定混凝土性能的一个重要环节，应该受到更多的关注。

混凝土的技术性质主要有：混凝土拌合物的和易性、凝结特性、硬化混凝土的强度、耐久性等。和易性是指混凝土拌合物在一定的施工条件下，便于操作并获得质量均匀、密实混凝土的性能。混凝土强度分为抗压强度、抗拉强度、抗弯（折）强度及抗剪强度等。其中以抗压强度最大，故混凝土主要承受压力。混凝土除要求具有强度外，还应具有抗渗性、抗冻性、抗冲磨性、抗侵蚀性及抗风化性等，统称为混凝土耐久性。

3.5.3　混凝土的组成与结构

混凝土主要由水泥、水、骨料三种材料组成。另外，为改善混凝土的性能，常加入一定量的混凝土外加剂（以及纤维、聚合物等）。此外，为降低成本、改善混凝土的

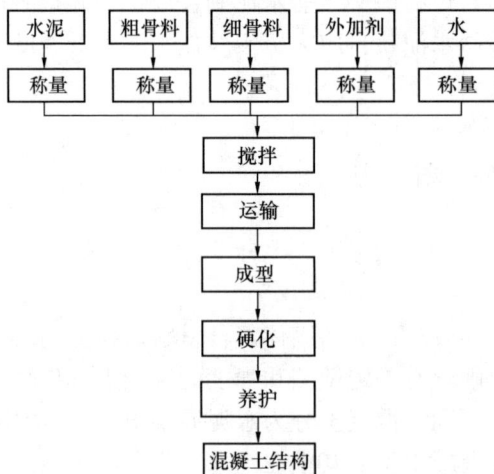

图 3-3　混凝土：从原材料到混凝土结构

性能还加入一些掺合料。为提高混凝土结构的承载能力，尤其是抗拉能力，常将钢筋配置在混凝土内部，形成所谓的钢筋混凝土，还可通过对钢筋的张拉在混凝土结构内部形成预压应力，成为预应力混凝土。土木工程中主要应用钢筋混凝土和预应力钢筋混凝土。

硬化后混凝土的结构如图 3-4 所示，其中，砂、石起骨架作用，水泥与水形成的水泥浆填充在砂、石堆积的空隙中。

1. 水泥

水泥是混凝土中很重要的组成部分，水泥品种的选择应根据混凝土工程的性质和所处的环境条件，并同时考虑混凝土的配制强度。若用低强度等级的水泥配制高强度等级的混凝土，不仅会使水泥用量过多，而且会对混凝土其他性能产生不利影响。反之，用高强度等级的水泥配制低强度等级的混凝土时，水泥用量会偏少，从而影响

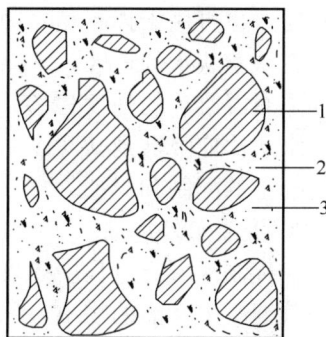

图 3-4　混凝土结构示意图
1—粗骨料；2—细骨料；3—水泥浆体

混凝土的耐久性。根据经验，对于不掺加减水剂和掺合料的混凝土，一般选择的水泥强度等级标准值为混凝土强度等级标准值的 1.5 倍以上，而对于掺加减水剂和掺合料的混凝土，水泥强度等级的选择可不受此限制。

2. 骨料

普通混凝土所用骨料按粒径大小分为两种，粒径大于 5mm 的称为粗骨料，粒径小于 5mm 的称为细骨料。

普通混凝土中所用的细骨料，一般是由天然岩石长期风化等自然条件形成的天然砂。根据来源不同，天然砂分为河砂、海砂和山砂三类。河砂是混凝土的主要用砂。机制砂是由天然岩石或河卵石破碎而成，成本较高，一般仅在缺乏天然砂的时候使用。

普通混凝土中所用的粗骨料有碎石和卵石两种。粗骨料的颗粒形状及表面特征会影响其与水泥石的粘结及混凝土拌合物的流动性。卵石表面光滑、少棱角，空隙率及表面积较小。拌制混凝土时水泥浆用量较少，和易性较好，但与水泥石的粘结力较小。碎石颗粒表面粗糙、多棱角，空隙率和表面积较大，所拌制混凝土拌合物的和易性较差，但碎石与水泥石的粘结力较大。在水灰比相同的条件下，碎石混凝土比卵石混凝土强度高。在工程中使用什么样的粗骨料，应根据实际情况来决定。

值得一提的是，由于天然骨料的逐渐匮乏，以及旧建筑物（构筑物）拆除量的增加，将废混凝土经清洗、破碎和筛分后制备出不同规格的骨料，重新应用于混凝土的配制，即所谓的再生混凝土技术，受到广泛关注。但由于再生骨料与天然骨料相比，在性能方面有较大差别，实际应用时尚需大量的试验研究工作。

3. 水

一般来说，适合饮用的水都能用于拌制混凝土，比如自来水就可以直接用于拌制混凝土。

天然矿化水中含盐量、氯离子、硫酸根离子等化学成分以及 pH 值满足规范要求时，也可用于拌制和养护混凝土。

在缺乏淡水的地区，素混凝土（即不配钢筋的混凝土）允许用海水拌制，但应加强对混凝土的强度检验，以符合设计要求为原则；对有抗冻性要求的混凝土，水灰比应降低到 0.5 以下。由于海水对钢筋有锈蚀作用，故海水不能用于钢筋混凝土的配制和养护。

4. 混凝土外加剂

在拌制混凝土过程中掺入不超过水泥质量 5%（特殊情况下除外）的能按要求改善混凝土性能的物质，称为混凝土外加剂。混凝土外加剂可改善混凝土的和易性和硬化后的混凝土性能，并收到节省水泥、节约能源、加快施工速度、减轻劳动强度等效果。但是如外加剂使用不当，则易造成工程事故，所以在使用前一定要详细了解其性能并进行必要的试验。

混凝土外加剂种类很多，如普通减水剂、早强剂、引气剂、缓凝剂、高效减水剂、引气减水剂、缓凝减水剂、速凝剂、防水剂、阻锈剂、膨胀剂、防冻剂、高性能减水剂等。在工程中应按照实际要求选择合适的外加剂并进行试验，以确定最佳掺量和掺加方法。

5. 矿物掺合料

为节约水泥，改善混凝土的性能，在混凝土拌制时掺入量大于水泥质量 5% 的矿质粉末，称为混凝土掺合料。常见的混凝土掺合料有粉煤灰、矿渣粉、钢渣粉和硅灰等，以及它们经科学配合后的复合掺合料。在这些掺合料中粉煤灰应用最为广泛。当今社会，混凝土外加剂和矿物掺合料已成为配制混凝土时所必需的原材料。它们能够改善混凝土的和易性、强度和耐久性，而且能帮助混凝土利用更多的固体废弃物，节省资源、能源，保护环境，提高混凝土的绿色化水平。

6. 纤维

在混凝土制备过程中掺加一定量的纤维并乱向分布于混凝土内部，可有助于提高混凝土在塑性阶段和硬化阶段的抗开裂性，改善混凝土的抗拉强度和韧性。在地面、道路、机场、建筑物屋顶等的建设中，混凝土中常掺入纤维。可掺入混凝土中的纤维有多种，如钢纤维、碳纤维、聚丙烯纤维、聚乙烯醇纤维、聚丙烯腈纤维、尼龙纤维、腈纶纤维、玻璃纤维、陶瓷纤维以及木纤维、竹纤维等。纤维可加工成不同截面、不同长度、不同直径和不同形状。因为混凝土为碱性材料，在混凝土中掺加玻璃纤维，应选择耐碱性强的玻璃纤维品种。

7. 聚合物

为提高混凝土的抗拉强度、韧性和抗裂性，改善其防水性、耐久性，可在混凝土制备过程中掺加聚合物，或者在混凝土硬化后，通过真空将聚合物压入混凝土内部孔隙，等聚合物固化后便与混凝土材料牢固结合形成完整的统一体。可掺入混凝土中的聚合物有聚乙烯、聚丙烯、聚丙烯酸酯、聚苯烯酸酯、聚醋酸乙烯酯、环氧树脂等。

3.5.4 混凝土配合比设计

混凝土配合比是指混凝土各组成材料数量之间的比例关系。常用的表示方法有两种：一种是以 $1m^3$ 混凝土中各组成材料的质量表示，如水泥 356kg，粉煤灰 65kg，砂 654kg，石子 1150kg，水 175kg，减水剂 3.56kg；另一种方法是以各项材料相互间的质量比标示，常以水泥质量为 1 来表示，将上述配合比换算成水泥：粉煤灰：砂：石：水：减水剂＝1：0.183：1.837：3.230：0.01。

在进行混凝土配合比设计时，首先要了解混凝土的技术要求。例如：混凝土的强度等级、混凝土的耐久性要求、混凝土拌合物的坍落度指标、混凝土的其他性能要求等。

混凝土配合比的设计方法有很多，基本上都大同小异。基本步骤如下：①计算初步配合比（利用经验公式、经验图表等进行初步计算）；②试拌调整，得出基准配合比（通过混凝土拌合物试样，求得满足和易性要求的配合比）；③经过混凝土强度和耐久性等的检验，确定混凝土配合比（满足各项设计指标的配合比）。

3.6 砂 浆

砂浆在土木工程中也具有重要作用。砂浆在土木工程中主要起粘结、传递荷载、附着、保护、防水、装饰等作用。

砂浆是由胶凝材料、细骨料、外加剂和水等材料按适当比例配制而成。砂浆与混凝土的区别在于不含粗骨料，可认为砂浆是混凝土的一种特例，也可称为细骨料混凝土，但实际工程对砂浆性能的要求有时与混凝土有很大区别。

根据功能，砂浆分为普通砂浆和特种砂浆两大类。根据生产形式，砂浆分为现场配制砂浆和商品砂浆。商品砂浆包括干混砂浆和湿拌砂浆两类。砂浆和混凝土一样，今后的发展方向是商品化生产和供应。

用于砖石砌体的砂浆称为砌筑砂浆。它起着传递荷载和承受荷载的作用，因此是砌体的重要组成部分。用于墙面、顶面抹灰的砂浆称为抹灰砂浆。用于地坪处理的砂浆称为地面砂浆。

砂浆常用的胶凝材料有水泥、石灰、石膏、菱苦土、水玻璃等。按胶凝材料不同，砂浆又可分为水泥砂浆、石灰砂浆和混合砂浆等。混合砂浆有水泥石灰砂浆、水泥黏土砂浆和石灰黏土砂浆等。

普通水泥、矿渣水泥、火山灰水泥、粉煤灰水泥等常用品种的水泥都可以用来配制砂浆。粉煤灰、矿渣粉等活性掺合料则可用来替代部分水泥。有时为改善砂浆的和易性和节约水泥还常在砂浆中掺入适量的石灰或黏土膏浆而制成混合砂浆。保水剂、增稠剂以及颜料等都是砂浆中常用的添加剂。为改善砂浆的韧性和抗裂性，常在砂浆中掺加纤维。

新拌砂浆主要要求具有良好的和易性。和易性良好的砂浆容易在粗糙的砖石底石面上铺设成均匀的薄层，而且能够和底面紧密粘结。

硬化后的砂浆则应具有所需的强度和对底面的粘结力，而且其变形不能过大，以防止开裂。

根据砂浆的抗压强度，将砂浆划分为若干等级，称为砂浆的强度等级，并以"M"和应保证的抗压强度值（MPa）表示，其强度等级分别为 M2.5、M5.0、M7.5、M10、M15、M20、M25 和 M30 等。

影响砂浆强度的因素主要有原材料性质、配合比和施工质量等。此外，砂浆强度还受被粘结块体材料表面吸水性的影响。

3.7 沥 青 材 料

3.7.1 沥青材料的分类及其主要特性

沥青是一种憎水的胶凝材料，常温下呈黑色或黑褐色固体、半固体或黏稠状的液体，与矿物材料有较强的粘结力，具有良好的防水、抗渗、耐化学腐蚀性。主要用于生产防水材料、防腐材料和铺筑沥青路面等。

沥青按照产源的不同可分为地沥青（包括天然沥青、石油沥青）和焦油沥青（煤沥青、木沥青）。天然沥青为石油浸入岩石或流出地表后，经地球物理因素的长期作用，轻质部分挥发和缩聚而成的沥青类物质。石油沥青是用石油炼制其他油品后的残渣加工而得到的。焦油沥青是将各种有机物质干馏加工而得到的焦油，经再加工后得到的沥青。页岩沥青的技术性能比较接近石油沥青，而生产工艺则接近焦油沥青。

工程上使用的沥青材料主要是石油沥青和煤沥青，其中，石油沥青因性质优于煤沥青，应用最广。

3.7.2 沥青材料的应用

通常按照工程应用特性，将石油沥青分为道路石油沥青、建筑石油沥青和普通石油沥青三类。在选用沥青材料时，应根据工程的性质、所处的地理气候环境等多因素综合考虑。

道路石油沥青主要在道路工程中用作胶凝材料，与碎石等矿物质材料配制成沥青混合料。通常，道路石油沥青标号越高，黏度越小，延展性越好，但温度敏感性也越高。

在道路工程中选用沥青材料时，要根据当地的气候条件，尤其是全年最高气温和最低气温。在北方地区应选用低黏度的石油沥青，以保证沥青路面在低温下仍有一定的变形能力，减少低温开裂；在南方地区应选用高黏度的石油沥青，以保证夏季沥青路面有足够的稳定性。

建筑石油沥青的针入度较小，耐热性能好，但延度较小，主要用于制作油纸、油毡和防水涂料等。这些材料大部分应用于屋面及地下防水、沟槽防水、防腐蚀及管道防腐工程等。

近年来，采用各种聚合物对沥青材料进行改性，已成为土木工程材料界热衷的技术措施。改性后的沥青不仅适用的温度范围变宽，而且塑性、韧性和耐老化性更优良。

3.8　土　　壤

所有的建筑物都是建立在土壤或岩石上的，有时土壤也会作为一种原材料而被应用于土木工程中，如夯土墙、生土建筑、土坝等。所以，关于土壤性质的问题和其他土木工程材料的性质一样重要。这些问题包括：

（1）土壤能否给予其上的建筑物以永久的支撑？

（2）土壤的收缩与膨胀是否与其上的建筑物有关？有多大的关系？

（3）土壤受压的安全范围是多大？

（4）天然土壤与人造土壤哪个较为稳定？

（5）在什么条件下土壤中的水分可以流动？

（6）土壤能否通过掺加一定的物质来改变其性能？

这些问题的解释都需要对土壤的特性和土壤的力学性质有一个很好的认识。这些问题的绝对答案是很难得到的，工程师们正在通过做大量的实验来认识土壤的各项性质。对于从事建筑行业的人员来说，学习土壤的稳定性和如何加固土壤是非常重要的。

一般来说，土壤加固法和加强措施是改善土壤性能行之有效的方法。土壤加固的目的是降低土壤的透水性、降低土壤的可压缩性和增加土壤的强度。工程上一般通过机械力（如夯实、碾压、振动）密实、挤压（如打桩）、化学加固（如掺三合土、掺固化剂、掺盐溶液）、加筋加固（如在土中加入筋带、钢筋、纤维、网状材料而形成复合体）、注浆（净压或高压喷射注浆）等措施，来加固土壤。

3.9　合成高分子材料

合成高分子材料是以合成高分子化合物为基础组成的材料。它具有密度低、比强度高、耐水性及耐化学侵蚀性强、抗渗性及防水性好、装饰性好、易加工等许多优点；同时，合成高分子材料也存在诸多缺陷，如耐热性差、易燃烧、易老化等。在实际工程中，应根据具体情况选用不同品种的高分子材料。

高分子材料作为土木工程材料，开始于 20 世纪 50 年代，经过半个多世纪的发展，现在已成为继水泥、木材、钢材之后的又一种重要的建筑材料。我国建筑用塑料制品近二十年来发展迅速，塑料管材、塑料异型材及门窗制品在塑料制品中占有着重要的位置。目前我国的建筑塑料制品比例由 20 世纪 80 年代的 3％上升到目前的 6％～7％。

高分子建筑材料的主要形式有：塑料制品、橡胶制品、涂料、墙布（纸）、塑料地板、胶粘剂、密封剂、玻璃钢、防水材料等。由此可见，高分子材料是一类产品形式多样、性能范围很宽、使用面很广的建筑材料。

土木工程中常用的高分子材料主要有：聚氯乙烯（PVC）、聚烯烃、苯乙烯类聚合物、有机玻璃、聚碳酸酯等。其中聚氯乙烯是最常用的一种高分子材料，用聚氯乙烯制造的高分子建筑材料和制品有塑料墙布（纸）、塑料地板、门窗、装饰板、管材和防水卷材等，如图 3-5 所示。

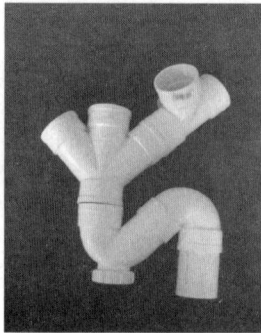
PVC管材

PVC卷材

PVC板材

图 3-5   用 PVC 生产的各种制品

3.10 墙体材料

用来砌筑、拼装或用其他方法构成承重或非承重墙的材料称为墙体材料。墙体材料主要有砖、砌块和板材三类，如图 3-6 所示。

烧结多孔砖

混凝土砌块

墙板制品

图 3-6 常见的墙体材料

墙体砖按所用原材料不同分为黏土砖和废渣砖；按生产方式不同分为烧结砖和非烧结砖；按砖的外形不同分为普通砖、多孔砖及空心砖。砌块有混凝土砌块、蒸压加气混凝土砌块、粉煤灰硅酸盐砌块等。板材有混凝土大板、玻纤水泥板、加气混凝土板、植物纤维板、石膏板及各种复合板等。

长期以来，我国建筑墙体材料一直以黏土砖为主，随着基础设施建设的加大，传统材料无论是在数量上，还是在品种、性能上都无法满足人们的要求。另外，黏土砖自重大、体积小、生产效率低、能耗高，又需要消耗大量宝贵的耕地黏土，故逐渐被各种环保的新型墙体材料所代替。因地制宜利用地方资源及工业废料，大力开发和使用轻质、高强、耐久和节资、节能、利废、减排、环保的新型建筑材料，是当今社会墙体材料发展的一个重要方向。

3.11 新型土木工程材料

随着材料科学技术的发展、土木工程建设技术要求的提高和绿色建筑的推广，新型土木工程材料，包括各种新型胶凝材料、纳米改性材料、超高性能结构材料、新型功能性建筑材料等如雨后春笋般发展起来。新的施工技术也促进了新型土木工程材料的发展。新技术、新工艺的应用带来了土木工程材料的性能提升和功能多元化。如自密实混凝土、高强混凝土和超高强混凝土、活性粉末混凝土、透光混凝土、空气净化混凝土、导电混凝土、电磁屏蔽混凝土和3D打印混凝土等就是在这种背景下应运而生的。

在大力提倡可持续发展社会和绿色生态建筑的今天，新型绿色环保土木工程材料和生态土木工程材料也正被广泛开发生产，且逐渐地被应用于实际土木工程中。如秸秆压制板材、稻壳保温砂浆、脱硫石膏复合胶凝材料、淤泥烧制陶粒及砌块、再生集料水泥混凝土、大掺量掺合料混凝土和再生沥青混凝土等，这些土木工程材料具有节省资源、节约能源、减少排放和保护环境等优点。

下面简要介绍几种新型土木工程材料。

3.11.1 高性能混凝土

20世纪80年代，随着混凝土工程向高层、超高层以及大型化、复杂化方向发展，混凝土的服役环境也日趋严酷，普通混凝土不能再满足这些要求了，人们将研究的目标瞄准具有更好施工性、更高力学强度和更优耐久性的混凝土。当时，社会十分盛行"高性能"这个词汇，于是便诞生了"高性能混凝土"这个概念。

美国学者认为：高性能混凝土是一种易于浇筑、振实、不离析，能长期保持高强、韧性与体积稳定性，在严酷环境下使用寿命长的混凝土。美国混凝土协会认为：此种混凝土并不一定需要很高的抗压强度，但仍需达到55MPa以上，需要具有很高的抗化学腐蚀性和其他一些性能。

日本学者则认为：高性能混凝土是一种具有高填充能力的混凝土，在新拌阶段不需要振捣就能完成浇筑；在水化、硬化的早期阶段很少产生由水化热或干缩等因素而导致的裂缝；在硬化后具有足够的强度和耐久性。

加拿大的工程技术人员认为：高性能混凝土是一种具有高弹性模量、高密度、低渗透性和高抗腐蚀能力的混凝土。

综合各国对高性能混凝土的要求，可以认为，高性能混凝土具有高抗渗性（高耐久性的关键性能）；高体积稳定性（低干缩、低徐变、低温度变形和高弹性模量）；适当的高抗压强度；良好的施工性（高流动性、高黏聚性、自密实性）。

中国在《高性能混凝土应用技术规程》CECS207：2006对高性能混凝土定

义为：采用常规材料和工艺生产，具有混凝土结构所要求的各项力学性能，具有高耐久性、高工作性和高体积稳定性的混凝土。

实际上，高性能混凝土并不是一个混凝土的品种，它是人们对混凝土性能的一种期望。高性能混凝土也不是必须同时具备各种"高性能"才能被称作高性能混凝土。工程情况不同、时代不同，对混凝土"高性能"的要求也不相同。所以高性能混凝土应具有偏重性、相对性和时代性等特性。我国已故著名混凝土材料学者吴中伟院士更是认为：高性能混凝土更应注重绿色环保性，即向绿色高性能混凝土方向迈进。

3.11.2　超高性能混凝土

20 世纪 90 年代由法国 Bouygues 公司首次提出"活性粉末混凝土"（Reactive Powder Concrete，RPC）的概念，这种混凝土在力学性能和耐久性方面更加优越，抗压强度可以高达 400MPa，抗折强度可以高达 40MPa 以上，且具有较好的韧性，所以又被称为"超高性能混凝土"（Ultra-High Performance Concrete，UHPC）。

超高性能混凝土是 DSP（Densified System Containing Ultra-fine Particles）材料与纤维增强材料相复合的高技术混凝土。超高性能混凝土的优异性能表现在超高力学性能、超高耐久性能、优良的耐磨和抗爆性能几个方面。

与普通混凝土相比，超高性能混凝土在原材料、配合比和施工性等方面的要求有较大的不同。例如，配制 UHPC 所用水泥强度等级较高，水泥用量较大，水胶比较低，一般使用硅灰等超细掺合料，不使用粗骨料而使用石英砂等高强细骨料，同时掺加纤维（钢纤维或复合有机纤维）来降低混凝土的脆性，此外还根据不同需要加入多种外加剂。

超高性能混凝土是近年来最具创新性的水泥基工程材料之一，能够实现工程材料的大跨越。因此，超高性能混凝土将是今后相当长的时期内土木工程材料行业的研究和应用热点。

3.11.3　再生混凝土

在不断深入的城市化建设中，新建筑的建设和旧建筑的拆除都会产生大量的建筑垃圾，造成严重的环境污染和资源浪费。对这部分建筑垃圾特别是废弃混凝土的再生利用将具有显著的环境和经济效益，对实现建筑、资源与环境的可持续发展具有深远意义。

将废弃混凝土经清洗、破碎、分级并按一定比例相互配合后可得到"再生集料"，部分或者全部利用"再生集料"制备的混凝土称为"再生混凝土"。再生混凝土具备世界环境组织提出的"绿色建材"特征，即：

（1）节约资源、能源，资源化利用废混凝土；

(2) 不破坏环境，更有利于优化环境；

(3) 可持续发展，既可满足当代人的需求，又不危害后代人的建设需求。

我国对再生混凝土的研究起步相对较晚，但已经开展研究工作的高校和科研院所做了大量工作，涉及范围广泛，已取得一定成果，包括废弃混凝土破碎及再生工艺、再生混凝土的工作性能、力学性能及耐久性、再生混凝土梁柱、框架节点、框架结构的抗震性能以及组合结构的性能等。2007 年颁布的上海市地方标准《再生混凝土应用技术规程》DG/T J08—2018—2007，为再生混凝土技术的应用提供了明确指导。2012 年颁布了国家标准《工程施工废弃物再生利用技术规范》GB/T 50743—2012，自 2012 年 12 月 1 日起实施。该规范为我国工程施工废弃物的全面再生利用提供了技术依据。

3.11.4   透光混凝土

尽管水泥混凝土是主要的建筑材料，但传统的混凝土都是灰色的不透任何光线的，给人死气沉沉的压抑感。由匈牙利建筑师发明的透光混凝土则可使光线透过，既节省了照明能耗，又表现出较好的艺术效果（图 3-7）。在 2010 年上海举办的世博会上，意大利馆就使用了透光混凝土（图 3-8）。

图 3-7   透光混凝土   图 3-8   上海世博会意大利馆

将透光混凝土用于建筑外墙，随着阳光折射角度的变化，建筑物在一天内可连续不断地变幻出不同画面。自然光的射入可以减少室内灯光的使用，从而节约能源。透光混凝土的出现和应用必将为绿色建材的发展添上浓墨重彩的一笔。

3.11.5   可用于 3D 打印的土木工程材料

当前，3D 打印是一个很热的词汇，各行业都希望能采用 3D 打印的方法得到所需要的部件，因为它是速度相对较快又不需要事先建造模板的制备技术。3D 打印是一种与减材制造和等材制造等传统制造技术迥然不同的新兴材料加工技术，以模型的三维数据为基础，通过打印机喷嘴挤出材料逐层打印增加材料来生成实体的技术，因此又称为添加制造，或称为增材制造。目前 3D 打印作为

"第三次工业革命的重要生产工具"，正在成为一种迅猛发展的潮流，广泛应用于各个研究领域，如生物医学、航空航天、模具制造、汽车制造等。近年来，3D打印在建筑领域的应用也在不断拓展。图 3-9 是某 3D 打印机正在进行建筑墙体的打印，图 3-10 是我国上海赢创公司采用 3D 打印技术建造的房屋图片。

3D 打印技术对土木工程材料的性能提出了更高要求。首先是可挤出性，在打印过程中，土木工程材料浆体通过挤出装置的喷嘴挤出进行打印，因此应保证浆体能顺利挤出。可挤出性也是对浆体流变性能的要求，浆体具备良好的流变性可便于挤出成型，保证打印构件的完整性。另一方面是浆体的黏聚性和强度快速建立的性能，也称为建造性。

图 3-9　工作中的 3D 打印机　　　　图 3-10　上海赢创公司的 3D 打印房屋

3D 打印技术在建筑领域的应用中材料的选择是重中之重，除了混凝土、砂浆的应用，其选择范围也在逐渐拓展。从材料的性能和资源应用的双重角度考虑，以磷石膏水硬性复合胶凝材料为基材的纤维增强材料，以脱硫石膏水硬性复合胶凝材料为基材的纤维增强材料，以粉煤灰-矿渣粉-石灰-石膏复合胶凝材料为基材的纤维增强材料，以磷酸盐胶凝材料为基材的纤维增强材料，等等，都能很好地满足 3D 打印的技术要求。甚至有人大胆预言，在不久的将来，利用火星或月球上的大宗资源，在火星或月球上打印适合人类居住的房屋，满足人们在火星或月球上的生存梦，一定是必然的。

3.11.6　纳米土木工程材料

纳米材料是一门新兴的并正在迅速发展的材料科学。纳米材料是指颗粒尺寸在纳米量级（$1\sim100nm$）的超细材料，其尺寸大于原子簇（尺寸小于 1nm 的原子聚集体）而小于通常的微粉，处在原子簇和宏观物体交界的过度区域。由于纳米材料的尺寸小，其在结构、物理和化学性质等方面具有诱人的特征，使之成为当今材料科学领域研究的热点，被科学家们誉为"21 世纪最有前途的材料"。

将纳米材料技术应用于土木工程材料中的研究是近 10 余年才开始的，但是发展十分迅速。众多学者尝试采用纳米材料来改善土木工程材料的性能，目前应用于土木工程材料的纳米材料有碳纳米管、氧化物纳米颗粒以及纳米黏土等。这里简要介绍几种。

1. 纳米 SiO_2 改性混凝土和纳米 $CaCO_3$ 改性混凝土

纳米材料由于其尺寸小而具有特殊的结构特征，从而产生了四大效应：尺寸效应、量子效应（宏观量子隧道效应）、表面效应和界面效应，从而使其具有传统材料所不具有的物理和化学特性。

纳米 SiO_2 是纳米材料中的重要一员，为无定型白色粉末，是一种无毒、无味、无污染的非金属材料。纳米 SiO_2 微结构呈絮状和网状的准颗粒结构，为球形，见图 3-11。将纳米 SiO_2 作为外加剂掺入混凝土，可以起到良好的火山灰效应、填充效应，并促进水泥的水化，从而改善混凝土的微观结构，整体改善混凝土的力学性能和耐久性能。

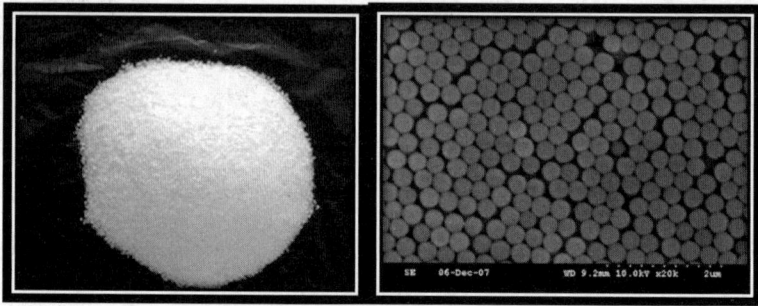

图 3-11   纳米 SiO_2

研究表明，在混凝土中掺加占水泥重量 $1\%\sim5\%$ 的纳米 SiO_2，可使混凝土 1d、3d、7d 和 28d 抗压强度分别提高 6%、35%、25% 和 11%，抗折强度提高 $10\%\sim25\%$，抗渗性提高 30% 以上，抗冻性提高 50% 以上，抗化学物质侵蚀能力大幅度提高。

纳米 $CaCO_3$ 具有比普通碳酸钙更优异的性能，目前采用"碳化法"生产纳米 $CaCO_3$ 较为普遍，根据不同碳化工艺条件，加入不同的结晶控制剂，可生产出不同晶型纳米 $CaCO_3$，有立方形、纺锤形、球状、链锁状，见图 3-12。

将纳米 $CaCO_3$ 作为外加剂掺入混凝土，可以起到良好的填充效应、晶核效应，并促进水泥的水化，从而改善混凝土的微观结构，亦能整体改善混凝土的力学性能和耐久性能。

2. 纳米 TiO_2 光催化混凝土

锐钛型纳米 TiO_2 是一种优良的光催化剂，它具有净化空气、杀菌、除臭、表面自洁等特殊功能。利用纳米 TiO_2 制备光催化混凝土，使之对机动车辆排放的对人体有害的 NO_x 和 SO_2 等污染气体进行分解去除，起到净化空气的作用，见图 3-13。

图 3-12　纳米 $CaCO_3$

3. 纳米自感应混凝土

混凝土材料本身并不具备自感应功能，但在混凝土基材中复合部分导电相可使混凝土具备本征自感应功能。目前常用的导电组分可分 3 类：聚合物类、碳类和金属类物质，其中最常用的是碳类和金属类物质。通过标定这种自感应混凝土，研究人员能测定阻抗和载重之间的关系，由此可确定以自感应混凝土施作的公路或桥梁上车辆的方位、重量和

图 3-13　光催化混凝土

速度等参数，为交通管理的智能化提供了材料基础。同时还可以用于土木工程结构的实时和长期监测，便于监控混凝土结构的开裂与破坏情况及其损伤评价等。

4. 纳米电磁屏蔽混凝土

电磁屏蔽混凝土是通过对混凝土进行改性而得到的一种防护或遮挡电磁波的混凝土，主要作用是防止建筑内部电磁信号的泄露和外部的电磁干扰。

研究发现，掺入铁氧体可有效提高混凝土的电磁屏蔽功能，其中，锰锌铁氧体的电磁屏蔽性能最好。

5. 纳米净水生态型混凝土

当前，城市建设突飞猛进，城市成为混凝土森林，地面裸露土壤越来越少，遇到暴雨很易发生内涝。国家提出建设"海绵城市"的战略要求。海绵城市建设是一项重大的系统工程，需要透水混凝土路面和广场路面，再加上正确的排水、集水和净水系统。将高活性的纳米净水组分与多孔混凝土复合，利用其多孔性和粗糙特性，使其具有渗流净化水质功能和适应生物生息场所及自然景观效果。净水生态混凝土用于河水、池塘水、地下污水源净化，在保护居住生态环境方面有积极的意义。

6. 自调湿生态环境材料

纳米级天然沸石、纳米级硅藻土等内部多孔，具有较好的吸附与解吸附功能。将这些纳米材料掺加到水泥混凝土、建筑砂浆和涂料中，可以赋予这些土木工程材料较好的自动调湿功能，制得自调湿生态环境材料。自调湿生态环境材料的特点是：优先吸附水分，水蒸气压低的地方，其吸湿容量大；吸放湿与温度相关，温度上升时放湿，温度下降时吸湿。

自调湿生态环境材料比较适合用于对湿度控制要求比较高的美术馆、图书馆、博物馆等建筑环境。

对传统土木工程材料的改性和对新型土木工程材料的研究从来就没有停歇过。随着材料科学技术的进步，土木工程材料日新月异。今后，土木工程仍然向着更高、更大、更复杂、使用环境更严酷的方向发展，通过大家的努力，土木工程材料的技术和产品创新一定能满足这些新的需求。

思 考 讨 论 题

1. 试论木材在土木工程中应用的重要意义。
2. 试论影响木材强度的因素。
3. 木材中的水分是怎样影响木材强度的？
4. 简要说明金属材料在土木工程中的应用。
5. 简要论述防止金属材料锈蚀的措施。
6. 简述混凝土的主要组分及其作用。
7. 简述砂浆和混凝土的制备工艺。
8. 简述影响混凝土性能的因素。
9. 简述沥青材料在土木工程中的应用。
10. 简述土壤的加固措施。
11. 简述高分子材料在土木工程中的应用。
12. 简述墙体材料在土木工程中的应用。
13. 简述水泥混凝土高性能化的重要性。
14. 简述纳米材料技术在土木工程材料中的应用。
15. 通过资料查阅，预测土木工程材料未来的发展方向。

第4章 建 筑 工 程

4.1 建筑工程的特点

建筑工程是一门涉及各类建筑（建筑物和构筑物的总称）设计、施工和修复等工程问题的学科，需要综合应用建筑学、地质学、测量学、土力学、工程力学、建筑材料、建筑结构、施工机械等各种知识和技术。建筑也是一种产品，与其他工业产品相比，它具有以下一些自身的特点。

4.1.1 建筑本身的特点

（1）任何一个建筑产品都处在一个特定的地点，固定在地面上不能移动，由于不同的地点具有不同的地貌和地质条件，因此有必要针对每个建筑作专门的地基和基础设计；

（2）建筑产品应是多功能的，从而满足用户的多种需要，包括使用功能、规模、结构形式、风格、舒适性和经济性；

（3）建筑产品的尺度在长度、宽度、高度三者之一或者全部都要比其他产品大得多；

（4）建筑会受到许多形式的荷载或力的作用。

除这些以外，建筑还与艺术风格、建筑材料、结构施工、装修等密切相关。在建筑产品的建造工程中会碰到许许多多复杂的问题，它们并不总是通过理论分析来解决，事实上有时需要靠试验、经验来解决。

4.1.2 建筑工程施工的特点

（1）由于体量尺度大和技术复杂，建筑产品的建造过程中需要一定规模的人力、机械设备和大量的建筑材料，并且需要很长一段时间才能完工，少则几个月，多则若干年；

（2）工业产品的生产是在固定的工厂车间，而建筑产品的建造没有固定的地点，经常一个地方到另一地方的流动；

（3）建筑施工通常露天作业，很容易受到自然环境的影响和干扰。

4.1.3 建筑工程项目管理的特点

（1）建筑产品的建造需视作一个项目来运作，应有明确的目标、详细的工作内容、规定的施工进程、成本预算、质量标准等细节，制定一个完备的项目管理计划是十分重要的；

（2）一个建筑项目常常需要若干个阶段才能完成，将涉及许多施工部门和专业人员，很多不确定事件、因素会影响到项目的运作进程。

4.2 建筑的组成和功能

一幢建筑由许多构件或元件组成，以图 4-1 所示的一幢住宅建筑举例，它包含了基础、墙或柱、楼面、屋盖、楼梯、门、窗户、阳台等，这些构件可分成围护结构和承重结构两大类。

4.2.1 围护结构

建筑的功能是通过围护结构来达到的，围护结构将建筑围护起来，形成封闭的区域，阻止外界风、雨、雪的侵入，但是能让阳光、新鲜空气进入，使人们安全舒适地生活和工作。墙、门、窗、屋檐、围栏、雨篷等都属于围护结构。

4.2.2 承重结构

如图 4-2 所示，一幢建筑受到其自重和来自人群、家具、设备、结构材料等的重量以及雪、风、地震等的作用，这些统称为荷载。建筑中能承受这些荷载并将它们传递到其他部位的结构称为承重结构。由承重结构组成的体系称为结构体系，涵盖各式各样的构件，例如梁、板、柱、屋架、承重墙、基础等。作用在建筑上的荷载从上往下传递。

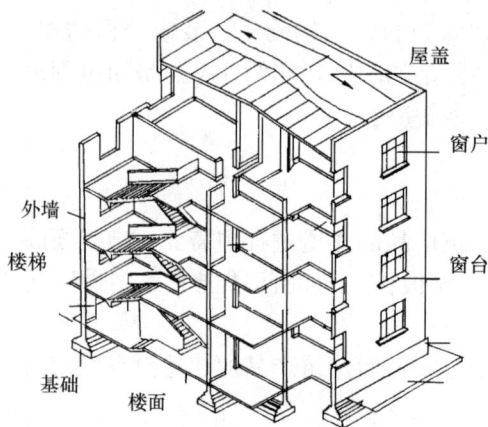

图 4-1 住宅建筑的组成

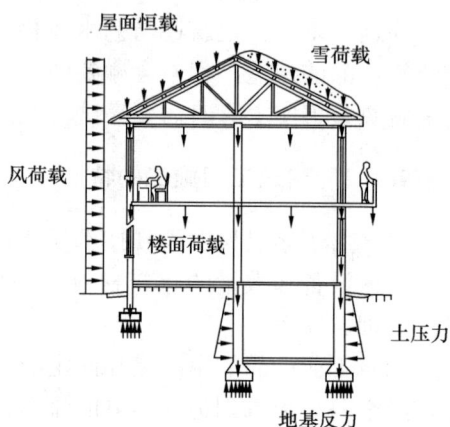

图 4-2 作用在建筑上的荷载

（1）基础

基础是一幢建筑最下面的部分，而基础之下的土壤称为地基，不属于建筑范围。基础将承受整幢建筑的荷载，并将其传递到地基。

（2）墙

按照位置，墙可分为外墙和内墙，如图 4-3 所示。外墙是外面的围护结构，将建筑里面的房间与外界的风、雨、热、声音隔开，免遭它们的影响。内墙的功能是将每层楼面的空间分隔成多个区域或房

图 4-3　墙的分类

间，同时起到隔热和隔声的功效。沿着建筑短轴方向和长轴方向的墙分别称为横墙和纵墙，其中外横墙通常叫做山墙。

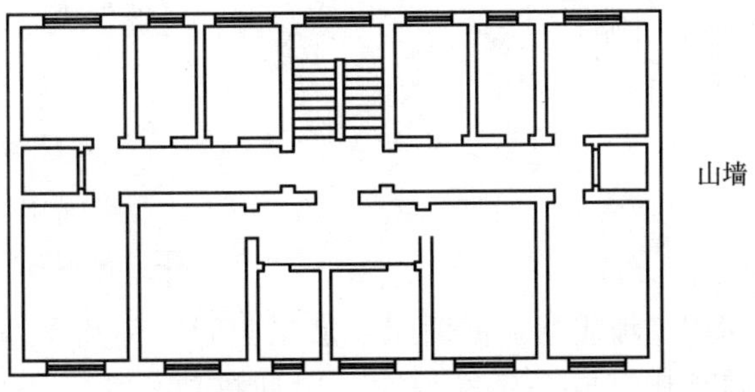

依据不同的结构性能，墙又可分为承重墙和非承重墙。用来承受来自屋面或楼面荷载的墙称为承重墙，其他的墙叫做非承重墙。分隔墙、填充墙、幕墙等都是非承重墙的例子。用来填充框架柱之间的墙称作填充墙，幕墙是各种轻质外墙的总称，例如悬挂在结构骨架或者楼板上的玻璃幕墙就是其中之一。

（3）楼盖

楼盖是水平布置的构件，在竖向将两个楼层分隔开来。要求楼盖不但能承受竖向和水平荷载外，还能起到隔声、防火和防水的作用。在楼盖内部需留出空间，安装供水、供气、供电、通风、通信等管线设备。制作楼盖的材料通常采用图 4-4 所示的木材、钢筋混凝土、钢-混凝土组合材料。钢筋混凝土楼盖，由于承载力、刚度、耐久性、防水等多方面的优点，得到广泛的应用。

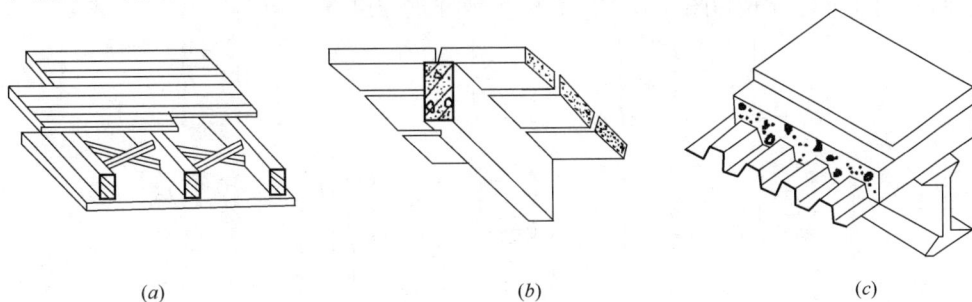

（a）　　　　　　　　　　　（b）　　　　　　　　　　　（c）

图 4-4　楼盖的形式

（a）木楼盖；（b）钢筋混凝土楼盖；（c）钢-混凝土组合楼盖

（4）屋盖

一幢建筑的顶部称为屋盖或屋顶。屋盖既是围护结构，避免其下的空间遭受风、雨、雪的侵袭，又是承重结构，承受屋面自重和各种活荷载。建筑的屋盖可设计成不同的形式，但应与整个建筑的风格、功能、结构体系、屋盖材料协调。

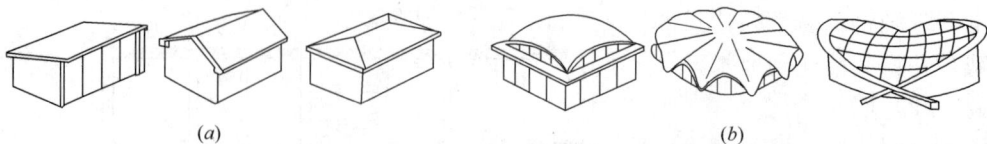

图 4-5 屋盖外形

(*a*) 坡屋盖；(*b*) 曲面屋盖

平屋盖、坡屋盖、曲面屋盖是屋盖的三种基本外形，图 4-5 列出了后两种形式。屋盖须构筑成一定的坡度，以便排放雨水。平屋盖是指坡度小于等于 10％的屋盖。

(5) 楼梯

人们从一个楼层到另一个楼层的竖向交通是通过楼梯实现的。除了楼梯，电梯和自动扶梯也是竖向交通设备。电梯通常用在有许多楼层的建筑或者有特殊需要的时候，自动扶梯常常用在诸如火车站、机场航站楼、购物中心等大型公共建筑里，那里大量的人群需要上上下下的流动。楼梯是最基本、最经济的日常交通设备，也是紧急情况时人们撤离的通道。因此，即使安装了电梯或自动扶梯的建筑仍有必要设置楼梯。木材、砖、钢筋混凝土、钢材都是建造楼梯的一些常用材料。

(6) 窗与门

窗与门是建筑中两类围护结构。窗的功能是让阳光和空气进入，让人们看到室外；门用来供人在各独立房间之间进与出，同时也像窗那样具有日光照明和通风的功能。在不同使用条件下，窗与门还需有隔热或隔声，防水、或防火、或防尘、或防盗等功能。窗与门通常采用木材、铝合金、塑料、玻璃、钢材等制作，它们分别能如图 4-6 和图 4-7 所示那样多种方式开启。

图 4-6 窗户的开启方式

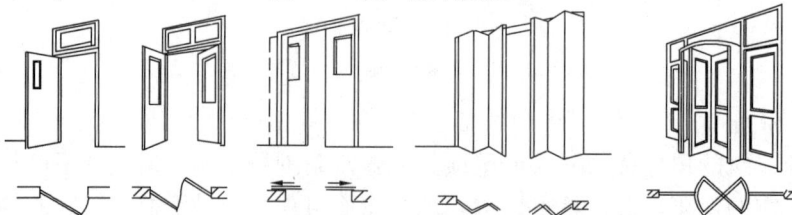

图 4-7 门的开启方式

（7）阳台

阳台是建造在建筑底层以上的外墙上的平台，用矮墙或栏杆围护。人们可从室内进入阳台，欣赏室外景色或沐浴温暖阳光。如图 4-8 所示，阳台可做成突出外墙的悬挑式的外阳台，也可做成内凹式的内阳台。

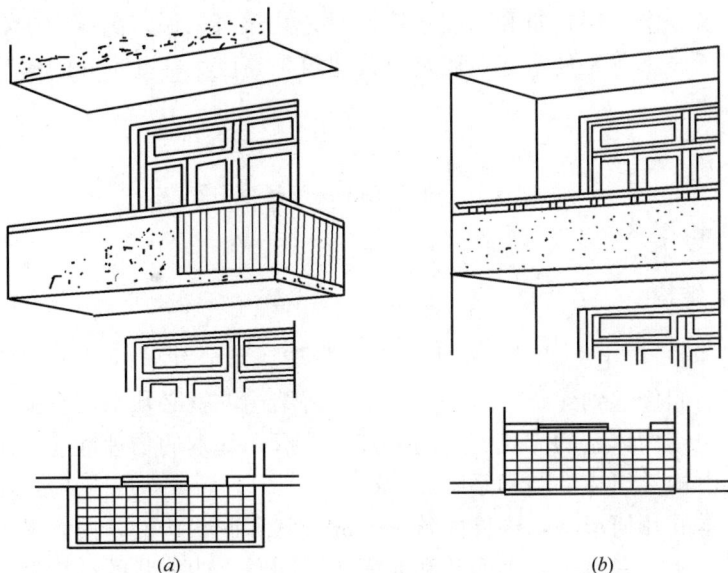

图 4-8　阳台形式
（a）外阳台；（b）内阳台

4.3　建　筑　分　类

世界上的建筑千姿百态，形式各异，人们常常依据某种准则对它们进行分类。分类的目的是研究每类建筑的特点和性能，建立设计和施工的规范、标准。所有建筑可按照用途分为生产性建筑和民用性建筑，生产性建筑又可次分为工业建筑和农畜业建筑，民用建筑也可次分为住宅建筑和公共建筑。

工业建筑是指制造产品的主厂房和像仓库、车库、修理车间等那样的辅助厂房。为满足生产工艺的需要，大多数轻型厂房都设计成多层建筑，而重型厂房一般为单层、大跨度建筑。农畜业建筑是指诸如粮仓、家畜饲养房、谷物加工厂、拖拉机站房、温室等建筑。住宅建筑是指任何供家庭或百姓居住生活的建筑，包括别墅、公寓和宿舍等。公共建筑是人们进行政治、外交、经济、科技、文化、体育等各类社会活动的场所，这些建筑在城市中起着非常重要的作用，代表着城市的形象，反映着民众物质和文化生活质量。公共建筑类型众多，功用繁杂，例如学校、医院、宾馆、剧院、博物馆、图书馆、火车站、体育馆等建筑之间，建筑风格、空间、功能存在着许多差别。公共建筑的规划、设计状况与所处时代的经济条件、科技水平、审美标准有着密切的联系。

建筑可用不同的材料来建造，所以建筑又常常按照其结构所采用的材料被分类为木结构、砌体结构、钢筋混凝土结构、钢结构等。建筑还可按照楼层数目分类，例如，1～3层、4～6层、7～12层和高于12层的住宅建筑分别称为低层建筑、多层建筑、中高层建筑和高层建筑。对公共建筑来说，高度大于24m，就属于高层建筑了。不管是住宅建筑还是公共建筑，高度大于100m的建筑都称为超高层建筑。

4.4 建筑的结构体系

4.4.1 结构

"结构"的简单定义就是建筑中承重的骨架，承受建筑的自重和外界的各种荷载，并将它们传递到建筑的地基上。要了解结构，就必须掌握有关结构体系的知识以及实现结构体系的方式。人们可按照外形和基本的物理性能，来识别和理解构件以及由构件组成的结构系统。

依据基本的几何形状，构件大致可分成线状和面状构件，前者又可区分为直线状和曲线状，后者也可是平面状和曲面状，同时，曲面状的结构有单曲面和双曲面之分。另一种基本的分类是基于刚度，分为刚性构件和柔性构件。刚性构件在荷载作用下只发生小的变形，没有显著的外形变化；而柔性构件在一种荷载条件下，就形成一种外形，当荷载条件发生变化，则构件外形随之又发生大的变化。图4-9示意了刚性和柔性构件的这些特点。像木材、钢筋混凝土等许多材料本质上属于刚性的，而钢材有时属于刚性，有时属于柔性，视具体情况而定。例如，钢梁为刚性构件，钢索则为柔性构件。

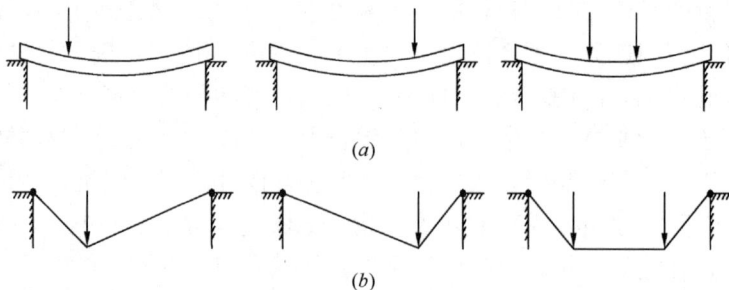

(a)

(b)

图4-9 刚性构件与柔性构件
(a) 刚性梁；(b) 柔性梁

按照构件的空间布置，又可分为单向结构体系和双向结构体系。对前者，结构单向传递荷载；对后者，荷载传递复杂，至少双向传递。跨越在两个支座上的一根梁就是单向结构体系的例子，而搁置在四条连续边界上的刚性方板属于双向结构体系。

4.4.2 梁与柱

梁与柱是建筑工程中最基本的构件，由水平的刚性梁连接在竖向的刚性柱上而形成的结构十分普遍，到处可见。这水平构件，被称为"梁"，承受着作用在其上的横向力，并将力传递到支承这个梁的竖向构件上；这竖向构件，被称为"柱"，沿着它的轴向受力，并将所受的力传递到地面。很少有建筑不使用梁的，梁常常被说成靠"弯曲"来承载的，因为受到横向荷载后梁被弯成弓状。弯曲会使梁产生内力和变形，在梁的任何截面处，梁的上部纤维受压缩短，而下部纤维受拉伸长。

4.4.3 框架

框架结构是一种由线状构件（典型的是梁和柱）所组成的结构，构件之间在端部相互连接，连接处称为"节点"。虽然节点作为整体在受力后可转动，但是认为相连的构件之间没有相对转角发生。框架结构对跨度大的和跨度小的建筑都适用，图 4-10 给出了一些框架的形式，最简单的形式之一是由两根柱和一根刚性连接的梁所组成的单跨框架，将梁分成两段形成倾斜的、有屋盖顶点的那种框架称为人字形框架。单跨框架的概念可以扩展到多个单元的框架，例如，水平方向扩展可形成多个节间的框架，竖向扩展可形成多个楼层的框架。

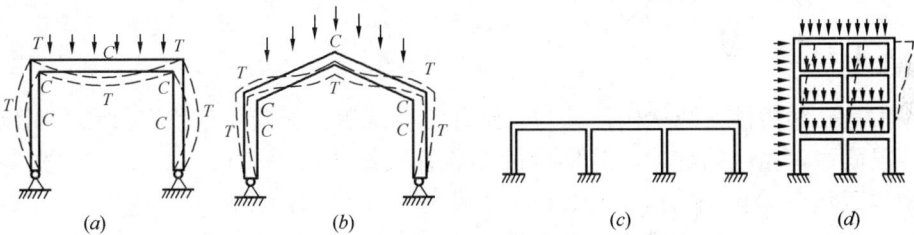

图 4-10　框架形式
（a）框架；（b）人字形框架；（c）多节间框架；（d）多层框架

框架结构能抵抗竖向荷载，也能抵抗水平荷载。当框架梁受到竖向荷载后，梁发生挠曲变形，梁端部趋于转角变形。另一方面，梁端与柱顶是刚性连接，梁端难以自由地转动，因为它受到柱子的约束。因此，柱子除了承受来自梁传递过来的轴力外，还要承受弯矩，然后，柱子又将这些内力传递到地面。当框架结构受到侧向（或水平）荷载作用后，借助梁柱之间的刚性连接，梁能约束柱子的转动，不然的话，会造成结构整体倒塌。梁的刚度与框架抵抗侧向荷载的能力有着密切的联系，它也能起到将部分侧向荷载从一侧传递到另一侧的作用。侧向荷载将使框架中所有构件产生弯矩、剪力和轴力。

4.4.4 桁架

桁架是由一些单根线状的杆件以单个三角形或多个三角形布置方式组装而形成的结构，杆件之间在连接处通常假定为铰接。如图 4-11 所示，有多种可能的平面桁架外形。上部和底部的杆件称为弦杆，弦杆之间的杆件称为腹杆。使用桁架的基本原理是将杆件布置成一些三角形状，形成一个稳定的结构。由杆件组成的桁架受到荷载作用后，桁架作为整体受弯，这相当于一根梁那样的方式受弯。但是，桁架中的杆件并不受弯，而是纯粹的轴心受压或者受拉。

桁架也可以空间结构的形式承受荷载。空间桁架通常是一种大跨度的面状结构，它由一些稳定的空间（或者三维）的三角状几何单元以重复布置的方式所组成。可以有许多种重复性几何单元的构造方式，形成不同形式的空间结构，图 4-12 所示的只是其中一种形式而已。

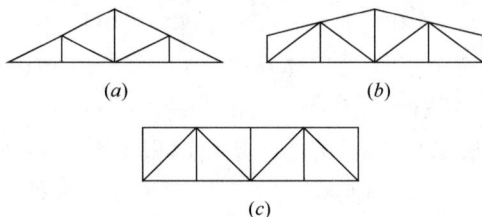

图 4-11 平面桁架形式
（a）三角形桁架；（b）梯形桁架；（c）平行弦桁架

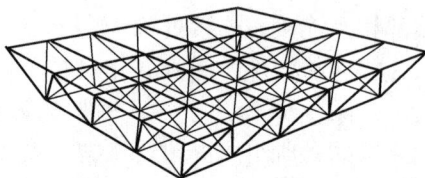

图 4-12 空间桁架

4.4.5 索

索是一种柔性的线状构件，它受到外部荷载后会随着荷载的幅值和作用位置的情况而产生相应的变形，其形成的形状在英语中称为"funicular"，中文意思就是"索状"。英语术语"funicular"来源于拉丁语单词"rope"（绳索）。在索里只存在拉力。当用索跨越两点来承受外部一个或多个集中荷载时，索会以一系列由直线段所构成的形状方式变形。只承受自重的等截面的索会自然地变形成为悬链线状，而承受均布荷载（沿其水平投影）的索会按照抛物线形状变形。索能以多种方式跨越很大的距离承载。如图 4-13 所示，悬索结构和斜拉索结构是建筑屋盖中常用的两种结构形式。

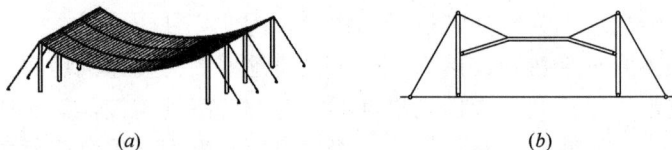

图 4-13 索结构
（a）悬索结构；（b）斜拉索结构

4.4.6　拱

如果将受荷载作用下的索的形状颠倒一下，则原来下垂的任何一点就变成了矢高点。如图 4-14 所示，将索的两个端点连成一水平线，则颠倒前后的点形成了镜面对称。按照这一新形状建造的、处于受压状态的结构，称为拱，它也属于线状成形的结构。在古代的时候，人们已会用一块块单独的砖头、石头来建造类似图 4-15 的砖拱了。刚性的拱经常被应用在类似砖拱那样有曲线状的现代建筑中，但是采用诸如钢材、钢筋混凝土等连续的刚性构件。这种刚性拱比砖拱能更好地承受设计荷载的变化，图 4-16 的各种支承条件反映了刚性拱的形式特点。

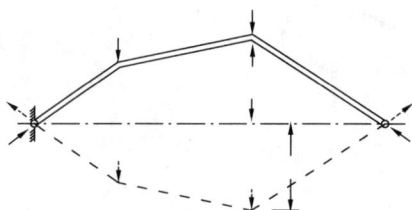

图 4-14　拱与索之间的差别　　图 4-15　砖拱

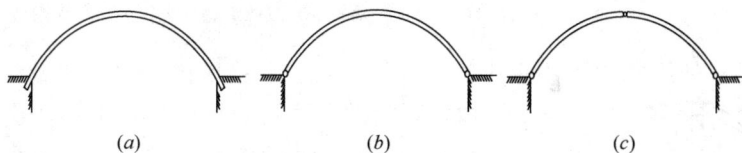

图 4-16　刚性拱的支承条件
(a) 固支；(b) 双铰；(c) 三铰

4.4.7　墙与板

墙与板都是刚性的面成形的结构。承重墙能同时承受竖向与侧向荷载。相对平面尺度而言，平板的厚度很小，被典型地应用于水平构件，以受弯的方式来承受荷载。板可支承在其四周连续的边界上，也可只支承在个别点上，也可这两种情况的混合。板结构通常采用钢筋混凝土或者钢材来建造。可将狭长的刚性板在其长边的边缘处一块一块折线地连接起来，实现水平跨越承载。这种方式组成的结构，称为折板结构，它比原来的平板具有更高的承载能力，如图 4-17 所示，折板结构经常应用于建筑屋盖。

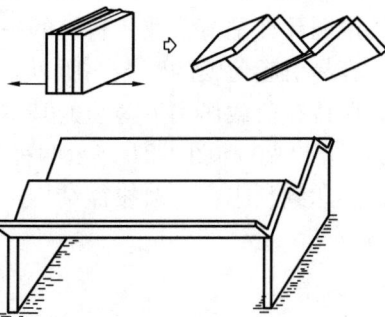

图 4-17　折板屋盖

4.4.8   壳

壳是一种三维的薄壁刚性结构，它可做成任何形状的表面。常用表面的形式有：通过一曲线绕某一轴线旋转所形成的旋转曲面（图 4-18a 的球面），一平面曲线沿着另一平面曲线移动所形成的移动曲面（图 4-18b 的柱面），一直线的两端点在另外两个独立的平面曲线上移动所形成的直纹曲面（图 4-18c 的双曲抛物面），以及由这三种曲面的各种组合所形成的丰富多彩的复杂曲面。壳体通过曲面内的压应力、拉应力、剪应力来承载，薄薄的壳体，其抗弯能力有限，因此薄壳只适合承受均布荷载，且广泛应用于建筑屋盖。

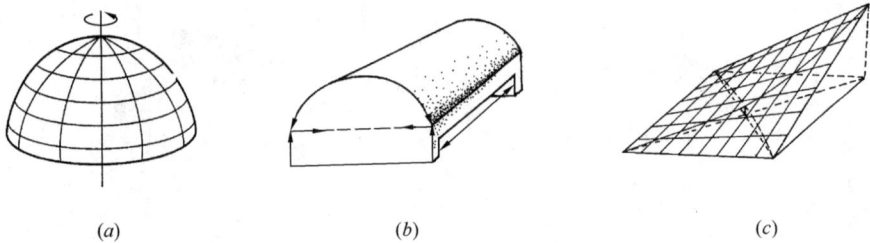

（a）   （b）   （c）

图 4-18   壳体结构

（a）球面壳体；（b）柱面壳体；（c）双曲抛物面壳体

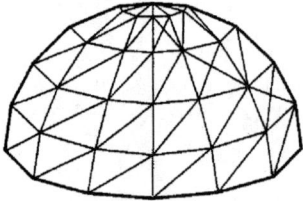

图 4-19   "施威德勒"穹顶

三维形式的结构也可用短小的刚性杆做成。严格地讲，这样的做法不是壳体结构，因为没有采用面状构件。可是，这种结构的受力行为与连续曲面的壳体类似，这种由杆系组成的曲面结构已经得到推广应用，称为网壳结构。图 4-19 表示了一种称为"施威德勒"穹顶的网壳结构，它是由杆系拼成的许多三角形网状组成。

4.4.9   薄膜

薄膜是一种厚度很薄的柔性面状材料，它通过拉应力的形成来承载。肥皂泡沫是说明什么是薄膜及其特性的一个很好例子。薄膜对风的空气动力效应十分敏感，容易引起薄膜的颤振。所以，用于建筑的大多数薄膜需通过一些方法使其稳定，保持在荷载作用下薄膜的基本形状。保持薄膜稳定的基本方法是对其施加预应力。图 4-20 和图 4-21 表示两种类型的薄膜结构，分别称为帐篷结构和充气结构。要达到预应力，对帐篷结构可施加外力使薄膜绷紧，对充气结构则依靠内部压力空气。

图 4-20 帐篷结构

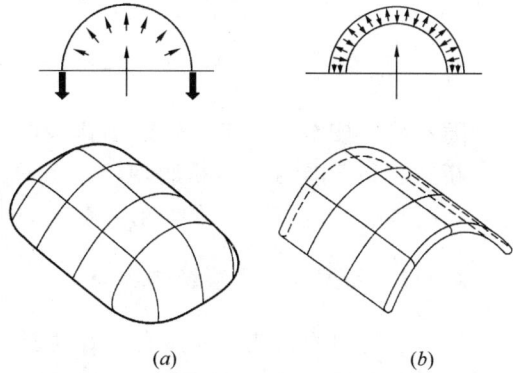

图 4-21 充气结构
(a) 气承式;(b) 充气式

充气结构可分为气承式和充气式两类,前者为单层薄膜做成,靠比外部大气压力稍微高一点的内部空气压力支撑成形,而后者为双层薄膜,内部充入压力空气形成构件。在这两种类型的充气结构中,空气压力引起了薄膜中的拉应力,在任何可能的荷载作用下,内压力必须足够地大,从而防止薄膜压应力的产生。

4.5 特种工程结构

除了前述的结构外,还有诸如电视塔、水塔、冷却塔、烟囱、筒仓、储存罐等特种工程结构(图 4-22),它们用作公共设施、工业生产和储存。通常,这类结构高度或者长度都很庞大。例如,上海电视塔有 460m 高,台湾有一直径 76m 的煤气罐可储存 8 万 m³ 的煤气。由于需要更大的承载能力,特种工程结构通常采用钢筋混凝土或者钢材建造。

图 4-22 特种工程结构
(a) 水塔;(b) 冷却塔;(c) 筒仓;(d) 煤气罐

4.6   建筑工程最新进展

随着科学技术的进步，建筑结构及其在工程上的应用也随之有了发展与创新，新型、高性能结构不断涌现，日新月异的大跨度建筑、超高层建筑层出不穷，预制装配化建筑、太阳能光伏建筑一体化形成新的热点领域。

4.6.1   新型、高性能结构

比传统建筑材料或结构具有更好性能的结构被称为高性能结构，体现出轻质高强、承载力高、整体性好、工业化程度高、施工周期短、节能环保、可循环使用、抗震性能好、耐久经济、灾后修复快速等若干方面或综合性的特质。

应用高性能混凝土建造的混凝土结构是一种新研发的高性能结构，目前已尝试应用于高层和超高层建筑，能够使混凝土结构安全可靠耐久地工作，减少结构的维修费用。

炼钢技术和工艺的进步，促使高强度、高性能结构钢脱颖而出，比普通结构钢具有更高的强度，更好的冲击韧性、可焊性、低温冷脆性能和耐腐蚀性，又不失良好的延性。目前高性能结构钢已在建筑工程中应用，屈服强度已有 460MPa、550MPa、690MPa 等级别。高强度结构钢的应用，意味着建筑物的用钢量减少，重量减轻，地震作用力降低。钢结构制造，主要是焊接工艺，可焊性的提升为钢结构制造降低了成本。良好的低温冷脆性能和耐腐蚀性，使钢结构建筑能耐久地适用于低温、腐蚀等各种不利的环境。

在普通的混凝土中添加少量的碳纤维可以提高混凝土的抗拉性能，减少裂缝的产生。将碳纤维编织成布，粘贴在混凝土结构、钢结构表面（图 4-23），可以提高结构的承载力，也是一种结构加固方法或措施。

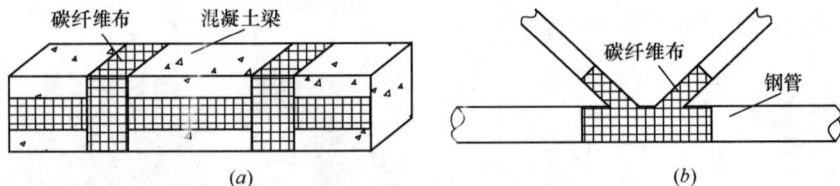

图 4-23   碳纤维加固结构

(a) 碳纤维加固混凝土梁；(b) 碳纤维加固钢管节点

为了充分发挥钢材受拉、延性韧性性能好与混凝土受压、防腐防火性能好的各自优势，取长补短，各种新型、高性能的钢-混组合结构便应运而生了。钢与混凝土两种材料组合后，能协同工作，共同受力，既优化了结构性能，又提升了材料使用的经济性。组合结构形式多样化，主要有组合梁、楼板，钢管混凝土结

构、钢骨混凝土结构等（图 4-24）。钢-混组合结构都具有施工方便、周期短的特点，钢构件可当作混凝土浇筑的模板。钢-混组合结构已日益广泛地应用于建筑工程。

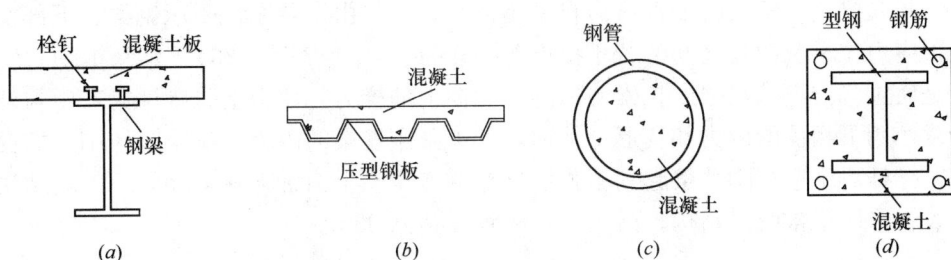

图 4-24　钢-混组合结构

（a）组合梁；（b）组合楼板；（c）钢管混凝土；（d）钢骨混凝土

高性能结构也通过对现有结构的改良来实现，预应力混凝土结构就是提升结构性能的一种方式。在混凝土结构中设置预应力钢筋，张拉预应力钢筋对混凝土进行预压，可抵消混凝土在使用过程中的拉力作用，减少混凝土裂缝的产生（图 4-25）。预应力混凝土梁、楼板大大增强了混凝土结构的跨越能力，有效减小了结构变形，也有助于改善混凝土裂缝防止钢筋锈蚀。

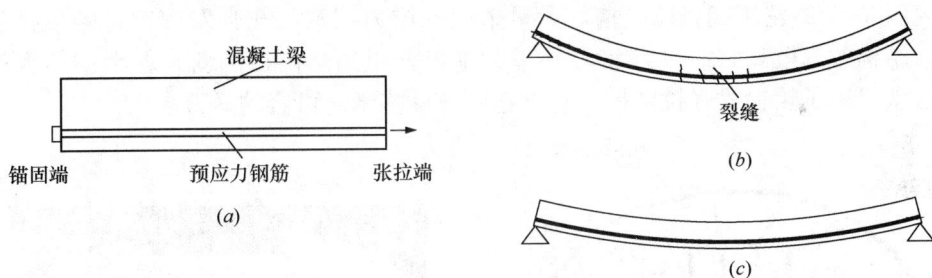

图 4-25　预应力混凝土结构

（a）预应力混凝土结构张拉；（b）普通钢筋混凝土梁变形（c）预应力混凝土梁变形

4.6.2　大跨度建筑结构

随着城市化进程的发展以及社会公共活动规模的增大，体育场馆、会展中心、航站楼、高铁地铁站房等大型公共场所对大跨度空间的建筑需求日益增多。跨度（中间没有柱子）为 60m 以上的建筑称为大跨度建筑，现在大跨度建筑已突破 300m 跨度，可谓特大或超大跨度建筑。跨度的增加带来建筑结构承受竖向荷载的增大，对结构水平跨越能力提出了更高的要求，前述的桁架、索、拱、折板、壳、网壳、薄膜等基本的、单一的结构形式对大跨度建筑已力不从心，张弦梁、桁架结构、索穹顶结构等各种新型的大跨度空间结构应运而生。它们共同的特点是综合或组合应用高效的基本结构单元，充分利用和发挥索、膜等柔性结构单元轻质高强、高效受拉的特性，辅助梁、拱等刚性结构单元受压，结构轻盈美观又跨越能力超强。

张弦梁是一种大跨度预应力自平衡体系，一般由上弦刚性受压钢梁、下部柔性预应力拉索及两者之间的若干撑杆等三个部分组成（图 4-26）。其基本受力特点是通过张拉下弦高强度拉索使撑杆产生向上的推力，使得上弦刚性梁产生与外荷载作用下相反的内力和变形，从而降低上弦刚性梁的内力，减小整体结构的变形，撑杆对于上弦刚性梁起到了弹性支撑的作用。上海浦东国际机场 T1 航站楼屋盖就采用了张弦梁结构，最大一跨的跨度达到 83m。

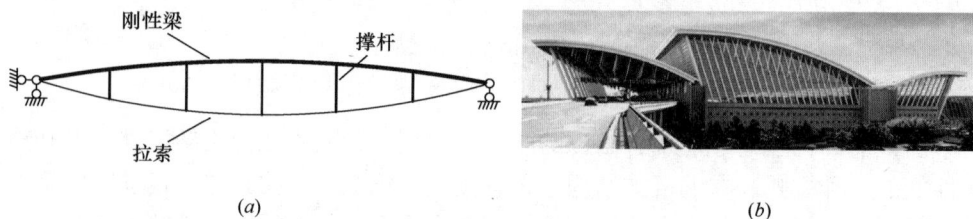

图 4-26　张弦梁结构及其工程应用
（a）张弦梁结构示意图；（b）浦东国际机场 T1 航站楼

图 4-27 的轮辐式张拉结构，大量采用预应力拉索，充分发挥钢材的抗拉强度，结构效率极高。2014 年世界杯举办地巴西里约热内卢的新马拉卡纳体育场屋盖就采用了轮辐式张拉结构，跨度达到 300 多米，可容纳 8 万多人。

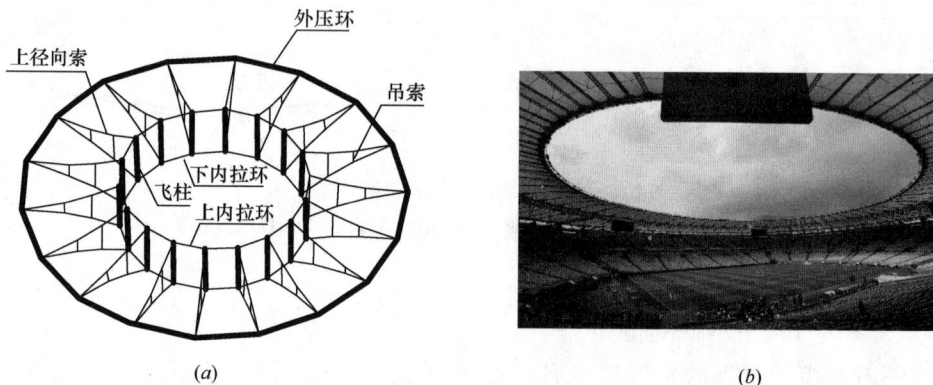

图 4-27　轮辐式张拉结构及其工程应用
（a）轮辐式张拉结构示意图；（b）巴西里约热内卢的新马拉卡纳体育场

4.6.3　超高层建筑结构

随着社会的发展、城市人口的增长，城市用地愈加紧张，需要建造高层建筑乃至超高层建筑用以充分利用有限的土地资源。目前建筑高度已经超越 800m。随着建筑高度的增加，结构所受到的风荷载显著增加，地震对结构的不利作用增大，普通的框架结构已难以适用于超高层建筑，需要创新应用剪力墙、框架-剪力墙、筒体、筒中筒、束筒、框架-核心筒、伸臂桁架的框架-核心筒、巨型支撑等各种抵抗水平荷载能力更强、抗侧刚度更大的结构体系（图 4-28），同时需要钢结构、钢筋混凝土结构、预应力混凝土结构、钢-混组合结构的综合应用。

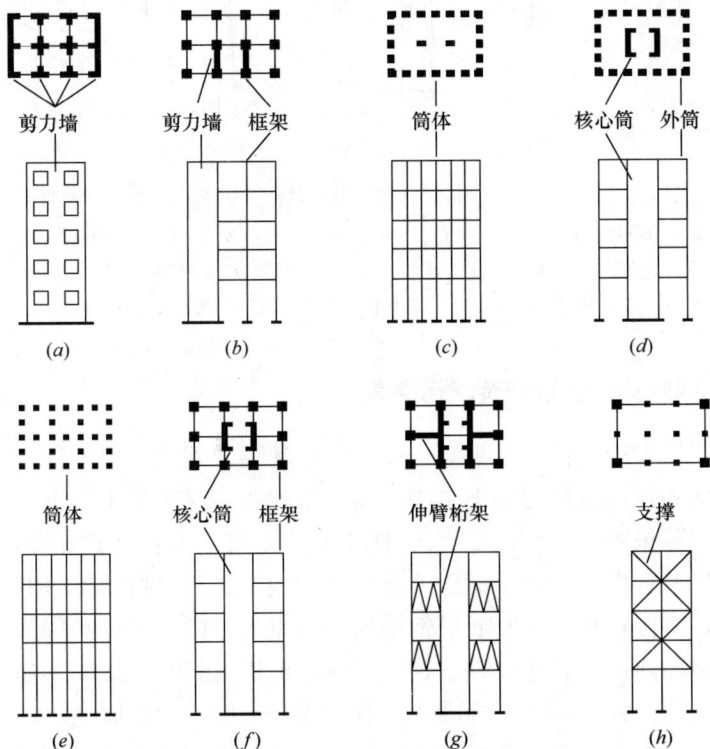

图 4-28　超高层建筑结构体系

(*a*) 剪力墙；(*b*) 框架—剪力墙；(*c*) 筒体；(*d*) 筒中筒；
(*e*) 束筒；(*f*) 框架-核心筒；(*g*) 伸臂桁架的框架-核心筒；(*h*) 巨型支撑

剪力墙结构室内空间一般较小，多用于宾馆、住宅等建筑；框架-剪力墙结构空间布置灵活，广泛用于办公楼、住宅、工业用房等建筑；筒体结构与框架结构综合运用，增加了建筑形式的灵活性，是超高层建筑最常采用的结构体系；巨型支撑结构是一种崭新的结构体系，具有广阔的应用前景。

截止 2015 年底，国际上最高的建筑为 2010 年建成的迪拜哈利法塔，高度 828m，形如向上生长的竹笋，采用多塔结构体系。我国是超高层建筑的大国，超高层建筑在国际十大超高层建筑中占据一半（图 4-29），正在向自主设计、自主创新的高层建筑强国迈进。

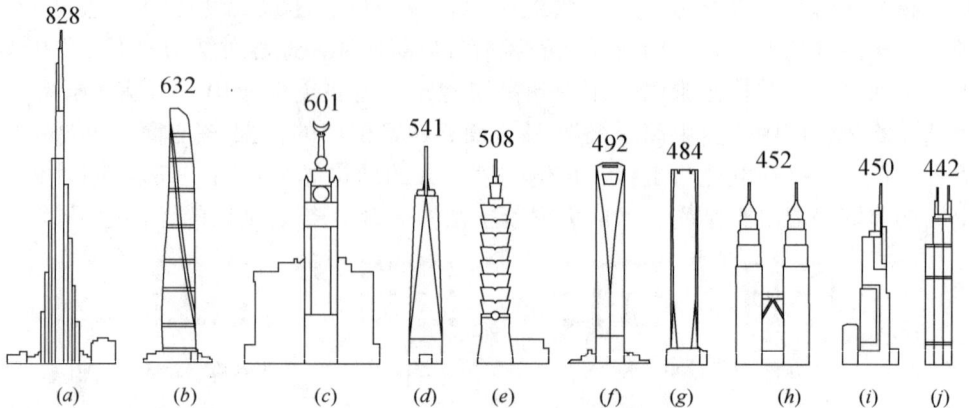

图 4-29　国际十大超高层建筑（图中数字为高度，单位"m"）

（a）迪拜哈利法塔；（b）上海中心；（c）麦加皇家钟塔饭店；（d）纽约新世贸中心；
（e）台北 101 大厦；（f）上海环球金融中心；（g）香港环球贸易广场；（h）吉隆坡双子塔；
（i）南京紫峰大厦；（j）芝加哥韦莱集团大厦（统计截止 2015 年底）

4.6.4　绿色环保、预制装配化建筑

我国是建筑大国，住房需求量大面广，每年需要建造大量的住宅建筑，通常采用砌体结构和现浇钢筋混凝土结构。在建造过程中，大量不可再生、难以循环使用的自然资源被消耗，同时砌体、混凝土等砌筑的湿作业产生严重的环境污染。因此，绿色环保、预制装配化的建筑成为建筑工程可持续发展的方向。

近年来，我国正在开拓发展以钢结构为承重骨架的多层和高层住宅建筑。钢材是一种可循环使用、轻质高强、延性好的绿色建筑材料，应用于建筑结构具有自重轻、抗震能力强、可工厂标准化预制和现场装配、建造周期短、施工无环境污染的优点。过去我国建筑业强调节约用钢，随着我国钢产量的不断提高，目前已形成鼓励用钢的局面。发展钢结构住宅的关键技术问题是开发与钢结构骨架相适应、相匹配的墙面、楼面、屋面等围护体系及其与钢结构骨架的连接体系。

目前我国正在大力推进住宅建筑工业化。住宅建筑工业化的一个重要方面就是运用现代工业生产技术和方法来实现建筑结构和部品的设计标准化、工厂预制化、现场施工机械化装配化，达到提高产品质量和效率、消除环境污染、降低能耗和成本的目的。以这种工业化方式建造的建筑，被称为预制装配化建筑，实现钢筋混凝土的住宅建筑预制装配化就颇有艰巨的挑战性。

4.6.5　太阳能光伏建筑一体化

随着世界人口的急剧增长和民众生活水平的不断提高，能源短缺已成为人类共同面临的问题。开发利用太阳能、风能等可再生能源、清洁能源已成为补充石

油、煤炭、天然气等不可再生能源不足的一个可持续发展路线，光伏建筑一体化是一个正在兴起的利用太阳能发电生产清洁能源的有效方法。太阳能光伏建筑一体化可有两类做法，一类是光伏方阵与建筑的结合，将光伏方阵依附于建筑物上，建筑物作为光伏方阵的载体，起支承作用；另一类是光伏方阵与建筑的集成，光伏方阵以建筑材料的形式出现，成为建筑不可分割的一部分。

　　太阳能光伏建筑一体化的形式，通常分为建筑光伏屋顶、建筑光伏幕墙和建筑光伏遮阳三类。伦敦市政厅的光伏屋顶、英国合作保险大厦的光伏幕墙、高雄龙腾体育馆的光伏遮阳板（图 4-30）都是与主体建筑同时设计和施工的代表，实现了新能源、建筑功能、美学艺术的完美结合。杭州火车东站是在已建屋面上安装光伏发电系统的代表。

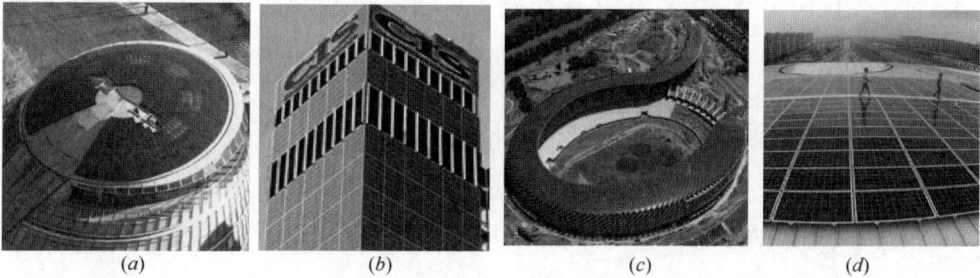

图 4-30　太阳能光伏建筑一体化

（a）伦敦市政厅；（b）英国合作保险大厦；（c）高雄龙腾体育馆；（d）杭州火车东站

思 考 讨 论 题

1. 建筑产品的主要特点是什么？
2. 一幢建筑由哪些基本构件组成？
3. 一幢建筑可能会受到哪些荷载的作用？
4. 您如何区别围护结构和承重结构？举例说明。
5. 对建筑进行分类的目的是什么？
6. 您能区分梁与柱的差别吗？
7. 桁架的特点是什么？
8. 您能举出一些例子说明您居住的城市有关索或拱的应用吗？
9. 为什么要使用钢-混组合结构？
10. 多少跨度的建筑可称为大跨度建筑？
11. 多少高度的建筑可称为超高层建筑？
12. 为什么要实施建筑工业化？
13. 什么是太阳能光伏建筑一体化？

第5章 桥 梁 工 程

桥梁是随着经济发展带来的交通需要和经济与科学技术的可能而发展的，它从一个侧面反映一个国家生产、经济与科学技术的发展程度。在公路、铁路、城市和农村道路以及水利建设中，为了跨越各种障碍（如江河、沟谷或其他线路等），必须修建各种类型的桥梁与涵洞，因此桥涵是交通线中的重要组成部分和枢纽，具有重要的地位。建立四通八达的现代化交通网，大力发展交通运输事业，对于发展国民经济，促进文化交流和巩固国防等方面，都具有非常重要的作用。

5.1 桥梁的组成和分类

5.1.1 桥梁的组成

桥梁的组成部分及其作用见表 5-1。

桥梁的组成部分及其作用 表 5-1

桥梁的组成部分				各组成部分的作用
桥梁	上部结构	桥面	公（铁）路面、人行道	车辆或行人走部分
		桥道结构	纵梁、横梁或其他形式	支承桥面，将荷载传给承重结构
		承重结构	主梁（或拱、或索）	架立在支座上，将荷载传给支座
		连接系	纵向的及横向的	位于主梁之间，承受水平荷载
	下部结构	支座	固定支座、活动支座（或全约束支座，或鞍座）	1. 支承上部结构，将荷载传给墩台 2. 将上部结构固定在墩台上 3. 保证上部结构的伸缩、弯曲等变形
		墩台	桥台（位于岸边）、桥墩（位于中间）	支承上部结构，将上部结构荷载传至基础（桥台兼起挡墙作用）
		基础	浅基础或深基础（桩、沉井或沉箱）	将桥墩（桥台）传来的荷载分布到地基（土壤或基岩）中去

桥梁的组成部分也可分类成五个"大部件"与五个"小部件"。

1. 五大部件

所谓五大部件是指桥梁承受汽车或其他运输车辆荷载的那些结构，它们要通过承受荷载的计算与分析，是桥梁安全性的保证。五大部件是：

（1）桥跨结构（或称桥孔结构、上部结构），见图 5-1。它是路线遇到障碍（如江河、山谷或其他路线等）中断时，跨越这类障碍的承重结构。

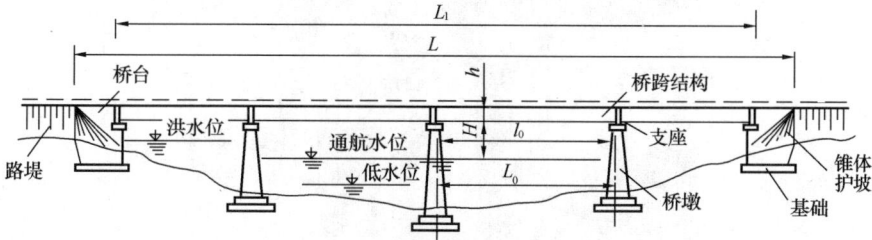

图 5-1 桥梁的基本组成

（2）支座系统。它支承上部结构并传递荷载于桥梁墩台上，它应保证上部结构在荷载、温度变化或其他因素作用下所预计的位移功能。图 5-2 为公路桥梁中使用较为广泛的几种支座形式。

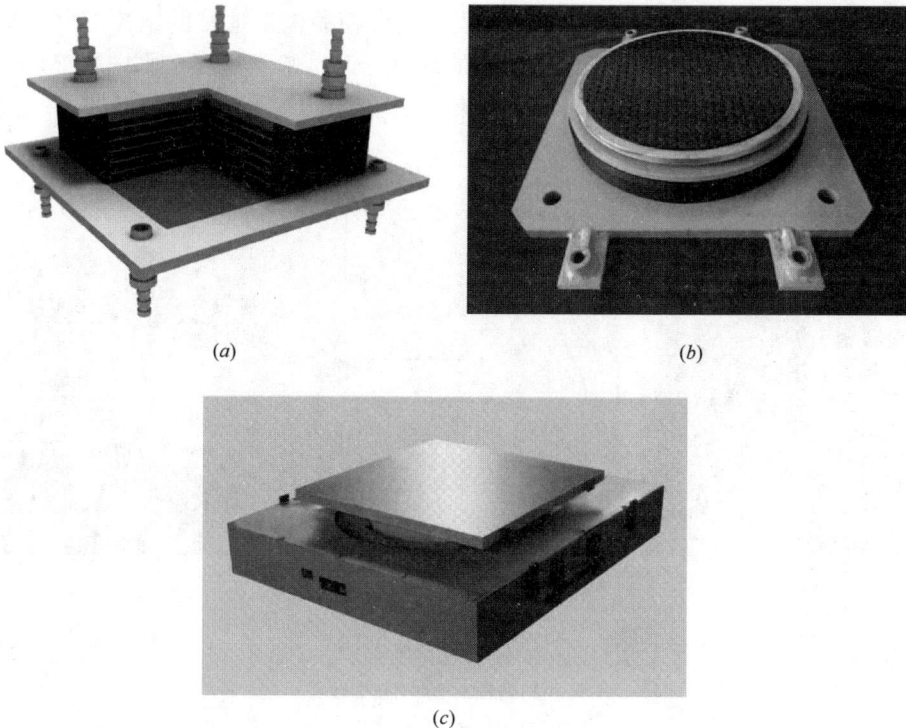

(a)

(b)

(c)

图 5-2 桥梁支座
(a) 板式橡胶支座；(b) 盆式橡胶支座；(c) 大吨位球形支座

（3）桥墩。它是在河中或岸上支承两侧桥跨上部结构的建筑物。图 5-1 为位于河中的桥墩，图 5-3 为城市高架道路中使用的桥墩。

图 5-3　桥墩

（4）桥台。它设在桥的两端，一侧与路堤相接，并防止路堤滑塌，另一侧则支承桥跨上部结构，如图 5-1 所示。为保护桥台和路堤填土，桥台两侧常做一些防护工程。

（5）墩台基础。它是保证桥梁墩台安全并将荷载传至地基的结构部分。基础工程在整个桥梁工程施工中是比较困难的部分，而且常常需要在水中施工，因而遇到的问题也很复杂。图 5-4 为公路桥梁中使用较为广泛的几种基础形式。

（a）　　　　　　　　　　　　　　（b）

图 5-4　桥梁基础
（a）桩基础；（b）沉井基础

前两个部件是桥跨上部结构，后三个部件是桥跨下部结构。

2. 五小部件

所谓五小部件都是直接与桥梁服务功能有关的部件，过去总称为桥面构造，在桥梁设计中往往不够重视，因而使桥梁服务质量低下，外观粗糙。在现代化工业发展水平的基础上，人类的文明水平也极大提高，人们对桥梁行车的舒适性和结构物的观赏水平要求愈来愈高，因而国际上在桥梁设计中很重视五小部件，这不但是"外观包装"，而且是服务功能的大问题。目前，国内桥梁设计工程师也越来越感受到五小部件的重要性。这五小部件是：

（1）桥面铺装（或称行车道铺装）。铺装的平整、耐磨性、不翘曲、不渗水是保证行车舒适的关键。特别在钢箱梁上铺设沥青路面的技术要求甚严。图 5-5 为公路桥梁的桥面钢筋网和进行桥面铺装施工。

图 5-5　桥面铺装

（2）排水防水系统。它应能迅速排除桥面上积水，并使渗水的可能性降至最小限度。此外，城市桥梁排水系统应保证桥下无滴水和结构上无漏水现象。

（3）栏杆（或防撞栏杆）。它既是保证安全的构造措施，又是有利于观赏的最佳装饰件。图 5-6 为几种栏杆形式。

图 5-6　栏杆

（4）伸缩缝。桥跨上部结构之间，或在桥跨上部结构与桥台端墙之间，设有缝隙，保证结构在各种因素作用下的变位。为使桥面上行车顺适，无任何颠动，桥上要设置伸缩缝构造。特别是大桥或城市桥的伸缩缝，不但要结构牢固，外观光洁，而且需要经常扫除掉入伸缩缝中的垃圾泥土，以保证它的功能作用。

（5）灯光照明。现代城市中标志式的大跨桥梁都装置了多变幻的灯光照明，增添了城市中光彩夺目的晚景。图 5-7 为桥梁灯光照明夜景。

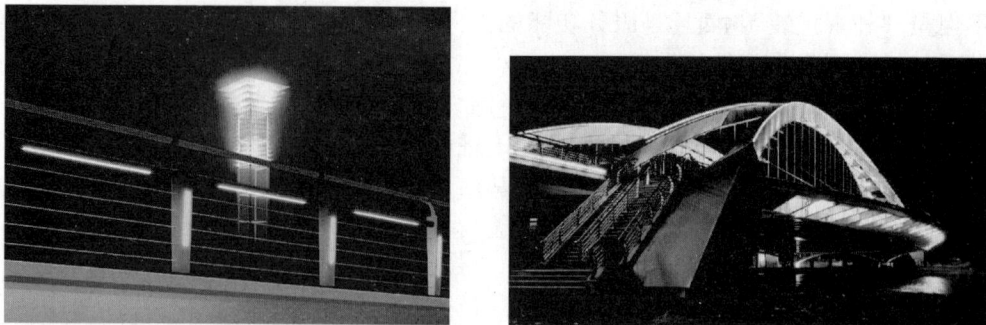

图 5-7   灯光照明

5.1.2   桥梁的分类

桥梁结构两支点间的距离 L_0 称为计算跨径。桥梁结构的力学计算是以计算跨径为准的。如图 5-1 所示。

对于梁式桥而言，桥梁两个桥台侧墙或八字墙尾端的距离 L，称为桥梁全长（无桥台的桥梁为桥面系行车道长度）。而通常又把两桥台台背前缘间距离 L_1 称为桥梁总长。

我国《公路工程技术标准》JTG B01—2014 规定了特大、大、中、小桥和涵洞的跨径划分，见表 5-2。

桥梁按跨径分类   表 5-2

桥梁分类	多孔跨径总长 L (m)	单孔跨径 L_0 (m)
特大桥	$L \geqslant 1000$	$L_0 \geqslant 150$
大桥	$100 \leqslant L \leqslant 1000$	$40 \leqslant L_0 \leqslant 150$
中桥	$30 < L < 100$	$20 < L_0 < 40$
小桥	$8 \leqslant L \leqslant 30$	$5 \leqslant L_0 < 20$
涵洞	—	$L_0 < 5$

这种分类只能理解为一种行业管理的分类，不反映桥梁工程设计、施工的复杂性。国际上一般认为单跨跨径小于 150m 属于中小桥梁，大于 150m 即称为大桥。而能称之为特大桥的，只与桥型有关，一般分类见表 5-3。

特大桥的分类   表 5-3

桥　型	跨径 L_0 (m)	桥　型	跨径 L_0 (m)
悬索桥	>1000	钢拱桥	>500
斜拉桥	>500	混凝土拱桥	>300

对于梁式桥，设计洪水位线上相邻两桥墩（或桥台）的水平净距 l_0 称为桥梁的净跨径（如图 5-1），各孔净跨径的总和，称为桥梁的总跨径。桥梁总跨径反映它排泄洪水的能力。

设计洪水位或设计通航水位与桥跨结构最下缘的高差 H，称桥下净空高度。桥下净空高度 H 不得小于排洪所要求的以及对该河流通航所规定的净空高度。

桥面（或轨顶）与桥跨结构最低边缘的高差 h，称桥梁的建筑高度。公路或铁路定线中所确定的桥面（或轨顶）标高与桥下通航或排洪必需的净空高度之差 h，又称为容许建筑高度。很明显，桥梁的建筑高度不得大于它的容许建筑高度，否则不能保证桥下的通航或排洪要求。

根据容许建筑高度的大小和实际需要，桥面可布置在桥跨结构的上面或下面。布置在桥跨结构上面的，称上承式桥，在下面的称下承式桥，在中间的称中承式桥。

上承式桥的主要优点是构造简单，施工方便；桥跨结构的宽度可做得小些，因而可节省桥墩台的圬工数量；桥道布置简单，而且车辆、行人在桥面上通过时，视野开阔。所以，对城市桥来说，一般可采用上承式。

上承式桥的建筑高度 h 是包括主梁高度在内的，所以只是在容许的建筑高度较大时才能采用。在容许的建筑高度很小的情况下，可将桥面降低，并设在桥跨结构的下面，即采用下承式桥。对大跨拱式结构则可将桥面布置在结构高度的中间，采用中承式桥。

桥梁按其用途来划分，有公路桥、铁路桥、公路铁路两用桥、农桥、人行桥、运水桥（渡槽）及其他专用桥梁（如通过管路、电缆等）。

按主要承重结构所用的材料来划分，有木桥、钢桥、圬工桥（包括砖、石、混凝土桥）、钢筋混凝土桥和预应力钢筋混凝土桥。木材易腐而且资源有限，因此，除了少数临时性桥梁外，一般不采用。在工程建设中，采用最广泛的是混凝土桥（包括钢筋混凝土桥、预应力混凝土桥和圬工拱桥）和钢桥，前者多用于中小跨径桥梁，后者多用于大跨径桥梁。

按结构体系划分，有梁式桥、拱桥、刚架桥、缆索承重桥（即悬索桥、斜拉桥）四种基本体系。其他还有几种由基本体系组合而成的组合体系等，在 5.2 中将详细介绍。

桥梁除了跨越河流之外，还有跨越其他障碍的，如跨线桥和跨越深谷桥梁等。除了固定式的桥梁以外，还有开启桥、浮桥、漫水桥等。

在混凝土桥中，按施工方法可分为整体式的和节段式的混凝土桥。前者是在桥位上搭脚手架、立模板，然后现浇成为整体式的结构；后者是在工厂（或工场、桥头）预制成各种构件，然后运输、吊装就位，拼装成整体结构；或在桥位上采用现代先进施工方法逐段现浇而成的整体结构。

5.2   桥梁的结构体系

桥梁的结构体系包括梁式（相应为梁桥）、拱式（相应为拱桥）、刚架（相应为刚架桥）、斜拉（相应为斜拉桥）、悬索（相应为悬索桥）以及各种组合体系（相应为梁拱组合桥、斜拉悬索组合桥等）。

5.2.1   梁桥

梁式体系是古老的结构体系，其特点是竖直荷载作用下无水平推力。梁作为承重结构是以它的抗弯能力来承受荷载的。梁式体系分简支梁、悬臂梁、固端梁和连续梁。简支梁桥和连续梁桥是最为广泛的梁式体系桥梁。由于结构刚度大、经济性好，预应力混凝土梁式桥是最常采用的结构形式。

当桥梁跨径增大，支座需要承受很大的荷载，成本就会增加。在大跨径预应力混凝土桥梁中利用高墩较小的纵桥向刚度来适应水平位移，从而可以在保持梁式受力体系下节省了昂贵的大吨位支座，这种桥梁结构称为连续刚构桥。预应力混凝土连续刚构桥广泛应用于 150m 以上的大跨桥梁，最大跨径接近 300m。

图 5-8 和图 5-9 分别为预应力混凝土连续梁桥和预应力混凝土连续刚构桥。

图 5-8   预应力混凝土连续梁桥

图 5-8 为乐天溪桥，跨越长江支流乐天溪出口处，系为配合三峡工程而建的一座 4 孔 1 联预应力混凝土连续梁桥。桥总长 440.35m，宽 15.5m。桥墩采用建于同一基础上的双壁式墩。

图 5-9 为重庆石板坡长江大桥，主跨 330m，目前仍为世界连续刚构桥的跨度纪录保持者。

5.2.2   拱桥

拱式体系的主要承重结构是拱，其特点是竖直荷载作用下有水平推力。拱以

图 5-9 预应力混凝土连续刚构桥

承压为主来承受荷载，可采用抗压能力强的圬工材料（砖、石、混凝土）。因为拱是有推力的结构，对地基要求较高，一般常建于地基良好的地区。拱桥有上承式拱桥、中承式拱桥和下承式拱桥，分别如图 5-10～图 5-12 所示。其中，上承式拱桥最大跨径已达 420m；中承式拱桥的最大跨径达 550m。

图 5-10 上承式拱桥

图 5-10 为重庆万县长江大桥，大桥一跨飞渡长江，全长 856.12m，主拱圈为钢管混凝土劲性骨架箱形混凝土结构，主跨 420m，桥面宽 24m，为双向四车道，是世界最大跨径的混凝土拱桥。

图 5-11（a）为上海卢浦大桥，主跨 550m。它是当时世界上跨度最大的拱桥。图 5-11（b）为重庆菜园坝长江大桥，主跨 420m，是世界上跨度最大的公铁两用系杆拱桥。

图 5-12 为跨越澜沧江的永保桥，主孔为下承式 80m 肋拱桥。

用系杆承受水平推力的拱桥称为系杆拱桥，系杆拱桥不对基础产生水平推

(a) (b)

图 5-11   中承式拱桥
(a) 上海卢浦大桥；(b) 重庆菜园坝长江大桥

图 5-12   下承式拱桥

力，对地基要求不高，且具有拱桥的美观特征，故具有非常广泛的应用，图5-13
中的重庆朝天门大桥为系杆拱桥。此桥长 1741m，主桥为 190m＋552m＋190m
三跨连续中承式拱桥，是世界上最长跨度的拱桥。

图 5-13   重庆朝天门大桥   图 5-14   钱江四桥梁拱组合体系桥梁

当中承式拱桥和下承式拱桥的系杆不光能承受轴力，也能像梁一样能承受弯矩时，就可称为梁拱组合体系桥梁，如图 5-14 所示。

5.2.3 刚架桥

刚架桥是介于梁与拱之间的一种结构体系，它是由受弯的上部梁式结构与承压的下部柱（或墩）整体结合在一起的结构。刚架桥的整个体系是压弯结构，也是有推力的结构。由于梁与柱的刚性连接，梁因柱的抗弯刚度而得到卸载作用，可以采用比梁桥较小的梁高，故一般用于跨径不大的城市桥或公路高架桥和立交桥。刚架桥分直腿刚架桥与斜腿刚架桥，如图 5-15 和图 5-16 所示。

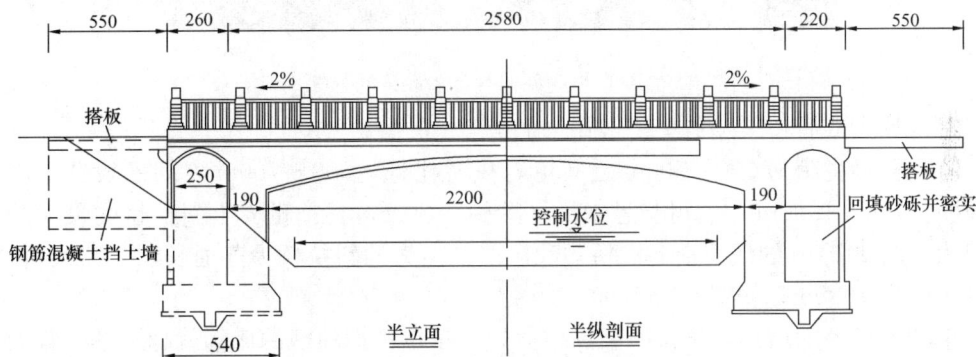

图 5-15 南昌市玉带河顺外路桥（单位：cm）

图 5-16 斜腿刚架桥

5.2.4 斜拉桥

斜拉桥是由承压的塔、受拉的索与承弯的梁体组合起来的一种结构体系，如图 5-17 所示。20 世纪 50 年代初，前联邦德国首先修建了钢斜拉桥，梁体用拉索多点拉住，好似多跨弹性支承连续梁，使梁体内弯矩减小，降低了建筑高度，从而减小了结构自重，节省了材料。这种体系因而发展很快，各国竞相采用，是第

图 5-17　苏通长江公路大桥

二次世界大战后桥梁发展史上最伟大的成就之一。

　　当桥梁主跨为 300～500m 之间可与拱桥比选，500～700m 之间一般选用斜拉桥，700～1000m 左右可与悬索桥（吊桥）比选，目前世界上斜拉桥的最大跨径为主跨 1104m 的俄罗斯岛大桥；我国跨径最大的斜拉桥为苏通长江公路大桥，其主跨为 1088m，如图 5-17 所示。

　　随着跨径的增加，梁桥的梁高增大，其自重占据荷载的比例就越来越大，大跨径预应力混凝土连续刚构桥（150m 以上）恒载比例高达 80％以上。在 150～300m 之间可以采用"部分斜拉桥"（或称"矮塔斜拉桥"）来弥补梁桥和斜拉桥经济跨径的中间过渡区域，其特征为比斜拉桥较矮的主塔和比梁桥较小的梁高，如图 5-18 所示。

图 5-18　部分斜拉桥

5.2.5 悬索桥

悬索桥又称为吊桥，也是具有水平反力（拉力）的桥梁结构。传统的吊桥采用地锚式，即用悬挂在两边主塔上的强大的缆索作为主要承重构件。在竖向荷载作用下，通过吊杆使缆索承受很大的拉力，故需要在两侧桥台后方修筑巨大的锚碇结构。现代吊桥广泛采用高强度钢丝编制的钢缆，以充分发挥其优异的抗拉性能，因此结构自重较轻，就能以较小的建筑高度跨越其他任何桥型无与伦比的特大跨度，常用跨径为700m以上，目前世界上悬索桥的最大跨径为主跨1991m的日本明石海峡大桥，如图5-19所示。

图 5-19　地锚式特大跨径悬索桥

传统的地锚式悬索桥承担荷载的主缆锚固在锚碇上，水平力由地基承受。但是，基于特殊的原因或者设计要求，将主缆直接锚固在主梁上，水平力由桥梁自身承担，从而取消了大体积锚碇，这就形成了自锚式悬索桥。自锚式悬索桥将原来只属于特大跨径、外表美丽壮观的悬索桥型也能适用于较小跨径的城市桥梁，如图5-20所示。图5-20为广东猎德大桥。它是独塔自锚式悬索式，是同类桥梁

图 5-20　自锚式悬索桥

中的国内第一、全球第二大桥，大桥索塔的高度达到 130m。

包含悬索和斜拉两种体系的桥梁称为斜拉－悬索组合体系桥梁，如图 5-21 所示。

图 5-21　斜拉－悬索组合体系桥梁

5.3　世界和中国主要桥型的纪录跨径

目前，世界和中国主要桥型的纪录跨径见表 5-4 所示。

世界和中国主要桥型的纪录跨径

表 5-4

世界纪录桥梁				中国纪录桥梁	
桥　型	桥　名	主跨	国名	桥　名	主跨
悬索桥	明石海峡大桥	1991m	日本	舟山西堠门大桥	1650m
斜拉桥	俄罗斯岛大桥	1104m	俄罗斯	苏通长江公路大桥	1088m
拱桥	新河峡桥	518m	美国	重庆朝天门长江大桥	552m
梁桥	斯多马桑得桥	301m	挪威	重庆石板坡长江大桥复线桥	330m

思　考　讨　论　题

1. 桥梁有哪些基本组成部分？它们各自的作用是什么？
2. 本书中详细介绍了桥梁按结构体系分类的情况，请您再对书中提供的桥梁图片按其他至少两种分法进行重新分类。
3. 桥梁有哪几种结构体系？它们各自的特点是什么？

4. 请分别说明桥梁设计工程师为什么越来越重视桥梁的五小部件。

5. 您能说明为什么目前混凝土桥多用于中、小跨径桥梁而钢桥多用于大跨径桥梁的理由吗？

6. 悬索桥中地锚式与自锚式有什么区别，特大跨悬索桥适宜采用哪一种，为什么？

第6章 轨道交通工程

6.1 铁道的产生

6.1.1 工业革命为铁道的诞生奠定了经济基础

铁道作为现代交通运输工具，是世界贸易发展和人类文明进步的总结。它的出现是与资本主义世界市场的形成和工业革命的发展分不开的。自 15 世纪末、16 世纪初，西方通往东方的新航路被相继开辟，欧洲商人的贸易范围空前扩大，世界各国各地区逐渐被联为一体，为资本主义世界市场的形成创造了条件。1640 年英国发生资产阶级革命。18 世纪 60 年代英国又开始工业革命，机器生产代替手工生产，机器大工业代替工场手工业，社会生产力获得了巨大的发展。

工业革命使英国工农业生产的水平大大提高了，经济空前繁荣，为新交通工具的产生提供了坚实的基础。

6.1.2 铁道产生的技术基础

在铁道诞生的过程中有两个主要技术环节，即冶金技术和蒸汽动力技术的发展，再加上英国历史上较早就有轨道运输的经验，这些都为铁道的产生准备了技术前提。

冶金技术方面，1735 年亚伯拉罕·达比（Abraham Darby）父子用煤焦炭混合石灰炼铁获得成功，这一突破解决了英国国内森林砍伐殆尽、能源缺乏的问题。1760 年发明的鼓风机可以提高炉温，使生铁变为韧性铁。而 1783～1784 年，亨利·科特（Henry Cort）又陆续发明了搅拌炼铁技术和碾压成铁片的方法，将生铁转化为熟铁，成为可供制造机械、船舶使用的优质铁。冶金工业的发展，为新动力装置的诞生提供了更加牢固可靠的金属用品。

近代蒸汽动力技术的产生与实验科学的进程密切联系。达·芬奇（Leonardo Da Vinci）早在文艺复兴时期就开始注意到蒸汽的作用。罗马山猫学院院士包尔塔（Baptisa della Porta）的蒸汽压力提水装置，开蒸汽动力技术应用之先河。伽利略（Galileo Galilei）在研究物理现象的时候已经意识到大气压力的存在。而托里拆利（Evangelista Torricelli）和维维安尼（Vincenzo Viviani）最终揭开了大气压力和真空之谜，实现了蒸汽作为动力在理论上的突破。蒸汽压力实验、大气压力实验和真空作用实验这三大实验成为孕育近代蒸汽动力产生的温床。世界上最早的实用蒸汽机是纽科门（Thomas Newcomen）于 1712 年在英国斯塔福德郡的蒂普顿装配起来的。在格拉斯哥大学中从事仪器制作和修理的工匠瓦特（James Watt），根据比热、潜热的概念分析了纽科门蒸汽机的构造，认为其主要缺点在于在汽缸内反复进行冷凝，把大量的热能浪费于汽缸中。1765 年瓦特成功研制出了同汽缸分离的单独冷凝器，从而大大提高了蒸汽机的效率。上述工作为铁道列车的产生奠定了技术基础。

6.1.3　从木轨到钢轨的发展

行车的轨道是由车辙发展来的，早期的轨道车可以是人力车或畜力车。轨道逐渐从石轨、板轨、木轨，发展到覆以铁条的木轨，再到铸铁轨、熟铁轨，直到现代的钢轨。轨道的形式从无凸缘到有凸缘，再到把凹缘变成轨头，让车轮带上凸缘，如图 6-1 所示。这是一个漫长而又合乎逻辑的演化过程，反映了技术的历史继承性。

最原始的轨道是英国特兰西瓦尼亚矿井中供矿车行驶的木轨路。16 世纪下半叶，英国部分煤矿主修建了从矿坑到最近水路的有轨道路，用四轮马车运煤。至 18 世纪，这项

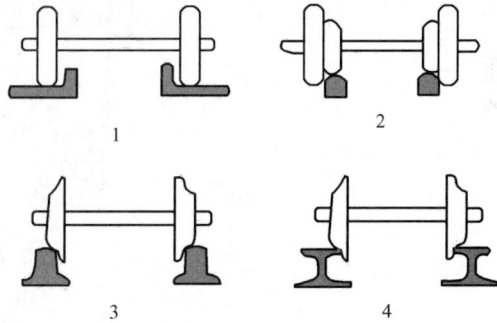

图 6-1　轮轨演化示意图

技术被推广到英国的大多数煤矿后，轨道有了重要的改进：第一是在粗重的木轨上钉上几英寸宽的薄铁板条以抗磨损；第二是为了防止车辆脱轨，采用直角形的角铁代替铁板条使轨道带上凸缘；第三是发展"边缘轨道"（edge rails），如图 6-2 所示。其上轨面较宽，轨腰较窄，轨道的底面较宽，这样大大改善了枕木的受力条件，节省了投资和养护费用。这是土木工程在轨道向现代轨道转变迈出的重要一步。

早期车体振动常常使轨上铁皮发生断裂或使铸铁轨断裂，直到熟铁轨替代铸铁轨，铁路干线才具备了商业应用的可能性。用熟铁轧制的轨道，每根长度延冲到 15 英尺

图 6-2　边缘轨道
（来自：维基百科）

（4.575m），其截面形状有倒 U 形的、有工字形的。其中得到广泛采用的是工字形铁轨，其平底直接用道钉固定在枕木上，受力情况显然较好，最后演变成为当

今通用的钢轨。

6.1.4 蒸汽机车的产生和改进

铁道的发展是与机车的发展紧密相连的。瓦特的蒸汽机由于气压低、产生的牵引力不足,无法直接应用在机车上,为此,特里维西克(Richard Trevithick)在瓦特的基础上研制了高压蒸汽机。1804 年,特里维西克的试验机车牵拉 5 辆四轮货车,载重达 10t,运行时速约 8km/h。图 6-3 是特里维西克研制的高压蒸汽机车。

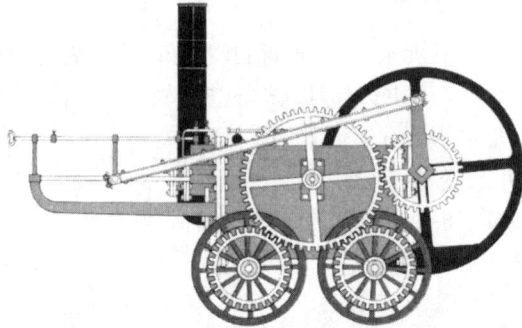

图 6-3 特里维西克研制的高压蒸汽机车

(来自:维基百科)

斯蒂芬逊(George Stephenson)父子是铁道发展史上的关键人物。1829 年,斯蒂芬逊父子将多管锅炉和利用废气排放抽风助燃这两项技术同时应用到"火箭号"机车上,如图 6-4 所示。这台机车含有煤水车,长 6.4m,重 7.5t。为了增加燃烧时所排出的废气的抽力,他们后来特意将烟囱造到 4.5m 高,运行速度可达 29km/h。斯蒂芬逊父子不仅造车,还负责修建铁路。英国最早从利物浦至曼彻斯特总长约 48km 的铁路,就是由他们建造的。

图 6-4 "火箭号"机车

(来自:Mechanics magazine, 1829.)

6.2 铁道的组成与今后发展

6.2.1 铁道工程的组成

铁道的主要运输设备包括线路、机车与车辆、车站及枢纽、信号与通信设备四个方面。

铁道线路是机车车辆和列车运行的基础。铁道线路是由路基、桥隧建筑物（包括桥梁、涵洞、隧道等）和轨道（包括钢轨、连接零件、轨枕、道床、防爬设备和道岔等）组成的一个整体工程结构。图 6-5 是铁道工程中的路基、桥梁、隧道和轨道四种结构。

图 6-5 铁道工程的构筑物类型
(a) 路基；(b) 桥梁；(c) 铁路隧道；(d) 轨道

路基是铁道线路的重要组成部分，由路基本体、路基防护及加固构筑物、路基排水设施三部分组成，其中路基本体是直接铺设轨道结构并承受列车荷载的部分，是路基工程中的主体构筑物，如图 6-6 所示。

轨道是线路的主要技术装备之一，它的作用是引导机车车辆运行，直接承受由车轮传来的荷载，并把它传给路基或桥隧建筑物。轨道必须坚固稳定，并具有正确的几何形位，以确保机车车辆的安全运行。

钢轨是轨道的主要部件，用于引导机车车辆行驶，并将所承受的荷载传布于轨枕、道床及路基。同时，为车轮的滚动提供阻力最小的接触面。钢轨由轨头、轨腰和轨底三部分组成。轨头宜大而厚，并具有与车轮路面相适应的外形，以改善接触条件，提高抵抗压陷的能力，同时具有足够的支承面积，以备磨耗；轨腰

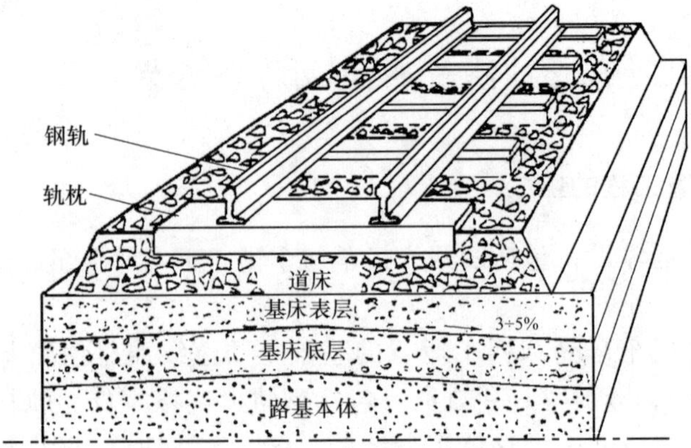

图 6-6 路基与轨道系统示意图

必须有足够的厚度，具有较大的承载能力和抗弯能力；轨底直接支承在轨枕顶面上，为保持钢轨稳定，应有足够的宽度和厚度，并具有必要的刚度和抗锈蚀能力。钢轨的类型习惯上以每米质量概值来表示。图 6-7 所示为每米质量 50kg 钢轨的截面形式和尺寸。

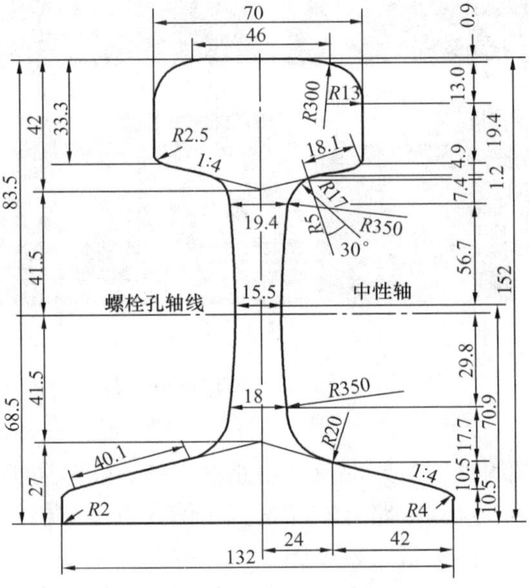

图 6-7 50kg/m 钢轨截面尺寸

轨枕是轨道结构的重要部件，一般横向铺设在轨下道床上，承受来自钢轨的压力，使之传布于道床。同时利用扣件有效地保持两股钢轨的相对位置。轨枕主要有木枕和混凝土枕两类。

钢轨与轨枕间的连接是通过中间连接零件（扣件）实现的，图 6-8 所示为弹条 I 形扣件。扣件要求具有足够的强度、耐久性和一定的弹性，以便能长期有效地保持钢轨与轮枕的可靠连接，阻止钢轨相对于轨枕的移动，并能在动力作用下充分发挥其缓冲减振性能，延缓轨道残余变形积累。此外，还应构造简单、便于安装及拆卸。

道床铺设在路基之上、轨枕之下。机车车辆的荷载通过钢轨、轨枕并经过道床的扩散作用，散布于路基面上。道床起着保护路基的作用，同时，提供抵抗轨枕纵、横向位移的阻力，保持轨道的正确几何形位，这对无缝线路尤为重要。由于道床材料的可透水性和道床便于排水的特点，能提供良好的排水性能。道床具有一定的弹性和阻尼，还起到了缓冲和减振的作用。

道床材料必须质地坚韧，吸水度低，排水性能好，耐冻性强，

图 6-8 钢轨与轨枕的连接

不易风化，不易压碎、捣碎和磨碎，不易被风吹动和被水冲走。可以用作道床材料的有碎石、熔炉矿渣、筛选卵石、有 50% 以上卵石含量的天然砂卵石以及粗砂和中砂等。碎石道砟是我国铁路上的主要道床材料，随着运量、轴重和速度的提高，对道床材料的要求也会越来越高。

近年来，列车运行速度的提高对线路质量提出了更高的要求，无砟轨道越来越受到重视。无砟轨道是以混凝土或沥青砂浆取代散粒道砟道床而组成的轨道结构形式，它具有轨道稳定性高，刚度均匀性好，结构耐久性强和维修工作量显著减少等特点。常见的无砟轨道形式主要有整体道床、板式轨道等，如图 6-9 所示。

车站是铁路运输的基本生产单位，它集中了和运输有关的各项技术设备，并参与整个运输过程的各个作业环节。车站按技术作业性质可分为中间站、区段站、编组站；按业务性质可分为客运站、货运站、客货运站；按等级可分为特等站、一～五等站。在车站内除与区间直接连通的正线外，还有供接发列车用的到发线、供解体和编组列车用的调车线和牵出线、供货物装卸作业的货物线、为保证安全而设置的安全线路、避难线以及供其他作业的线路，如机车走行线、存车线、检修线等。

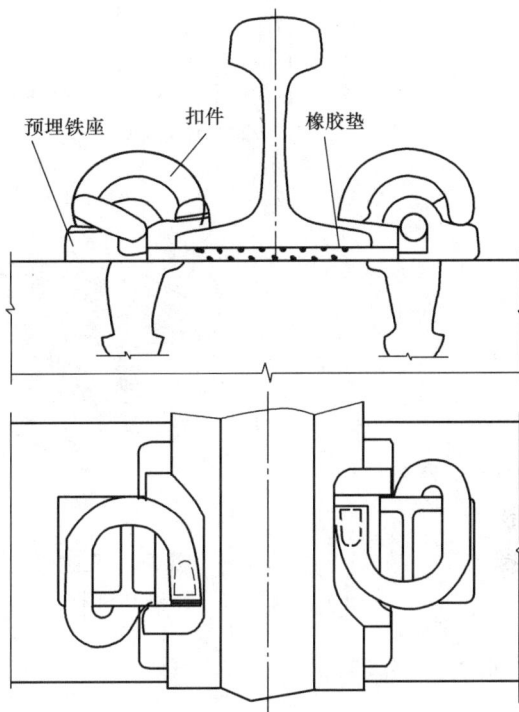

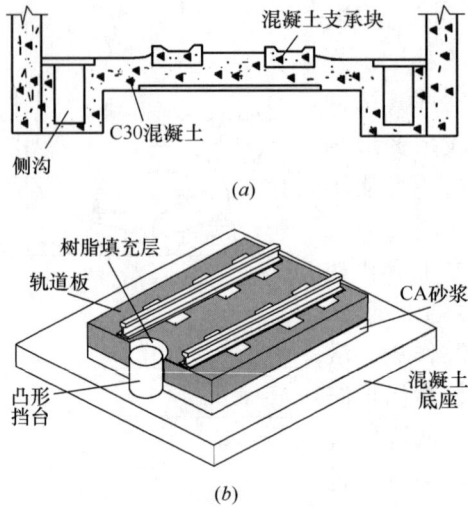

图 6-9 无碴轨道示意图

(a) 整体道床；(b) 板式轨道

6.2.2 轨距

铁路的轨距是指两根钢轨之间的距离，即钢轨顶面下 16mm 范围内两根钢轨之间的最小距离，如图 6-10 所示。翻开世界铁路轨距史，轨距五花八门，窄的有 610mm、762mm 等，中等的有 1000mm、1067mm、1372mm、1435mm 等，宽的甚至达到 2141mm。

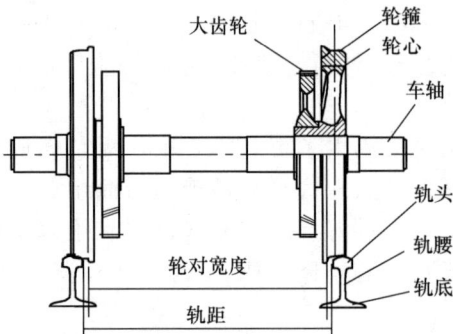

图 6-10 钢轨与轮对

1937 年国际铁路协会裁定：将轨距为 1435mm 定为标准轨距（即通常所说的"准轨"）；1520mm 及其以上的轨距为宽轨；1067mm 及其以下的轨距为窄轨。为什么要将 1435mm 这个宽度作为世界铁道标准轨距呢？原因之一是为了纪念世界"铁道之父"斯蒂芬森。1825 年，这位伟大的发明家就研制出最原始的"运动"号蒸汽机，拉动了世界上第一列旅客列车，曾引起轰动。当时铁道的轨距是 4.85 英尺，这个尺寸来源于马车两个车轮之间的距离。古代的战车靠两匹马拉动，并排两匹马的屁股宽度决定了车轮的制式，这个宽度就被定为 4.85 英尺，折合成公制就是 1435mm。此外，当时轨距为 1435mm 的铁路在世界铁路总长中占有较大的比例。

轨距大小的合理性曾经有过争论，一般认为：宽轨或窄轨在性能上并没有十分明显的差别。最重的货车可以在标准轨上运行。自从确立了标准轨距在世界铁路的"统治"地位后,许多国家都相继将本国的非准轨铁路向准轨过渡(包括改建和新建准轨铁路)。我国铁路除了极少数的宽轨和窄轨铁路以外,绝大部分铁路均为标准轨距。所以,我国属于标准轨距类型的国家。

尽管多数国家采用的是 1435mm 宽的轨距,然而时至今日,全世界仍有 30 多种不同的轨距。美国及加拿大最初亦使用不同的轨距,后来加拿大追随英国采取标准轨。美国北部的铁路因为最初多是从英国进口器材,故亦多为标准轨。美国南部铁路曾以宽轨为主。南北内战之后,南部的铁路亦逐渐被改成标准轨距。19 世纪的俄罗斯选用的 1524mm 宽轨,一般认为是出于军事考虑,避免入侵的军队可以使用其铁路运输系统。俄罗斯和属于苏联的国家,以及蒙古、芬兰都是采用俄国的 1520mm 轨距。这比 1524mm 窄 4mm,有时两者的车辆可以互换。澳洲本来采用标准轨,后来因为某些原因而在维多利亚省及南澳洲出现了 1600mm 的轨距。部分地方亦有 1067mm 的路轨。昆士兰铁路在建立之初,便使用 1067mm 的窄轨,是全世界最大的窄轨系统。日本的铁道轨距主要为 1067mm,日本建造高速铁道(新干线)时选定 1435mm 为标准轨,以提高车辆行驶的稳定性,但这样使高速铁路列车不能以原有的路轨行驶。

由于各国铁路轨距不同,严重影响国际铁路运输的正常开展。我国是亚洲铁路里程数最多的国家,但是由于受到轨距不同的制约,有 21 条铁路的连接点无法与哈萨克斯坦、吉尔吉斯、乌兹别克和塔吉克斯坦等国家连接而延伸到欧洲或非洲等国家和地区。如中国的邻国,俄罗斯和蒙古,它们都是宽轨,越南又是窄轨,来往这些国家,要是货物运输,就得在国境站进行货物换装,即便是国际旅客列车在国境站也得更换客车的转向架及轮对,这样必然会延长运输时间,增加运输成本。从长远来看,全面推行标准轨距仍是世界铁路发展的大趋势。

6.2.3 轮轨形式

常见的轮轨形式如图 6-10 所示。由两个相同的车轮通过一根车轴结合在一起,形成一个轮对。车轮由轮心和轮箍组成。轮箍的内径较轮心的外径小 1/1000~1/800,在装配时将轮箍加热到 300℃左右,使它膨胀,扩大内径,然后将轮心镶入,在轮箍冷却后,就会压紧在轮心外周。轮箍和钢轨接触面称为车轮踏面,车轮踏面为锥形。为防止车轮脱轨,在踏面内侧做成凸缘,称为轮缘。

钢轨的作用是直接承受车轮的巨大压力并引导车轮的运行方向,因而它应当具备足够的强度、稳定性和耐磨性。为了使钢轨具有最佳的抗弯性能,钢轨的断面形状采用"工"字形,由轨头、轨腰和轨底组成。钢轨的类型或强度以每米长度的大致质量表示,现行的标准钢轨类型有:75kg/m、60kg/m 和 50kg/m。一根钢轨的长度长一些,可以减少接头数量,提高列车的平稳性,但受加工条件和运输条件的限制,一根钢轨的轧制长度有限。目前我国钢轨的标准长度有 25m

和 12.5m 两种。

列车依靠车轮与钢轨之间的粘着力前进。当坡度超过一定限度时，普通的轮轨形式可能因轮轨之间粘着力不够发生滑动，所以一般铁道可以攀爬的坡度约为 4%～6%。为满足攀爬陡峭的高山的需要，人们发明了一种齿轮与齿轨相契合的齿轨轨道（cog rail），它在普通轨道中间的轨枕上另外放置一条特别的齿轨，如图 6-11 所示。行走齿轨轨道的机车，配备了一个或多个齿轮，跟齿轨啮合着行走，这样车辆便能克服粘着力不足的问题。

瑞士皮拉特斯山铁路上最斜的路段坡度达 48%，是世界最陡的齿轨轨道，如图 6-12 所示。该铁路由瑞士山地铁路工程师里金巴都提出设计，起点是在琉森湖畔的皮拉图斯山脚底下的阿尔纳斯特直至山顶。铁道全长 4.27km，起点的海拔高度为 441m，终点为 2070m，攀越高度为 1629m。除瑞士之外，美国、日本、智利等国家也有修建齿轨轨道。

图 6-11　复式齿轨

图 6-12　瑞士皮拉特斯山齿轨铁路

6.2.4　运输特征

铁道运输经历了 180 年之后，与公路、水路、航空等运输方式相比，既具有一些其他运输工具所不能取代的优点，也存在阻碍铁路运输进一步发展的缺陷。

铁道运输的优点主要表现在：（1）运量大、运价低廉且运距长。铁路运输因采用大功率机车牵引列车运行，可承担长距离、大运输量的运输任务，而且由于列车运行阻力小，能源消耗量低，故系统价格低廉。（2）行驶具有自动控制性。铁路运输由于具有专用路权，而且在列车行驶上具有高度的导向性，因此，可以采用列车自动控制方式控制列车运行，以期达到车辆自动驾驶的目的。目前最先进的列车已经可以通过高科技电脑的控制，使列车的运行达到全面自动化，甚至无人驾驶的地步，从而可以大大提高运输安全，减轻司机的劳动强度。（3）有效使用土地。铁路运输因为以由客、货车组成的列车为基本运输单元，可以在有限的土地上作大量的运输，因此，较之公路可以节省大量的土地，使土地资源达到最有效的利用。（4）污染性较低。

铁路的污染性较公路为低。在噪声方面，铁路所带来的噪声污染，不仅较公路低而且是间断性的，在空气落尘污染方面也较公路小约1/4。(5) 受气候条件的限制小。铁路运输由于具有高度的导向性，所以只要行车设施不损坏，在任何气候条件下，如下雨、冰天雪地，列车均可安全行驶，受气候因素限制很小，故铁路是营运最可靠的运输方式。

铁道运输系统的缺点则主要反映在：(1) 资本密集且固定资产庞大。铁路设施大都属于固定设备，难以移作他用，故其固定资产比例，较其他运输事业高出许多，投资风险也就比较高。(2) 设备庞大不易维修，且战时容易遭致破坏。铁路的运输过程必须依赖所有设施协同配合。由于整个运输体系十分庞大，不易达到完善的维修。此外，从历史中可以发现，每次战争一旦爆发，由于铁路设施具有国防价值，而且目标明显，总容易遭受严重破坏。(3) 货损较高。铁路由于列车行驶时的振动与货物装卸不当，容易造成所承载货物的损坏，并且由于运输过程需经多次中转之故，也常容易导致货物遗失。(4) 营运缺乏弹性。公路运输一般可以随货源或客源所在地而变更营运路线，而铁路则不行，故容易产生空车回送现象，从而造成营运成本的增加。

世界各国正在不断探索符合本国特点的技术发展道路。目前，在铁路技术发展水平较高的国家，大致形成了客运型、货运型和客货混运型3种运输类型，运输特征各异。客运型主要以日本为代表。日本国土面积小，铁路货运成本高，长期以来铁路货运量不断萎缩，铁路技术的发展主要是为旅客运输提供大运量、高速化的技术装备，以此为基础形成了完整的高速铁路技术体系。货运型为主的国家以美国、加拿大等为代表。由于航空和公路运输业发达，铁路承担客运任务很少，为了满足大宗货物长距离运输需求，主要以开行万吨甚至几万吨的重载货物列车为主，形成了重载运输技术体系。客货混运型以西欧各国为代表。这些国家国土相连，人员和物资交流频繁，铁路既承担客运任务，也承担货运任务，在铁路线上普遍是客货混运。由于其各种交通工具都很发达，铁路承担的客货运输任务不重，全路平均运输密度普遍低于450万换算吨公里/公里。为了适应竞争的需要，这些国家的铁路非常重视客货运输质量的提高，形成了客运快速、货运快捷的客货混运的技术体系。

我国国情与发达国家有着显著的区别。从自然情况看，我国人口众多，幅员辽阔，资源多分布在中西部地区；从经济发展情况看，我国经济总体水平虽然与发达国家有较大差距，但正处于快速增长时期；在经济布局上，东部经济发展较快，西部地区相对滞后，国土开发任务十分艰巨。特殊的经济和自然国情决定了我国铁路所独有的运输特征，其主要特点是：(1) 客货运输并重；(2) 数量质量兼顾；(3) 速度、密度重量合理匹配；(4) 运输安全情况复杂、保障难度大；(5) 不同技术等级的铁路共同发展；(6) 高新技术与适用技术并重，不同层次技术装备并存。

铁路运输系统是一个经历时代考验的运输工具，它庞大的系统曾经开创出无数个现代大城市。在与现代公路、航空运输等的竞争中，铁路运输充分发挥其对于节省社会成本（如土地使用面积、能源消耗、空气污染等）的贡献，同时也大力改革营运技术与管理方法，以求满足现代社会的运输需求。

6.2.5　铁道的今后发展

高速化是现代铁路发展的重要趋势，随着行车速度纪录的一次又一次刷新，铁路运输不断向前发展。从 1829 年铁路诞生之日到今天的 180 年间，速度从不到 50km/h 提高到了超过 570km/h，提高了约 11 倍，如图 6-13 所示。

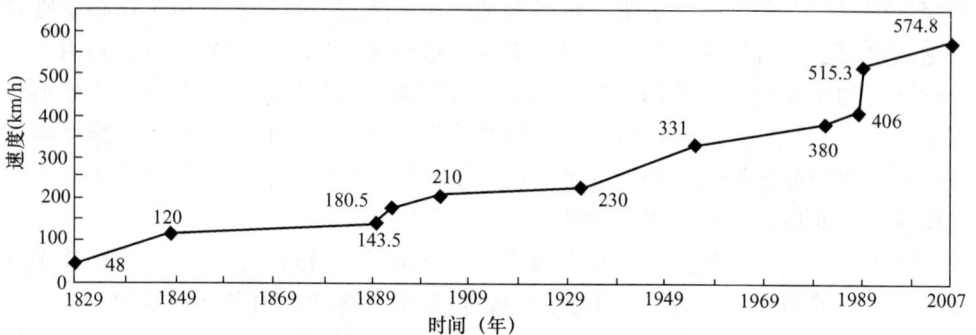

图 6-13　轮轨铁路列车速度发展历程

1829 年斯蒂芬森的"火箭号"蒸汽机车通过试验区段的速度为 48km/h，取得了"赖恩山比赛"的胜利并赢得蒸汽机装备铁路的订货合同。斯蒂芬森之后经过不到 20 年的发展，到 1848 年法国设计的蒸汽机车其运行速度已超过了 100km/h，最高达到了 120km/h。1890 年法国设计的"克络珀顿"式蒸汽机车创造了 143.5km/h 的速度纪录。1903 年，德国在玛丽费尔特至措森之间的试验区段上，一台电力机车达到了 210km/h 的运行速度。1946 年一辆美国蒸汽机车运行速度达到了 227km/h。1955 年 5 月 29 日世界上火车速度第一次超过 300km/h 达到 331km/h 的高速度，这个纪录是由法国创造的，并保持了 26 年。法国的 TGV 高速机车在 1981 年将速度再次提高到 380km/h 的高速度。火车速度超过 400km/h 这个界限的运行是由德国首次实现的。1988 年 5 月 1 日 ICE 高速列车达到了传奇性的每小时 406km 的高速度。第二年，法国一个专门用于创纪录运行的新一代 TGV 列车将速度纪录提高到 482.4km/h。1990 年，TGV 又将速度纪录改写为 515.3km/h。2007 年 4 月 3 日，TGV 列车以 574.8km/h 的时速创造了轮轨列车速度的新纪录。

在正常运营中，法国和西班牙列车在部分铁路线上达到了 300km/h 的高速度，德国的 ICE 列车在一些区段上一般以 280km/h 的速度运行，在意大利，列车最高速度为 250km/h，而瑞典和英国的列车最高速度是 200km/h。日本是高速列车的开路先锋，新干线列车平常运行速度就达 275km/h。

中国铁路经过 1997、1998、2000、2004 和 2007 年的 6 次大面积提速之后，京哈、京沪、京广、陇海、兰新、胶济、武九、浙赣等线路列车速度达到 200km/h，列车速度在 120km/h 以上的线路总长将超过 22000km，部分地段列车的行驶速度将超过 200km/h。随着行车速度的提高，轨道、路基、桥梁等工程的技术标准也需要随之提高，以保证行程的安全性和舒适性。

6.3　我国铁道建设的发展

1881 年在清政府洋务派的主持下，开始修建唐山至胥各庄铁路，从而揭开了中国自主修建铁路的序幕。但由于清政府的闭关锁国政策，到 1894 年，近 20 年的时间里仅修建了约 400 多公里的铁路。到 1949 年新中国成立前夕，中国铁路里程约 2.18 万 km，到 2003 年底中国铁路达到 7.3 万 km。中国铁路建设大致经历了下面 5 个阶段。

（1）开创时期（1876～1893 年）

鸦片战争前后，有关铁路信息和知识开始传入中国。当时中国的爱国有识之士如林则徐、魏源、徐继畬等人先后著书立说，介绍铁路知识。1876 年，在英国资本集团采取欺骗手段擅自修筑了吴淞铁路，这条铁路经营了一年多时间，就被清政府赎回拆除了。尽管如此，吴淞铁路让国人领略了当时先进的交通方式，为后来铁道的发展起了先导的作用。

（2）帝国主义争夺路权，中国铁路缓慢发展时期（1894～1948 年）

1894 年，清政府在中日甲午战争中战败后，八国联军攫取中国的铁路权益。超过 10000km 的中国路权被吞噬和瓜分，形成帝国主义掠夺中国路权的第一次高潮。随后，他们按照各自的需要，分别设计和修建了一批铁路，标准不一，装备杂乱。在清政府时期（1876～1911 年），修建铁路约 9400km，其中，帝国主义直接修建经营的约占 41%，帝国主义通过贷款控制的约占 39%，国有铁路，包括中国自力更生修建的京张铁路和商办铁路及赎回的京汉、广三等铁路仅占 20% 左右。辛亥革命后，袁世凯在 1912 年宣布"统一路政"，解散了各省商办铁路公司，把各省已经建成和正在兴建的铁路全部收归国有，用以抵借外债，因而形成了帝国主义掠夺中国路权的第二次高潮。从 1912 年到 1916 年各国夺得的路权共达 13000 km。北洋政府时期（1912～1927 年），在关内修建了约 2100km 的铁路。1928 年，南京国民党政府执政以后，主要是以官僚买办资本与帝国主义垄断资本"合资"的方式修建铁路，从而出现了帝国主义掠夺中国路权的第三次高潮。南京国民党政府时期（1928～1948 年），在中国内地上共修建铁路约 13000km。

这一时期，涌现出了以詹天佑（图 6-14）为代表的一批杰出的中国工程师，他领导修建京张铁路的卓越成就为当时深受侮辱的中国人民争了一口气，表现了我国人民的伟大精神和智慧，昭示着我国人民的伟大将来。

图 6-14   京张铁路通车
（车前右第三人为詹天佑）

（3）新中国成立，抢修和恢复铁路运输生产时期（1949～1952年）

中华人民共和国成立以后，1949 年一年共抢修恢复了 8278km 的铁路。1949 年底，全国铁路营业里程共达 21810km，客货换算周转量 314.01 亿吨公里。1952 年 6 月 18 日，满洲里至广州间开行了第一列直达列车，全程 4600km 畅通无阻。到 1952 年底，全国铁路营业里程增加到 22876km，客货换算周转量达 802.24 亿吨公里。在进行复旧工程的同时，铁路新线的建设也在进行。从 1950 年开始，我国在大西南、大西北有重点地修建了成渝、成昆、天兰铁路和湘桂铁路来（宾）睦（南关）段。从 1952 年开始，动工兴建兰新、宝成、丰沙等铁路干线。

（4）中国铁路网骨架基本形式时期（1953～1978 年）

从 1953 年开始，国家进入有计划发展国民经济的时期。到 1980 年铁路经过了五个"五年计划"的建设，取得了辉煌的成绩。1976 年，中国人民粉碎了"四人帮"反革命集团，结束了动乱的十年。中国共产党十一届三中全会以后，拨乱反正，出现了伟大的历史转折，国家工作的重点转移到社会主义现代化建设上来，并提出"调整、改革、整顿、提高"的方针，铁路工作又逐步恢复和发展，到 1980 年底铁路营业里程达 49940km，全国铁路网骨架基本形成，客货换算周转量达 7087 亿吨公里。

（5）贯彻改革开放政策，中国铁路步入新的发展时期（1979 年以来）

党的十一届三中全会以来，国民经济开始了新的发展时期。1982 年指出"铁路运输已成为制约国民经济发展的一个重要原因"，提出"北战大秦，南攻衡广，中取华东"的战略。到 1985 年底，全国铁路营业里程达 52119km，客货换算周转量突破 1 万亿吨公里。2005 年 1 月 7 日，温家宝主持召开国务院常务会议，讨论并原则通过了《中长期铁路网规划》，明确了我国铁路网中长期的建设目标：到 2020 年，我国大陆将建设"四横四纵"客运专线网，线路长度在 12000km 以上。全国铁路的 6 次全面提速，近期通车的青藏铁路（图 6-15）、京津城际铁路（图 6-16）等一批工程反映了我国在铁路建设上取得的巨大成就。

图 6-15　雪山脚下蜿蜒前行的青藏铁路　　　　图 6-16　城市中穿行的京津城际铁路

6.4　高速轨道交通系统

6.4.1　高速铁路

铁道自诞生以来快速的优势就比较明显，1825 年英国修建的世界上第一条铁路，由于其速度上大大高于当时的轮船和马车，且具有运量大、可靠性高等优点，在竞争中迅速取得了优势，铁路在 19 世纪后半叶和 20 世纪初迅速发展，成为各国的交通运输骨干。但是从 20 世纪 50 年代开始，交通运输工具进入了现代化、多样化的发展时期，铁道运输受到来自汽车和航空运输的挑战。与高速公路和喷气式客机相比，铁道在速度上已经处于劣势。在长距离客运方面航空运输速度优势明显，短距离运输则汽车更为便捷，于是铁道的发展陷入了"夕阳产业"的被动局面。

1964 年 10 月 1 日，世界上第一条高速铁路——日本东京至大阪的东海道新干线正式投入运营，速度达到 210km/h，突破了保持多年的铁道运行速度的世界纪录，从东京至大阪只需运行 3 小时 10 分钟（后来又缩短到 2 小时 56 分钟）。由于其旅行速度比原有铁路提高一倍，票价较飞机便宜，从而吸引了大量的乘客，使铁道的发展进入了新的历史时期。继东海道新干线之后，日本又陆续建成山阳、东北、上越、北陆、九州等新干线。目前日本高速铁路的营业里程已达 2390km。

法国于 1981 年开通运营的 TGV 东南线（巴黎—里昂）是欧洲第一条高速铁路客运专线，此后又陆续建成了其他一些高速铁路线路。截至 2008 年底，法国的高速铁路总里程达 4500km，列车的运行速度达 270km/h。

高速铁路与传统的铁道相比，无论是设计理论还是施工技术要求等均有很大的改变。以高速铁路路基为例，为保证路基强度大、变形小，并具有足够的稳定性和耐久性，高速铁路路基结构的形式较传统铁路路基有明显的变化，控制路基沉降成为高速铁路路基设计的关键，路基刚度与列车、轨道系统的匹配问题也成为实现高速和舒适运行的根本。

在日本、法国修建高速铁路取得成效的基础上，世界上许多国家掀起了建设高速铁路的热潮，意大利、德国、英国、苏联、西班牙等国也先后新建或改建了高速铁路，就连过去曾因铁路不景气拆掉一部分线路而被称为"汽车王国"的美国，也在重视并着手高速铁路的建设。韩国和我国的台湾地区也都分别在 20 世纪末建成达 300～400km/h 的高速铁路。

我国的有识之士早在 20 世纪 80 年代中期就提出兴建高速铁路的建议。1998年 3 月，全国人大在"十五"计划纲要草案中提出建设高速铁路。1999 年 8 月开工建设的秦（皇岛）沈（阳）客运专线，全长 404km，总投资 164 亿元人民币，是中国迈向世界高速铁路顶峰的一次新的冲刺，创造出 321.5km/h 的速度纪录。2008 年 8 月 1 日，京津城际铁路正式通车运营，列车速度达到 350km/h，是中国铁路全面进入"高速时代"的重要里程碑。京津城际铁路全长 120km，开行国产 CRH2-300 型和 CRH3 型"和谐号"动车组，全程运行时间仅 30 分钟，2011 年 6 月世界上一次建成里程最长的京沪高速铁路建成通车，线路全长 1318km，连接京沪两地，贯通我国东部的最发达地区，设计时速为 380km/h，最高时速可达 486.1km/h。此后，我国又相继开通了哈大、京广、郑西、兰新、京福等多条高速铁路，线路跨越多种特殊气候环境及复杂的地质条件，满足多种特殊运输需求，与其他铁路网相连，全面覆盖我国 50 万人口以上城市，在世界高速铁路建设历史上创造了多项首次与世界第一。其中，北京—广州的高速铁路线路运行里程全球第一；哈尔滨—大连的高速铁路是目前穿越全球最寒区的高铁线路；海南环岛高铁线路是全球第一条环岛高速铁路，也是迄今为止全球最靠近赤道的已运营的高速铁路；兰州—乌鲁木齐的高速铁路线路克服了湿陷性黄土、大风沙、季节性冻土等诸多复杂地质条件对高速铁路建设的限制。经过近 20 年的快速发展，中国已建立了完备的高速铁路技术体系，涵盖勘察设计、装备研制、施工建设、调度指挥和运营管理等多项技术。截至 2015 年，我国的高速铁路建成通车里程已达 19000km，年运营里程及建设规模位居世界第一，整体建设水平位于世界领先地位。

目前，全世界的高速铁路网大致可以分为 3 种类型：新建列车最高运行速度不小于 200km/h 的客运专线；改造能使列车以 200～220km/h 速度运行的既有线路（全线或部分线路区段）；改造能使摆式车体列车以 200～230km/h 速度运行的既有线路（全线或部分线路区段）。技术类型上以日本新干线、法国 TGV和德国 ICE 最具代表性。高速铁路技术是当今世界铁路的一项重大技术成就，它集中反映了一个国家铁路牵引动力、线路结构、高速运行控制、高速运输组织和经营管理等方面的技术进步，也体现了一个国家的科技和工业水平。高速铁路在经济发达、人口密集地区的经济效益和社会效益尤为突出。现在，世界上许多国家已把建设高速铁路作为交通运输战略发展的重要国策。

6.4.2 磁悬浮系统

轮轨粘着式铁路是利用车轮与钢轨的粘着力使列车前进的，而粘着系数随速度的增加而减小，走行阻力却随着速度的增加而加大。当速度超过粘着系数曲线和走行阻力曲线的交点时，速度就不可能再进一步提高了。如果要想再进一步提高速度，同时又要做到更加安全、舒适，减轻振动和噪声，减少能耗，降低运输成本，传统的轮轨粘着式铁路是难以实现的。

为了越过这个障碍，从 20 世纪 60 年代初开始，一些发达国家就开始研究非粘着式超高速车辆。这种车辆可以分为两大类：一是气垫式悬浮；二是磁悬浮。在磁悬浮铁路上运行的列车，是利用电磁系统产生的吸引力或排斥力将车辆托起，使整个列车悬浮在线路上，利用电磁力进行导向，并利用直线电机将电能直接转换成推进力来推动列车前进的。德国和日本经过近 30 年的研究和试验，两国均在磁浮技术方面取得了令世人瞩目的进展，其技术已经进入实用化研究阶段。

德国和日本采用的磁悬浮制式却截然不同，德国采用常导磁吸式，而日本则采用超导磁斥式。在车辆和线路结构上，在悬浮、导向和推进方式上虽各有不同，然而基本原理却是一样的。德国从 1968 年开始研究磁浮列车，1983 年在曼姆斯兰德建设了一条长 32km 的试验线。1987 年它们采用的 TR06 型试验车（图 6-17），在该线上创造了 412.6km/h 的速度纪录，其后，TR08 型试验车又提高到 500km/h。

日本于 1972 年用 ML100 型试验车实现了 60km/h 的悬浮运行。1975 年着手修建宫崎试验线。1977 年开始对倒 T 形导轨和跨座式 ML500 型试验车进行了无人驾驶的试验。1979 年 12 月，在九州宫崎试验线上创造了 5l7km/h 的速度纪录。但因常温下的超导材料尚未出现，还未能投入商业性的载人运行。2002 年日本的 MLX01 型试验车（图 6-18）创造了 581km/h 的磁浮列车速度世界纪录。

图 6-17 德国 TR06 型磁浮试验车　　　图 6-18 日本磁浮试验车 MLX01-901

目前世界上唯一一条投入商业化运营的磁悬浮线是上海磁浮示范运营线，该线西起上海轨道交通 2 号线龙阳路站，东到上海浦东国际机场站，主要满足连接浦东机场和市区的大运量高速交通需求，并具有交通、展示、旅游观光等多重功能，如图 6-19 所示。该线于 2002 年 12 月 31 日启用，线路正线全长约 30km，双线上下折返运行。其线路结构如图 6-20 所示，上部结构为用于连接长定子的精密焊接的钢结构或钢筋混凝土结构的支承梁，下部结构为钢筋混凝土支墩及桩基础。该线最高运行速度为每小时 430km，单线运行时间约 8min，每天发送旅客 1 万人次。

图 6-19　刚刚驶离浦东国际机场的磁浮列车

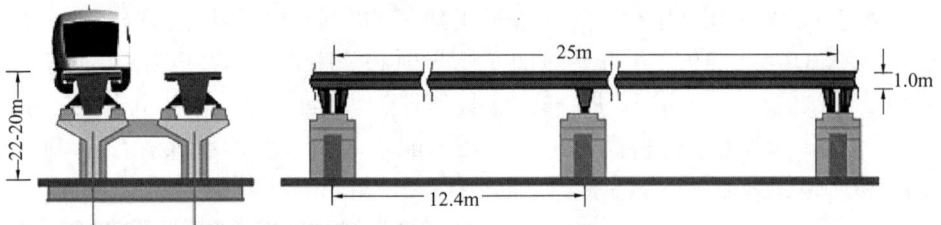

图 6-20　上海磁浮列车示范运营线的线路结构

与传统铁路相比，磁悬浮铁路由于消除了轮轨之间的接触，因而无摩擦阻力；磁悬浮列车由于没有钢轨、车轮、接触导线等摩擦部件，可以省去大量的维修工作和维修费用；线路垂直负荷小，适于高速运行，速度可达 500km/h 以上；无机械振动，无废气排出和污染，有利于环境保护，能充分利用能源，获得较高的运输效率。另外，磁悬浮列车可以实现全盘自动化控制。因此，磁悬浮列车是未来最具有竞争力的交通工具之一。

6.5 城市轨道交通工程

1. 城市轨道交通的起源

在 16 世纪前，城市交通的发展只是表现为城市道路网的不断修建与完善，其交通形式则一直是步行、骑马和马车出行，直到 16 世纪中期的罗马时代才出现了公共交通。随着城市规模的逐渐扩大，对公共交通运输能力的要求也在不断增加，轨道马车应运而生。1832 年，在美国纽约市的曼哈顿街区上铺设了轨道并开始运行有轨公共马车，这就是城市轨道交通的雏形。将马车放在钢轨上行驶，可提高其速度及平稳性，还可以利用多匹马组成的马队提高牵引力，增大车辆规模，降低运行成本，因此，有轨马车在美国及欧洲得以迅速扩展。

随着城市人口及车辆的增加，在平交道口出现了交通的阻塞，这种情况在较大城市非常严重。交通的拥堵使人们想到了将交通铁路线往地下发展，以便很好地解决客流膨胀与土地紧张的问题。1843 年，有"地铁之父"之称的英国律师查尔斯·皮尔逊建议修建地铁。经过 20 年的酝酿和建设，世界上第一条快速轨道交通地下线（地铁）于 1863 年 1 月 10 日在伦敦正式运营，标志着城市轨道交通在世界上正式诞生。地下铁道的诞生，为人口密集的大都市发展公共交通提供了宝贵经验，引领城市交通步入了轨道交通时代。

2. 城市轨道交通的发展

地铁发展之初，地铁列车大多采用内燃机车作为牵引动力，这使得隧道内烟雾熏人，严重影响乘车环境。直至 1831 年电磁感应现象的发现及发电机的诞生，把人类社会带入电的世界。此时，电力机车被成功运用于轨道交通工程，当时最成功地利用电能作为动力的交通工具要算是有轨电车了。而 1881 年，德国研制出架空接触导线供电系统，使电动车辆的供电线路由地面转向空中，电动车辆的电压和功率大大提高。1890 年，英国首次用电力机车牵引车辆，地下铁道也改用电力牵引，使地铁的运能及效率得到明显提高，地铁的运行环境得到大大改善。

经过 19 世纪末的快速发展，在"二战"及汽车工业发展以后，城市轨道交通因汽车行业的冲击及投资成本方面存在的问题而经历了长期的停止萎缩阶段。随后由于汽车数量过度增加，道路拥堵严重，空气噪声污染，石油资源过度消耗及停车位置紧缺等问题的出现，使城市轨道交通重新得到重视并得到迅速发展，多种城市轨道交通类型相继出现。目前城市轨道交通工程已逐渐发展为地铁、轻轨、有轨电车、市郊铁路、单轨交通、中低速磁浮等多种类型，能够满足城市化发展而产生的多种交通运输要求，如图 6-21 所示。

3. 我国城市轨道交通的成就

由于经济实力及技术水平的限制，我国的现代城市轨道交通起步较晚，1969

图 6-21　城市轨道交通工程的主要类型

(*a*) 地铁；(*b*) 有轨电车；(*c*) 单轨；(*d*) 市郊铁路

年中国的第一条地铁才在北京建成通车，直至 2000 年全国也仅有北京、上海、广州三个城市拥有地铁线路。随着改革开放的深入，经济实力的提高，城市对交通的需求也大大增加。我国政府加大了对城市轨道交通基础建设的投入，轨道交通建设进入大发展时期，成为世界上轨道交通发展最快的国家，拥有最大的轨道交通市场。同时，除轨道交通里程不断增加外，我国的轨道交通也由地铁这一种单一的交通形式向多样化发展，如北京的地铁、大连的快速轻轨、重庆的跨座式单轨、长沙的中低速磁浮等。

截至 2014 年底，全国共有 22 个城市开通了城市轨道交通线路，运营线路长达 3157km，其中，地铁 2361km、轻轨 239km、单轨 89km、现代有轨电车141km、中低速磁浮 18.5km、市域快轨 308km。22 个城市中，上海、北京的地铁运营里程均已超过 500km，6 个城市的运营里程超过 200km（全球共 15 个）。截至 2015 年，我国城市轨道交通运营里程分布情况如图 6-22 所示。全国全年城轨客运总量达 126 亿人次，其中北京、上海、广州三个城市的年客运量均已超过20 亿人次，有 5 个城市的年客运量超过 10 亿人次（全球共 12 个城市）。与此同时，中国城市轨道交通工程的建设规模仍在不断扩大，根据目前我国各地城市轨

道交通的建设规划，到 2020 年，我国城市轨道交通运营线路里程将增加到约
6000km，届时将超过世界上其他国家和地区的总和，达到前所未有的规模。

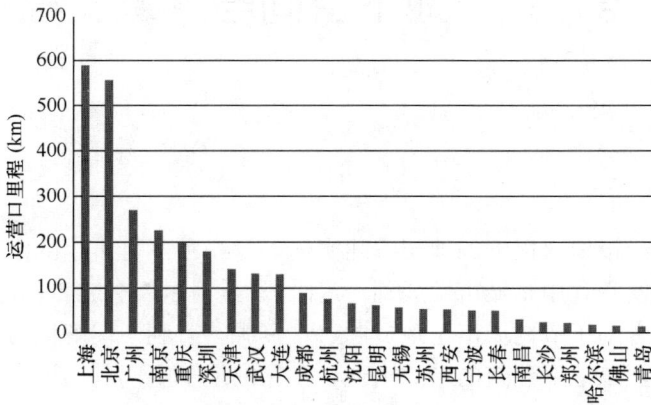

图 6-22　我国城市轨道交通运营里程分布现状（截至 2015 年）

思 考 讨 论 题

1. 铁道工程包含哪些内容？
2. 目前铁路采用的钢轨是怎样从木轨发展而来的？
3. 世界各国铁路采用的轨距有哪几种形式和尺寸？
4. 您认为铁道今后的发展主要是什么？
5. 高速铁路与磁悬浮系统有什么本质上的区别？各自有哪些优缺点？

第7章 地下空间与隧道工程

7.1 引　　言

　　地下空间泛指地表以下的地层空间实体，是一种不可再生的宝贵资源。城市地下空间的开发和利用是城市发展到一定阶段的产物，它的合理开发有利于城市可持续发展，有助于节约城市土地资源、水资源，有利于缓解城市交通矛盾。城市地下空间通常以地下建筑的形式出现，常见的地下空间利用形式有隧道、地下停车库、综合管沟、地下变电站、地下商城等。

　　隧道作为一种常见的地下空间结构，在土木工程中有着重要的地位。

　　隧道是一种狭长线形的地下开挖工程，其轴向长度远大于横向尺寸宽和高。几个世纪以来，人类已经建设了无数条各种功能的隧道。随着工程设计与施工技术的进步，不同功能隧道间的差异也在逐渐变大，而隧道已不再像以前仅仅作为采矿和隐蔽防护之用。如今越来越多的国家已经将隧道广泛应用于人类的各种活动，例如居住、贮藏、交通、电力传输等。

　　在过去的50年中，我国在铁路隧道、公路隧道、地下铁道、水工隧道及地下厂房等建设方面都取得了丰硕的成果。已建和在建的铁路隧道中，有30多条长度超过5km，10条在15km以上。我国也在恶劣的地质环境中建设了大量的铁路隧道，例如坐落于湖南省的全长14.295km的大瑶山铁路隧道。到目前为止，我国大陆已建设了5500多条铁路隧道，总长度约2700余千米，位居世界第一。虽然我国公路隧道的建设略滞后于铁路隧道，但随着近几年高等级公路建设的发展，公路隧道的数量增长迅猛。现在，我国已建有1780多条公路隧道，总长度约700余千米。其中，有大约300条隧道长度超过1km，更有6条甚至超过了10km。坐落于四川省境内的华蓥山隧道是我国目前最长的公路隧道，单洞长度为4.7km。除了这些已建或在建的隧道外，一些超长公路隧道也在规划和设计中，如渤海湾跨海隧道。

　　值得一提的是由我国自主设计建造的三条沉管隧道，它们分别坐落于广州、甬江和上海。目前，在北京、上海、天津、广州、南京等城市已建有100km以上的地铁。上海和广州地铁的区间隧道与地铁车站的施工技术已具有较高的水平，尤其是盾构法施工技术得到了成功的应用。在水工隧道方面，我国已建有400多条水工隧道，总长超过了400km，另外还建有40余座地下厂房。例如，二滩水电站的引水隧道长1100m、宽23m、高17.5m，为我国最大的引水隧道。

在水工与高速公路隧道的施工中,时常采用国际竞标的方式以促进先进技术与设备的引进和应用,例如湿喷混凝土方法、TBM(岩石隧道掘进机)、DOT(双圆盾构法)等就是采用这种方式而得到了推广应用。

隧道工程是一种规模巨大且投资昂贵的工程类型,因此在施工前期需要进行详细的规划与设计。

7.2 地 下 空 间 简 述

7.2.1 地下空间开发的历史

在漫长的人类文明发展中,地下空间的利用和开发一直是人类活动不可或缺的一部分。从远古时期的天然洞穴到现代的立体式空间城市,人类对地下空间的认识逐步提升。

早在数万年前的远古时期,人类已经开始利用天然洞穴或地穴作为居住场所,也利用简单工具进行窑洞和墓穴的开挖。据记载,最早的地下隧道是公元前21世纪在两河流域古巴比伦城中的幼发拉底河下修建的砖石砌筑人行通道。我国在东汉时期采用"火锻石法"在今陕西褒城附近修建的石门隧洞,是历史可考的最早人工开凿可通车的地下隧道。公元前5世纪左右,古罗马修建了马克西姆下水道,是世界上最早的下水道,2500年后的今天仍在使用。我国古代自夏商至明清,帝王陵寝代表着利用地下空间的最高水平,其中比较有代表性的有秦始皇陵、成吉思汗陵、明十三陵、清陵等。除此之外,还有隋朝修建的地下粮仓、南北朝时期的敦煌石窟、宋代的战用坑道等。如图7-1所示,为发掘的唐朝墓葬和云冈石窟旧照。

第一次工业革命以后,人类生产力进一步提升,西方城市化水平不断提高,城市对空间的需求不断增大,人类将目光逐步转向如何合理利用地下空间以满足城市发展的需求。英国伦敦于1863年修建成历史上第一条地铁隧道,1890年修建成第一条电力运行的地下铁路。日本于1930年开始建设地下商业街,用以缓解城市用地紧张。"二战"时期,德国开始修建地下坑道式工厂。加拿大蒙特利尔自1960年左右开始设计和建设地下城市综合体。

我国现代城市的地下空间开发利用早期以人防工程建设为主,随后进入平战结合的发展轨道,地下商场、地下停车场开始出现,并逐渐认识到地下空间的价值。20世纪90年代是我国地铁大发展的年代。北京、上海、广州等城市在建设地铁的同时,将地铁车站同周围地下商业街通过人行通道连接起来,形成以地铁车站为主导的小型商业圈。进入21世纪后,我国各大城市开始进行中长期的城市地下空间开发规划,初有成效的有北京中关村、深圳福田商务区、上海虹桥交通枢纽等。

地下空间的开发是一个不可逆的过程，对地下空间的开发利用应该兼顾开发与保护相结合、地上与地下相结合、远期与近期相呼应、平时防护与战时防灾相结合等原则。开发初期应该进行城市需求预测，根据城市的自然条件、发展现状和发展规划对地下空间做出合理规划；还需充分利用城市原有基础，对老城区的地下空间开发以解决城市问题为主、新城区的地下空间开发以解决城市基础设施为主。

(a)   (b)

图 7-1 我国古代地下空间开发

(a) 发掘的唐朝墓葬；(b) 云冈石窟旧照

(图片来源：http://www.dili360.com/，2016)

7.2.2 城市地下空间利用形式

城市地下空间的典型利用形式按其使用功能可分为以下六种：

（1）地下交通运输设施：轨道交通（地铁、轻轨）、地下铁路和公路以及各类车站，步行道路，停车场。

（2）公共服务设施：商业设施（地下商业街）、文娱设施（图书馆、博物馆、影剧院等）、体育设施。

（3）市政基础设施：给排水管，供电、供气、供暖管线，通信管线，共同管沟。

（4）防灾设施：人防工程、蓄水池。

（5）生产储藏设施：地下物资库、动力厂、机械厂。

（6）其他设施：地下室、设备房。

城市地下空间综合体则以地下交通为导向，兼顾商用、民用、人防等工程建设，将不同使用功能的地下结构分别建于不同深度的地层中，如图 7-2 所示为珠海城市地下空间竖向分层示意图。现当代城市地下空间综合体的开发大都充分利用了城市空间的垂直特性，比较典型的有加拿大蒙特利尔地下城、法国巴黎拉·德方斯地下综合体、上海虹桥综合交通枢纽。

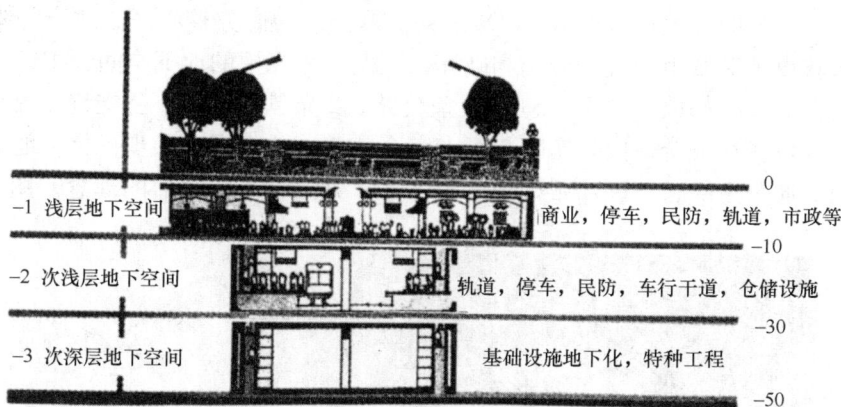

图 7-2　珠海市城市地下空间竖向分层示意图

1. 加拿大蒙特利尔地下城

蒙特利尔地下城是目前世界上开发体量最大的城市地下空间综合体，它始建于 20 世纪 60 年代。经过 50 多年的完善，经历了诞生——萌芽——扩展——快速发展——巩固——再发展的过程（图 7-3），完成了以下数据：2 个火车站、2 个公交终始站、10 个地铁车站、32km 总长的地下步行系统、63 栋建筑物、380 万 m² 的建筑面积。蒙特利尔地下空间以地下步行系统为主导，将车站、停车场、室内公共广场、商业中心和办公楼连接成地下网络系统，形成各方面功能齐全的地下城市。蒙特利尔地下城有助于减轻路面主干道车辆与行人的交通冲突，

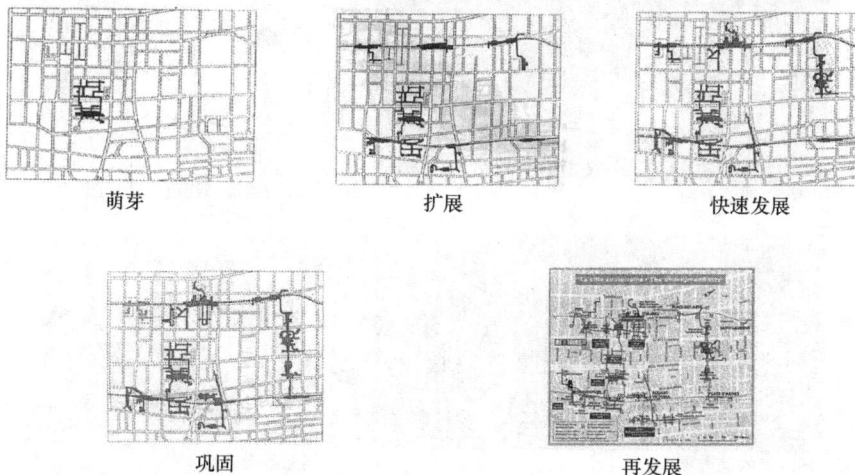

图 7-3　蒙特利尔地下城发展示意图

（图片来源：胡斌，赵贵华，2007 [12]）

缓解了地上停车需求，为城市保留了大片绿地。地下空间的充分利用使老城区更好地保存了地面的已有建筑。

2. 法国巴黎拉·德方斯地下综合体

法国巴黎的拉·德方斯（La Defense）是全市的商务核心区。政府为减少交通和市政设施对城市景观的分割和破坏，开发了大规模的地下空间，把区域内几乎所有交通设施都放入地下，包括 6 条公路、2 条铁路、3 个公交终始站和 2.6 万个停车位。在综合体内，车辆与行人完全分流，地面实现了步行化，地下则是一个以交通为主的道路网，很好地体现了人车分流、立体交通的理念。图 7-4 为

1969年德方斯的RER地铁线施工照片　　　1969年新增建筑（红色）示意图

1972年的德方斯　　　1972年新增建筑（红色）示意图

1976年的德方斯　　　1977年新增建筑（红色）示意图

1997年的德方斯　　　1997年无新增建筑

图 7-4　德方斯的发展历程（1969～1997 年）

（图片来源：陈一新，2003 [13]）

德方斯从 1969 年至 1997 年的发展历程。

　　3. 上海虹桥综合交通枢纽

　　虹桥综合交通枢纽由枢纽交通核心区、虹桥机场用地、枢纽开发区三大部分组成（如图 7-5 和图 7-6 所示）。虹桥枢纽的开发以交通中心为主导功能，带动综合体内商业、文化和生态建设等功能，对地面开发的规模和强度进行严格控制，充分利用地下空间。虹桥枢纽公共设施主要集中于地下一层（地表 5m 以内），包括商业、文化、餐饮等公共活动空间，地下二层以轨道交通站厅、停车、设备空间为主，地下三层以站台层为主。

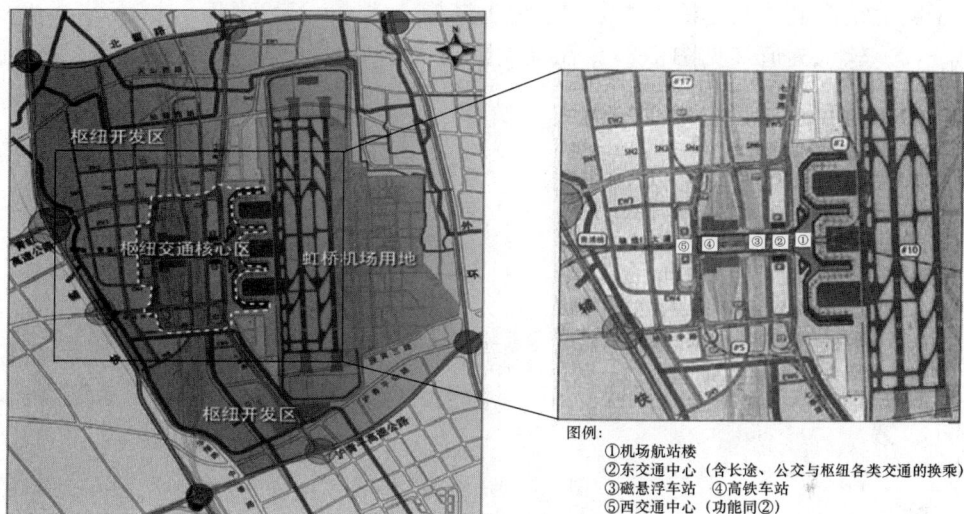

图例：
①机场航站楼
②东交通中心（含长途、公交与枢纽各类交通的换乘）
③磁悬浮车站　④高铁车站
⑤西交通中心（功能同②）

图 7-5　虹桥综合交通枢纽平面分布示意图

（图片来源：缪宇宁，2010 [15]）

图 7-6　虹桥枢纽交通核心区鸟瞰效果图

（图片来源：http://www.ciac.sh.cn/newsdata/news12587.htm，2007）

7.3　隧道类型与隧道结构

7.3.1　隧道类型

由开挖引起的地层响应复杂多变，在隧道所处地层类型的基础上，可以将隧道分为四种主要类型：

（1）明挖法隧道（见图 7-7）。在这种隧道中，地层只产生被动的静荷载作用于隧道结构上，其分析方法类似于地上结构。

（2）软土隧道（见图 7-8）。在该类隧道的施工中，地层开挖后需立即施筑刚性支护。地层通常主动提供弹性抗力以约束衬砌结构的向外变形。

(*a*)   (*b*)

图 7-7　明挖法隧道

(*a*) 加拿大一 720m 长的六车道公路隧道；(*b*) 加拿大斯帕蒂娜地铁

（照片来源：Sandwell 公司　提供，2003）

（3）中硬岩石隧道（见图 7-9）。这种隧道修建于中等坚硬的岩石或内聚力很大的土层中，其围岩具有足够的自稳能力，允许在开挖后暴露一定的时间。一部分地层应力在支护结构发挥作用前可以得到永久性的释放。因此，将只有小部分原始地应力作用于衬砌结构之上。

图 7-8　软土地层中沉管隧道   图 7-9　中硬岩石中的隧道

（照片来源：宁波常洪隧道公司　提供）   （照片来源：张子新　提供）

（4）硬岩隧道（见图 7-10）。该类隧道由于围岩坚硬具有很强的自稳能力，故必要时只需施筑薄层衬砌即可。

7.3.2 隧道结构

在隧道的设计中，设计者们需要保证结构有效和安全地发挥作用，而这需要基础力学知识与岩土力学性能研究相结合。举个例子，隧道很少是平顶结构，其原因是隧道结构跨度越大，跨中部位岩土介质所

图 7-10　硬岩隧道
（照片来源：张子新　提供）

受的支撑力会越小，而且平顶式隧道对崩塌也更为敏感。实际中，绝大部分的隧道都选择圆拱洞顶形式，该种结构形式被认为结构受力最为合理。因此，隧道结构普遍选择为圆形、马蹄形、哥特式拱形等。

除了隧道断面形状以外，结构类型和尺寸大小也十分重要。如果将隧道直径扩大为原来的两倍，开挖面积需增至四倍，隧道内表面积也将翻倍，而围岩内的应力大小将超过原来的两倍。因此，在大型隧道中支护体系的作用显得更为重要。在工程实践中，对于把握性不是很大的隧道施工，时常采用先开挖截面较小的导洞，随后逐渐扩大至设计尺寸再设置支护结构的分部开挖方法（如图 7-11 所示）。

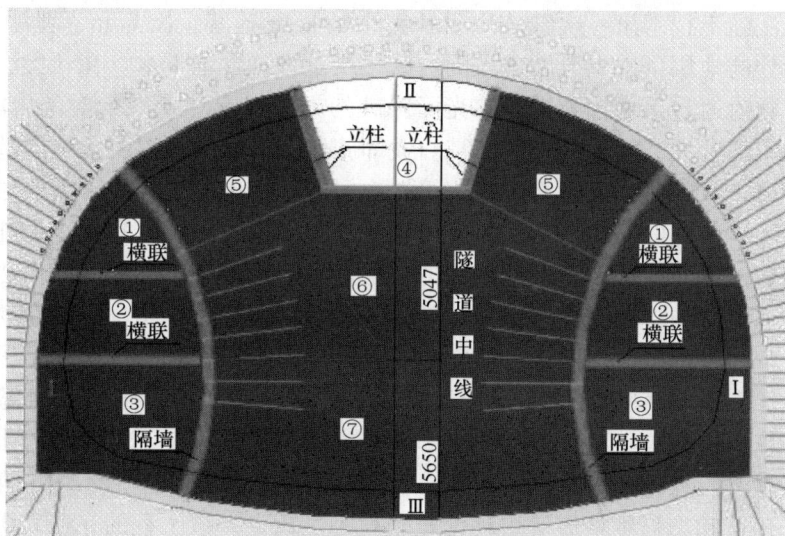

图 7-11　中硬岩层中的导洞开挖法
（图片来源：张子新　提供）

在软土中广泛应用的盾构法隧道，其主要有以下结构类型：

（1）圆形结构

这种类型的盾构法隧道在软土地区的地铁建设中应用十分广泛，而且与其他结构形式相比具有很多优点。首先，圆形结构十分经济且施工方便；另外，圆形的盾构机械易于生产和操作，受力性能也更好。

（2）矩形和马蹄形结构

该种结构形式不如圆形结构应用广泛，原因是其结构形式复杂且造价昂贵，而且受力情况也十分复杂。

图 7-12　双圆盾构

（3）双圆盾构形式

双圆盾构已开始应用于上海地铁的建设中，并将会得到进一步的推广（如图 7-12 所示）。

7.4　隧　道　施　工

7.4.1　铁路隧道

在我国 5500 多条铁路隧道中，绝大部分是采用新奥法（NATM）进行施工的。新奥法施工技术第一次被应用于铁路中的夏坑隧道。长 65m、埋深 20m 的该隧道所处的地层条件十分恶劣，围岩风化严重且富含地下水。在新奥法思想的指导下，隧道通过采用预裂爆破和光面爆破的方法以求尽量减少对围岩的扰动，从而成功实现了大断面的开挖。开挖后立即施作锚杆和喷射混凝土从而及时控制围岩的变形，并在围岩基本稳定后施筑二次衬砌。在施工过程中，需要通过监测技术了解围岩状况并根据监测结果适时调整施工和设计方案。夏坑隧道施工的宝贵经验随后被迅速地推广至其他铁路隧道的施工建设中。现如今，新奥法已经成为我国隧道设计与施工中应用最为广泛的思想和原理。我国工程师们在新奥法思想的指导下，在恶劣的地质条件中完成了大量隧道的建设，极大地丰富了相关的工程经验。例如，1997 年通车运营的南京—昆明铁路中的隧道就是典型的在不良地质环境中进行施工的，其中共有 258 条铁路隧道（全长 194.6km）采用了新奥法进行施工。在施工中，围岩风化、高地应力、低埋深、应力不均、岩溶、地下水流、瓦斯和高强度地震等多种困难均被一一攻克。该工程的完成表明我国已具备了可以在绝大多数不良地质条件中修建隧道的能力。

尽管我国已修建了大量的铁路隧道，但利用 TBM 方法施工的只有秦岭隧道一例，而其他施工方法如盾构法、沉管法等也应逐步被引进至铁路隧道在特殊地质条件下的施工建设中。

7.4.2 公路隧道

在借鉴铁路隧道修建经验的基础上，公路部门成功完成了多条大断面和水底公路隧道的建设，积累了丰富的工程经验。

（1）大断面公路隧道

对于六车道的高速公路，不可避免地需要修建三车道的公路隧道。我国已完成了多条三车道公路隧道的建设，如：云南的平年隧道、广州的靠椅山隧道、四川的天生平隧道、振武山隧道等。公路部门设立了诸多关于三车道隧道结构计算、开挖方法和支护措施等方面的科研项目，取得了丰硕的科研成果并已直接应用在以上隧道的工程建设之中。

（2）水底公路隧道

穿越黄浦江底的打浦路隧道，全长 2761m，位于上海市区西南角，于 1970 年通车运行。该隧道是国内第一条水底公路隧道，也是国内第一条采用盾构法施工的隧道（如图 7-13 所示）。该隧道采用直径 11.26m 的网格式机械盾构机，并采用液压系统提供推力。

1989 年 5 月 1 日，另一条穿越黄浦江底的全长 2261m 的延安东路隧道（北线工程）投入运营，其采用的盾构类型与打浦路隧道相同。为了适应浦东开发区经济的发展和交通运输量的增长趋势，第三条穿越黄浦江底的延安东路隧道（南线工程）于 1996 年竣工完成，其全长 2173m，同样是采用盾构法进行施工的。这三条越江隧道的建成为将来水底大直径盾构隧道的建设积累了宝贵的经验。

另外，1994 年 1 月 8 日，第一条由我国大陆单位独立设计施工的沉管法隧道——广州市珠江隧道投入运营。该隧道宽 33m、高 7.96m、全长 1239m（其中两岸引隧 517.5m）。该隧道中有 264m 采用矿山法施工，457m 采用沉管法施工。隧道共分四个孔，西侧两孔为双车道汽车通道，东侧一孔为双股道地铁通道，最小的孔则作为电缆管道。

这里详细介绍一下沉管隧道施工方法。沉管隧道一般从场地的一侧开始施工，但是在这之前需做好大量的前期准备工作。在管段的预制期间，沉管入口（与非沉管区隧道的连接处）需要施

图 7-13 打铺路隧道

（照片来源：http://sh.eastday.com/m/20150316/u1ai8623834.html，2015）

作完成，另外，用于沉放管段的沟槽也须浚挖完成。随后便可将第一节管段拖运至指定位置并准备沉放以与入口处连接。沉放工作需保证很高的精确度，以避免管段受到损坏并保证管段间止水带效用的发挥。最后，向沟槽中回填砂石以起保护隧道的作用。

沉放作业通常由水面吊船操控并在水下完成，该工序需要保证有不受干扰的工作区域。沉放作业需要消耗很多的时间，因为沉放各阶段均需进行严密的测量校核。如果施工是从场地的某一侧开始的，那么随着管段的不断续接最终将会施工至场地的另一侧从而形成整个隧道。图 7-14 显示了沉管法施工的各工艺环节。

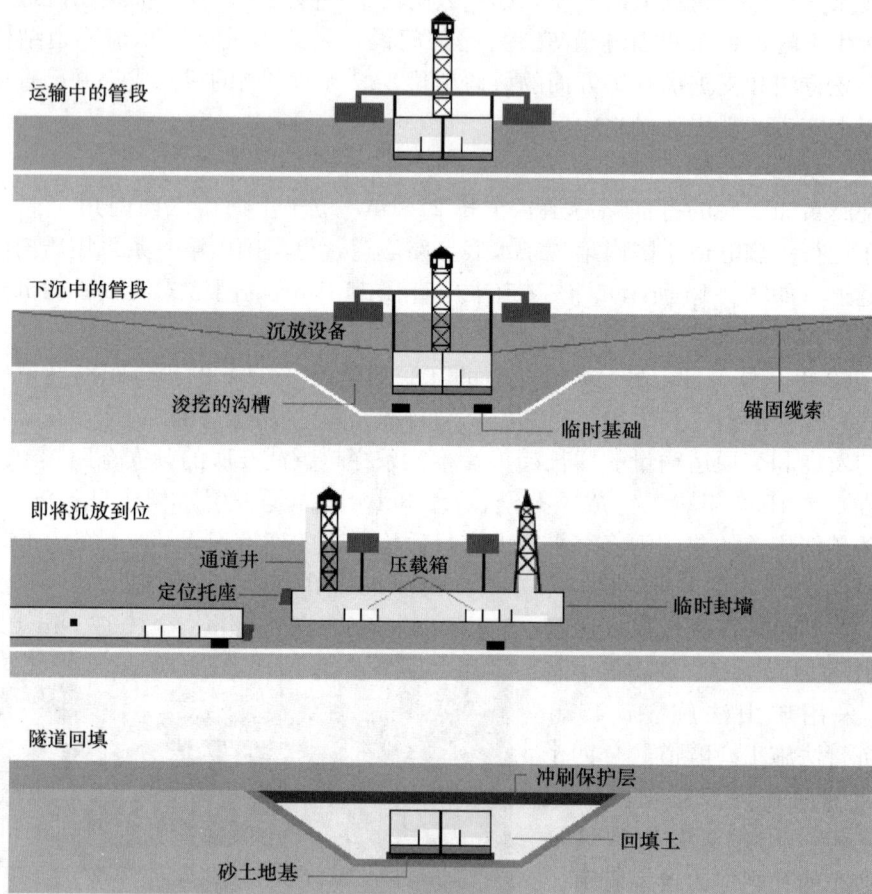

图 7-14　沉管法隧道施工工艺

(图片来源：Tunnel Construction details. htm，2003)

1995 年 8 月 8 日，我国第二条沉管隧道——浙江省甬江隧道建成通车。该隧道全长 1019.53m，其中有 420m 为沉管法施工段。这两条沉管隧道的圆满竣工意味着我国已基本掌握了沉管法隧道施工的技术。

最后介绍一下用于跨越海峡、海湾和湖泊的悬浮隧道（见图7-15）。悬浮隧道是沉管隧道的一种特殊形式，其特殊性表现在沉管管段不是埋在水底沟槽内，而是悬浮于水中，隧道结构用锚索或墩基础与海底地基相连，这种隧道可以很方便地与郊区道路网或城市设施相连接。

7.4.3 地铁

中国第一条地铁建于北京市，并于1969年投入运营。随后，分别于1980年、1994年、1998年开始在天津、上海和广州修建地铁。到目前为止在这四座城市中已建地铁总长为近2000km。

在20世纪60年代和80年代的北京与天津地铁修建中，由于当时市区建筑物分布较为分散，明挖的施工方法得到了广泛的应用。虽然明挖法会对居民的生活造成较大的干扰，但具有造价低和施工速度快等优势。

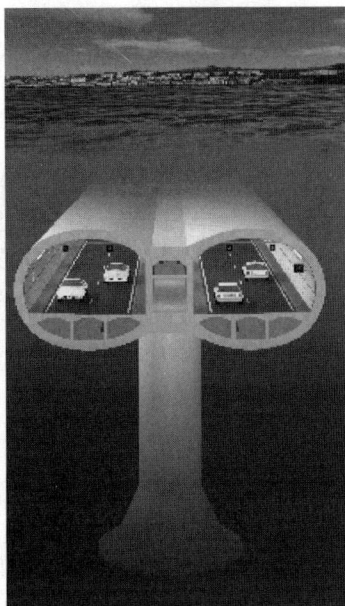

图7-15　悬浮隧道
（照片来源：挪威悬浮隧道公司）

在20世纪80年代和90年代期间，随着城市经济的迅速发展，盾构法和矿山法在地铁的施工中得到了广泛的应用，这两种工法可以有效减少施工对城市交通、市民生活的干扰，并可避免对周围建筑物和管线安全造成影响。

图7-16　上海地铁一号线

在上海一号线（图7-16）建设时，从国外共进口了七台盾构机设备，被成功用于市区高层建筑和繁华街区处地铁隧道的建设之中。盾构推进的平均速度为4～6m/d、150m/月，最大时可达320m/月。图7-17为采用盾构法修建中的上海地铁九号线。后来，盾构法也被应用于广州一号线的区间隧道修建中。

除了盾构法外，新奥法被广泛应用在北京复兴门-八王坟线和广州一号线的地铁车站及区间隧道的修建中。新奥法仍然是我国地铁建设中最为重要的方法之一。

近几年，盖挖法开始在我国地铁车站的修建中得到推广应用。盖挖法于20世纪90年代首先被应用在上海地铁一号线的三座车站建设中，随后也被北京复兴门－八王坟线和广州一号线所采用。

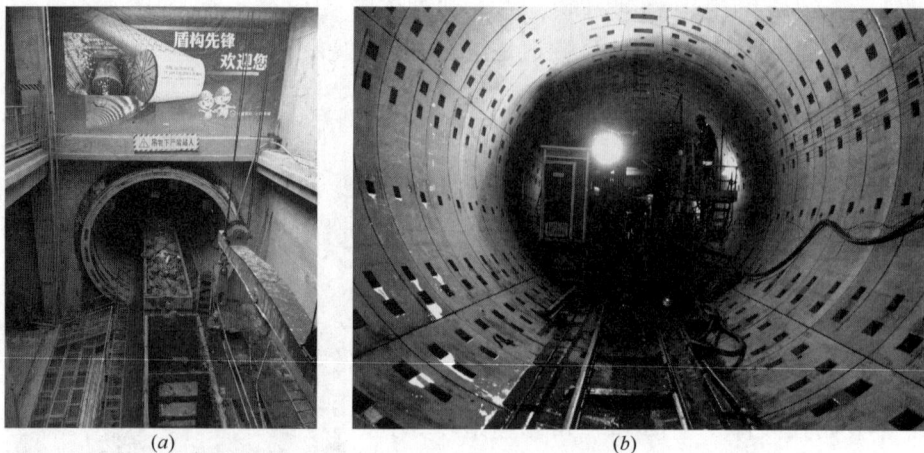

图 7-17　盾构法修建中的上海地铁九号线

(*a*) 隧道洞口；(*b*) 隧道内部

（照片提供：张子新　提供）

7.4.4　水工隧道和地下厂房

关于水工隧道和地下厂房的建设，在我国有三个典型的工程实例：

（1）天生桥水电站，修建于 20 世纪 80 年代，设有三条引水隧洞，各条隧洞直径 10.4m、长 9.78m，处于岩溶地层中。为了加快施工速度，特地从国外进口了两台直径 10.8m 的二手 TBM 掘进机（见图 7-18）。由于受岩溶、泥石流和地下河等不良地质的影响，工程进展缓慢且落后于预定计划完成。

（2）甘肃引大入秦工程于 1995 年建成通水，隧洞总长 11.649km，直径

图 7-18　隧道掘进机（TBM）

（照片来源：Tunnel Boring Machine. htm，2003）

5.53m。通过采用两台 TBM 掘进机施工，工程在短短的 13 个半月就竣工完成了。施工期间创下了单日最大掘进 65.5m，月最大掘进 1300m 的纪录，从而使得该工法引起了国内的广泛关注。随后，铁道部便开始考虑将 TBM 掘进机应用于铁路隧道的建设之中。

（3）在建的山西万家寨引黄工程，由总干线、北干线和南干线组成，包括有 192km 长的隧洞。其中，最长的 7 号隧道长达 43km，就是采用 TBM 掘进机进行的开挖。

在地下厂房建设方面，建于 20 世纪 60 年代的刘家峡水电站地下厂房，宽 24.5m，高 62.5m。在 20 世纪 80 和 90 年代中，在白云、鲁布革、东风、广州和十三陵抽水蓄能电站也修建了许多地下厂房（图 7-19 所示为两座水电站照片）。

(a)　　　　　　　　　　　　　　　(b)

图 7-19　水电站

(a) 刘家峡水电站；(b) 三峡水电站

（照片来源：HWCC. com. cn，2003）

7.5　未来发展展望

随着我国经济的迅速发展和基础设施建设的不断推进，城市化进程越来越快，城市地下空间的利用将更加合理和完善，深层地下空间开发和超长、超大型的地下工程建设必将成为未来的发展趋势。规划中的未来重点工程项目有海南琼州海峡隧道、渤海湾桥隧工程（包含公路隧道 10 余公里）、20 多个城市的地铁工程、锦屏水电站、上海崇明隧道工程、各大城市的综合管沟等。这些工程项目不仅为我国隧道事业的发展提供了机遇，也对工程师们提出了挑战。毋庸置疑，我国地下空间的开发和利用以及隧道技术将在不远的将来取得更大的进步。

思 考 讨 论 题

1. 请简单叙述城市地下空间开发的必要性。
2. 请简单描述你所看到的地下空间开发事例。
3. 什么是隧道？
4. 隧道主要有哪几种类型？
5. 请举例说明岩石隧道与土层隧道的区别。
6. 试分析讨论环境设计在隧道设计中的重要性。

第8章 水 利 工 程

8.1 概 述

水是人类社会生存和发展的基本物质条件。古代四大文明都以大河流域为发源地。古巴比伦文明发源于两河（幼发拉底河和底格里斯河）流域，印度河、恒河流域是古印度文明的发源地，尼罗河孕育了古埃及文明，黄河、长江是华夏民族的摇篮。现代大城市及人口密集区多分布于江河两岸和沿海区域。然而陆地上的淡水资源总量只占地球上水体总量的 2.53%。人类目前比较容易利用的淡水资源，主要是河流水、淡水湖泊水以及浅层地下水。这些真正可有效利用的淡水资源占全部淡水的 0.3%，仅为全球总水量的十万分之七。

全球水资源不仅短缺，而且地区分布极不均匀。我国的淡水资源总量约 2.8 万亿 m^3，居世界第六位。但因我国人口众多，人均淡水占有量仅 $2220m^3$，只是世界平均水平的 1/4，并被列为 13 个贫水国家之一。目前我国有 400 多个城市缺水，110 个城市严重缺水。

我国不仅人均水资源贫乏，而且存在水资源地区分布不均、季节分布不均、水资源开发利用空间有限、水污染严重等问题。同时，洪涝、干旱、地下水开采过度、水土流失、风暴潮、海岸带侵蚀等灾害不断发生，给人民的生命财产带来了巨大的威胁。2012 年 7 月 21 日至 22 日，北京及其周边地区遭遇 61 年来最强暴雨及洪涝灾害，造成北京市内 160.2 万人受灾，79 人死亡，房屋倒塌 10660 间，经济损失 116.4 亿元。2010 年，云南、贵州、广西、重庆、四川等地遭遇旱灾，其中云南严重干旱已经造成全省 742 万人、459 万头牲畜饮水困难，粮食受灾面积达 3148 万亩，绝收超过 1000 万亩。如何通过水利措施充分利用水资源，有效解决和预防水灾害，是水利事业的重要任务。

研究水利活动及其对象的技术理论和方法的知识体系称为水利科学。水利工程的发展与人类文明有着密切的关系。古埃及、古巴比伦和古印度的水利工程可上溯到公元前四五千年；美洲的玛雅文明和印加文明的水利遗迹距今也有两三千年以上。19 世纪下半叶出现了钢筋混凝土，进一步推动了水利工程建筑物的革命性发展。19 世纪 70 年代，出现了水电站，各种大型水利工程不断涌现，如尼罗河的阿斯旺水坝（图 8-1）、亚马逊河的伊泰普水电站、科罗拉多河的胡佛水坝、我国长江的三峡水利枢纽，密西西比河、巴拿马运河以及我国长江和珠江上的航道治理工程等。

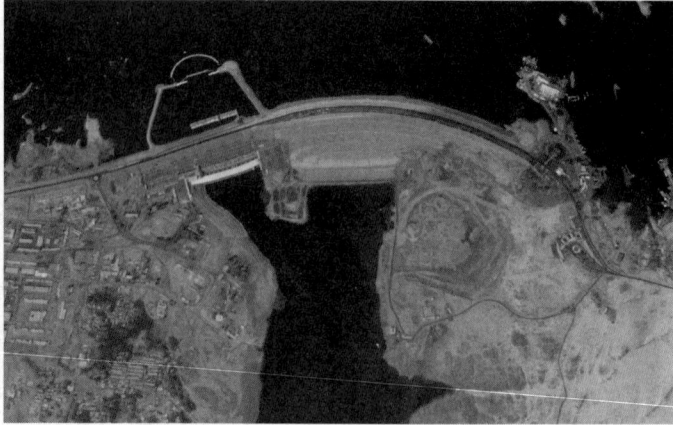

图 8-1 阿斯旺水坝

阿斯旺水坝（图 8-1）位于埃及境内的尼罗河干流上，是一座大型综合利用水利枢纽工程。工程始建于 1960 年，竣工于 1970 年，具有灌溉、发电、防洪、航运、旅游、水产等多种效益。大坝为黏土实心墙堆石坝，最大坝高 111m，当最高蓄水位 183m 时，水库总库容 1689 亿 m³，电站总装机容量 210 万 kW，设计年发电量 100 亿 kW·h。水坝的建成对埃及的社会发展起到了巨大的作用，供应了埃及一半的电力需求，并阻止了尼罗河每年的洪灾泛滥。但阿斯旺水坝带来巨大水利效益的同时，也引起了一系列负面效应。由于泥沙被阻于库区上游，下游灌区的土地得不到营养补充，造成可耕地的土质肥力持续下降；河水不再泛滥之后，地下水位上升使深层土壤内的盐分被带到地表，导致了土壤盐碱化；由于上游泥沙来源骤减，尼罗河下游的河床遭受严重侵蚀，尼罗河出海口处海岸线内退。这些问题说明水利工程在带来效益的同时也会引发新的问题，警示着人类在进行水利工程建设的同时必须综合研究预测工程可能带来的生态环境等问题。

密西西比河是北美洲流程最长、流域面积最广、水量最大的河流。密西西比河的航运始于 18 世纪初。到 19 世纪，开始对航道进行整治。到 20 世纪初，开始在河道上修建通航闸坝，共建成船闸 100 多座，全水系形成了统一的航道。20 世纪 30 年代起，在密西西比河下游开展了大规模防洪工程建设，修建了堤防 3540km，4 座分洪道，总分洪能力达 56600m³/s。密西西比河在科研、工程、立法以及生态保护等方面的治理经验在世界各国的河流治理上起到了非常有益的借鉴作用。

我国广大劳动人民在开发水利资源、治理水患灾害方面，积累了宝贵的经验，建设了不少成功的水利工程。其中的典型代表，如秦国（公元前 256 年前后）修建的都江堰水利工程（图 8-2），采用无坝引水建筑形式，运用水动力学原理，实现了水分"四六"，既保证内江灌溉用水需要，又防止灾害发生，被国内外水利专家誉为"亲自然的水利工程"。又如举世闻名的京杭大运河，北起北京，南至杭州，沟通了海河、黄河、淮河、长江、钱塘江五大水系，在历史上为发展南北交通、沟通南北经济文化做出了巨大的贡献，且至今仍在南水北调工程当中发挥着重要的作用（图8-3）。

图 8-2　都江堰

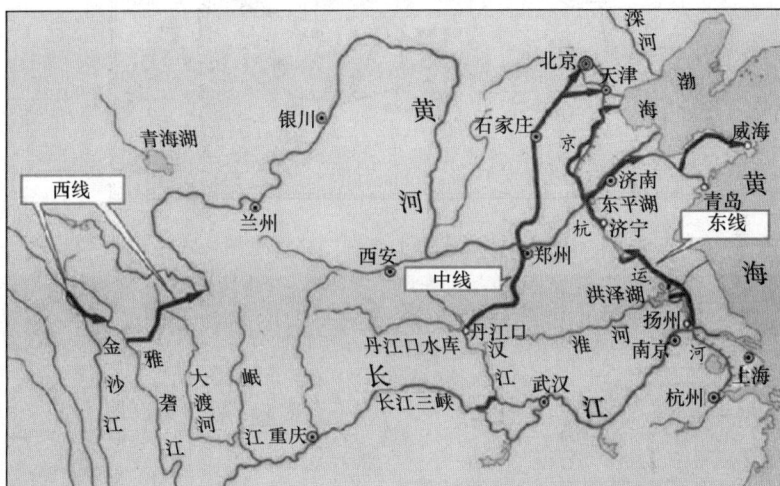

图 8-3　南水北调工程与京杭运河

新中国成立后，水利工程得到全面、快速发展。修建了官厅、佛子岭、密云、南山等大型水库，为防洪、蓄水服务。修建了三峡、小浪底、三门峡、葛洲坝等水利枢纽，具备防洪、蓄水、发电等综合功能。修建了东深供水、引滦入津、引黄济青、南水北调等跨流域引水工程。进入21世纪，水利事业在推动我国经济发展和改善人民生活质量方面的作用愈显重要，其中2013年习近平主席正式提出"一带一路"战略中的"海上丝绸之路"最具有代表性。

"海上丝绸之路"是古代中国与世界其他地区进行经济文化交流的海上通道，

是由东西海洋间一系列港口网点组成的国际贸易网。海上丝绸之路最早可追溯至汉代沿海与海外的资源交易。到了隋唐时期，陆上丝绸之路因战乱受阻，海路便取代陆路成为中外贸易主通道。所以后世把这条连接东西方的海道称为海上丝绸之路（图 8-4）。21 世纪"海上丝绸之路"（图 8-5）的战略构想是基于历史，着眼于中国与东盟建立战略伙伴十周年这一新的历史起点上，为进一步深化中国与东盟的合作，构建更加紧密的命运共同体。21 世纪"海上丝绸之路"的战略合作伙伴并不仅限于东盟，而是以点带线，以线带面，增进同沿边国家和地区的交往，串起连通东盟、南亚、西亚、北非、欧洲等各大经济板块的市场链，发展面向南海、太平洋和印度洋的战略合作经济带，以亚欧非经济贸易一体化为发展的长期目标。

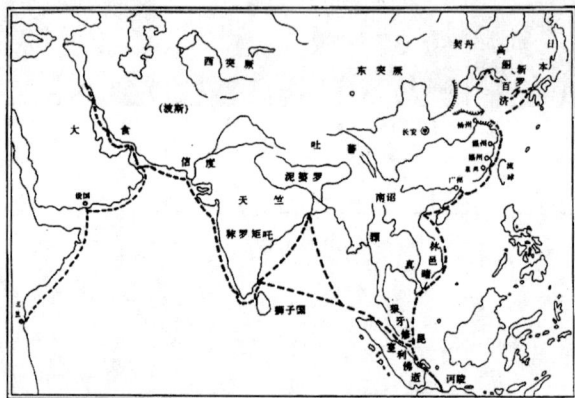

图 8-4　唐代海上丝绸之路示意图

图 8-5　21 世纪"海上丝绸之路"

为了成功打造"海上丝绸之路"贸易链，深水港口与深水航道的建设是实现贸易畅通的基础和前提，这充分体现了水利航运在推动国家经济发展中的重要作用。截至 2012 年，全国亿吨以上港口已达 29 个，万吨级及以上泊位 1886 个。2014 年，全球 10 大集装箱港口中中国港口占 7 席，其中，上海港以 3500 万标箱量级的巨大体量傲视全球，连续 5 年稳居世界第一大集装箱港口。

水利工程学科是一门综合性学科，致力于合理利用海洋、河流、湖泊和地下水等自然水资源以及防止水灾的研究。换言之，水利工程是从事水资源勘探、利用、保护、江河湖海整治和疏浚、水利电力工程、农田水利、海岸和近海工程的研究、设计、施工和维护的工程学科。水利工程涵括水文学与水资源、水力学与河流动力学、水利水电工程、水工结构工程以及港口航道与海岸工程等多个分支。

海洋中的水，在太阳的辐射下，从其表面蒸发至大气中形成移动的气团，凝结成雨云，形成雨、雪或冰雹降落到地面或海洋中，落到地面的水体形成大量地面径流和地下径流经河川流入海洋，组成地球上的部分水体从海洋到大气再回到海洋的循环运动。这部分水体称为流动水，而这种复杂的水循环体系则称为水文循环（图 8-6），与水文循环相对应的学科即水文学，它探讨的是地球上各种水体（江、河、湖、海）的存在、循环和分布，化学和物理性质以及它们对环境的影响。而应用于实际工程的水文学称为工程水文学，包括控制或利用河川和海洋资源所建工程的规划、设计、施工与运行管理所需要的水文学知识。

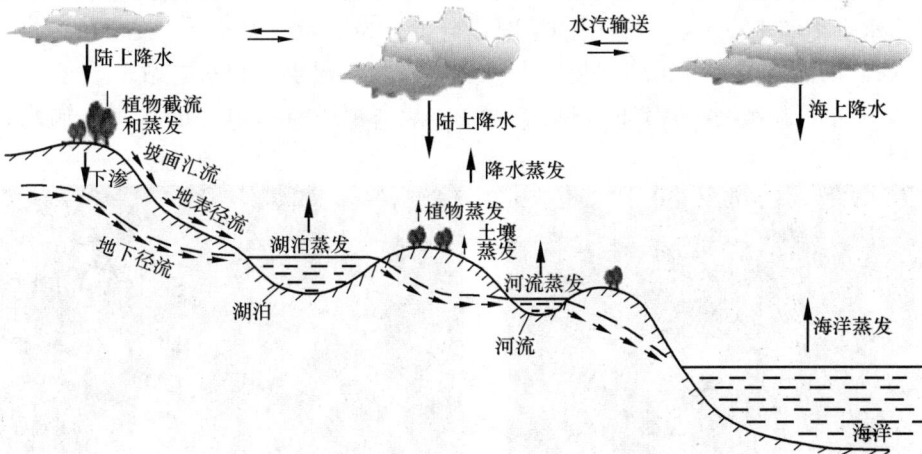

图 8-6　水文循环示意图

水力学是用实验和理论分析的方法研究水的平衡和机械运动规律及其在工程中应用的一门学科。水力学的内容主要包括三大部分：① 静力学，研究水体处于静止状态时，作用于水体上各种力之间的关系；②水动力学，研究水体处于运动状态时，作用于水体上的力与各运动要素（例如速度、加速度等）之间的关系以及运动特性与能量转换规律等；③水力计算，研究管流、明渠流、堰流以及地下水的水力计算问题等。

8.2　水 利 水 电 工 程

水利水电工程是水利工程非常重要的一部分，是指对自然水资源进行控制和调配，以达到除水害兴水利目的而修建的工程，前者主要是防止洪水泛滥和洪涝成灾，后者则是从多方面利用水资源为人类造福，如中国古代的都江堰工程、现代的三峡工程等。

水利水电工程的内容有水资源开发利用、挡水建筑物、泄水建筑物、取水和输水建筑物、水电站及水电站建筑物、农业水利工程、水土保持、防洪治河工程等，包括勘测、规划、设计、施工和管理多方面知识。它是一门综合性学科，在学科体系上包括基础性学科（如数学、物理、地理等），专业基础学科（如工程水文学、河流动力学、固体力学、土力学、岩土力学等）和专业学科（如水资源综合利用、水工学、河工学、灌溉与排水、水力发电、航道与港口、城镇给水排水等）。

为了综合利用水资源，使其为国民经济各部门服务，充分达到防洪、灌溉、发电、给水、航运、旅游开发等目的，必须修建各种水工建筑物以控制和支配水流。这些建筑物相互配合，构成一个有机的综合整体，这种综合体称为"水利枢纽"。水利枢纽根据其综合利用的情况，可以分为下列三大类：

（1）防洪发电水利枢纽（见图 8-7）：蓄水坝、溢洪道、水电站。

（2）灌溉航运水利枢纽（见图 8-8）：蓄水坝、溢洪道、进水闸、输水道、船闸。

图 8-7　防洪发电水利枢纽——胡佛大坝

图 8-8　灌溉航运水利枢纽——巴拿马运河

（3）防洪灌溉发电航运水利枢纽（见图 8-9）：蓄水坝、溢洪道、水电站、进水闸、输水道（渠）、船闸。

图 8-9 防洪灌溉发电航运水利枢纽——三峡水利工程

8.2.1 防洪工程

防洪是水利工程的一个最主要目标。洪水是因大雨或融雪在短时间内快速汇入河流的大量水流，可造成江河沿岸、冲积平原和河口三角洲与海岸地带的淹没。洪水的大小或淹没的范围与时间既有一定的规律性，同时又具有不固定性与偶发性。防洪工程是控制、防御洪水以减免洪灾损失而修建的工程，是人类与洪水灾害斗争的手段。它能保障居民生命财产的安全，促进工农业生产的发展，取得生态环境和社会经济的良性循环。

防洪工程的主要功能可分为挡阻、分洪、泄排和蓄滞洪水 4 个方面。挡阻主要运用工程措施"挡"住洪水，保护对象不受洪水轰击，具体措施包括坡地治理，如农田轮作、整修梯田、植树造林以及修筑堤防。分洪是当河道洪水位将超过保证水位或流量将超过安全泄量时，为保障保护区安全而采取的将超额洪水分泄的措施，它是牺牲局部保存全局的措施。泄排是充分利用河道本身的排泄能力，使洪水安全下泄。根据其工程类别可分为河道整治和修筑堤防两种。蓄滞主要是拦蓄调节洪水以便削减洪峰，使得下游的防洪工程负担减轻，是当前流域防洪系统中的重要组成部分，如利用蓄洪区和水库等。

防洪工程按其形式分为堤防工程、河道整治工程、分洪工程和水库等。堤防工程是沿河、渠、湖、海岸边或行洪区、蓄洪区、围垦区边缘修筑堤防的工程。堤防常见的形式有土堤、石堤、防洪墙等，橡胶坝也可在水头差不大时作为堤防使用，或作为临时性堤防。河道整治工程是按照河道演变规律，因势利导，调整、稳定河道主流位置以适应防洪、航运、供水、排水等国民经济建设要求的工程措施。分洪工程是利用洪泛区修建分洪闸，分泄河道部分洪水，将超过下游河道泄洪能力的洪水通过泄洪闸泄入滞洪区或通过分洪道泄入下游河道或其他相邻河道，以减轻下游河道的洪水负担。水库防洪是利用水库的防洪库容调蓄洪水，以减免下游洪灾损失。水库防洪一般常与堤防、分洪工程、非工程措施等配合组成防洪系统，通过统一的防洪调度共同承担其下游的防洪任务。

8.2.2　船闸

船闸是不采用建坝而在河流上形成集中水位差的一种过船建筑物，亦称过坝建筑物。秦始皇时代，开凿了灵渠，沟通了湘江和漓江。为了克服两江水位落差，唐朝宝历年间，李渤监修灵渠，创设陡门（即闸门）18 座，船驶入一陡后把陡门关闭，等水积满后再前进一级，这是船闸的雏形，比 1375 年欧洲荷兰出现的"半船闸"约早 400 年。到了宋朝，乔维岳在灵渠创二陡门（"二门相距五十步，复以夏屋，设悬门，积水侯平及泄之，而舟运往来无滞"），这是世界上最早的船闸。现代船闸由上下闸首、闸门、闸室等组成（图 8-10 和图 8-11）。闸室灌水和泄水，使水位升降，像一种特殊的水梯，但它不像普通电梯和升船机那样靠电力升降。船闸的闸首、闸室都是固定不动的水工建筑物，由闸首、闸门、闸室围成固定不动的闸厢，起挡水作用。船舶过闸时，由廊道和阀门构成的输水系统向闸室灌水，闸室水位上升；或闸室向外泄水，闸室水位降落。停在闸室的船舶靠水的浮力，随闸室的水位升降，与上游或下游水面齐平，达到克服水位差的目的。因船舶过闸是由水的浮力来升降的，营运费用比较低，因此船闸是过船建筑物中的一种主要形式。

船闸种类很多，按照船闸不同的特征，如闸室数目、位置、功能、输水形式、结构形式、闸门形式等，可以分为不同的类型。按照船闸纵向相邻闸室的数目，船闸可以分为单级船闸、两级船闸和多级船闸。单级船闸又称单室船闸（图8-10），沿船闸纵向仅有一个闸室，是国内外最广泛采用的船闸。当过闸船队种类较多、尺度又相差较大时，为缩短船队过闸时间和减少耗水量，在闸室中设中间闸首，将闸室分为两段，称为有中间闸首的单级船闸。船队过闸时，根据船队长度的需要使用闸室的一段或两段；使用一段时，中间闸首起挡水作用，另一段闸室是航道；使用两段时，中间闸首则是闸室长度的一部分。

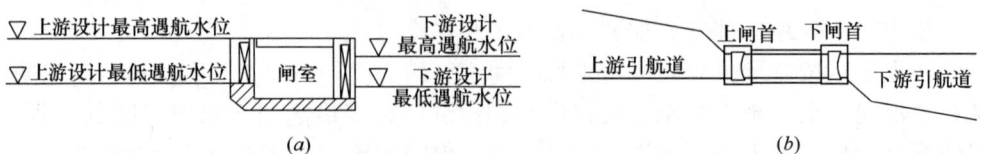

(a)　　　　　　　　　　　　　　　　　　(b)

图 8-10　单级船闸示意图

(a) 纵断面图；(b) 平面图

相邻闸室数目为两个或两个以上时称为两级船闸或多级船闸（图 8-11），当水头较高和地形、地质等技术经济条件需要限制单级船闸水头时，需考虑建二级或多级船闸。

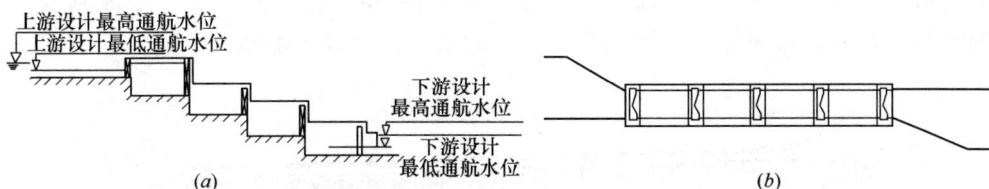

图 8-11 多级船闸示意图

(a) 纵断面图；(b) 平面图

按船闸横向相邻闸室数目，船闸可分为单线船闸、双线船闸和多线船闸。在双线船闸和多线船闸中，又有并列式双线船闸和有两条航线的双线和多线船闸；当水头较高，地形地质合适，在下闸首工作闸门的上部建一道横跨闸首的胸墙与下闸门共同挡水，胸墙下缘满足通航净空要求的船闸称为井式船闸。单级船闸和多级船闸均可采用井式船闸；闸室宽度大于闸首口闸门宽度的船闸称为广室船闸，又有闸室向两侧展宽和一侧展宽的两种，一般只在Ⅳ级航道以下才采用；为节省过闸用水量，在闸室的一侧或两侧设置贮水池的船闸称为省水船闸；在水位变幅大，暴涨暴落的山区河流中，船闸闸顶往往低于最高洪水位，当出现高于上游设计最高通航水位的洪水时，洪水将漫过船闸闸门顶溢洪，这时船闸停航，称为溢洪船闸。这种船闸虽可节省工程量，但船闸溢洪时，闸门需安全锁定和船闸工作条件复杂，只有小船闸才采用。

8.2.3 水力发电

水力发电一般是利用江河水流具有的势能和动能下泄做功，推动水轮发电机转动发电产出电能。煤炭、石油、天然气和核能发电，需要消耗不可再生的燃料资源，而水力发电以水为能源，水可周而复始地循环供应，是永不会枯竭的能源。更重要的是，水力发电不会污染环境，成本要比火力发电的成本低得多。世界各国都已开发本国的水能资源，我国大江大河具有巨大的径流落差，形成了蕴藏量丰富的水电能资源。

水能资源开发按集中落差的方式分为坝式、引水式和混合式三种。

（1）坝式（或称抬水式）水电站

拦河筑坝或闸来提高开发河段的水位，使原河段的落差集中到坝址处，从而获得水电站发电所需的水头。坝址上游常因形成水库而发生淹没。厂房建在坝下游侧，不承受坝上游面水压力的这种形式称为坝后式水电站，见图 8-12。若地形、地质等条件不允许筑高坝，也可筑低坝或水闸来获得较低水头，此时常利用水电站厂房作为挡水建筑物的一部分，使厂房承受坝上游侧的水压力，这种水电站称为河床式水电站，见图 8-13。两类水电站的常用建筑物包括水库、溢流坝、非溢流坝及厂房枢纽（含变电、配电建筑物）等。坝式开发方式有时可以形成较大的水库，水电站能进行径流调节成为蓄水式水电站。若不能形成供径流调节用的水库，则水电站只能引取天然流量发电而成为径流式水电站。

图 8-12　坝后式水电站

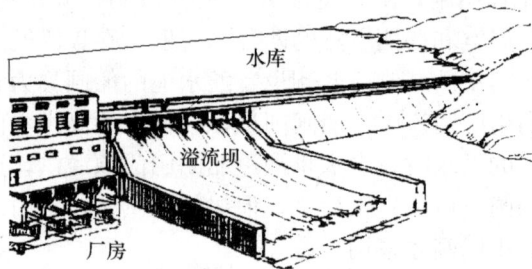

图 8-13　河床式水电站

（2）引水式水电站

沿河修建引水道，使原河段的落差集中到引水道末厂房处，从而获得水电站的水头。沿河岸修建坡度平缓的明渠来集中落差，称为无压引水式水电站，见图 8-14。该水电站的常用建筑物包括水库、拦河坝、泄水道、水电站进水口、无压引水道（渠道）、调节池、压力管道、厂房枢纽（含变电、配电建筑物）以及尾水渠等。用有压隧洞或管道来集中落差，称为有压引水式水电站。利用引水道集中水能，不会形成水库，也不会形成水电站上游淹没，故这种形式属于径流式开发。

（3）混合式水电站

混合式指河段上游用坝集中上部落差，再用引水道集中坝下游部分落差而获取水头的一种水能开发方式，见图 8-15。混合式一般是在开发河段上有落差，

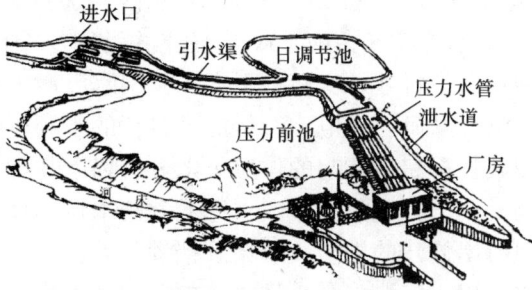

图 8-14　无压引水式水电站

但某一段可能不适合建坝或设引水道，这种形式多为蓄水式水电站。

此外，抽水蓄能电站和海洋能（潮流、潮汐和波浪）电站也是水电站的重要形式。

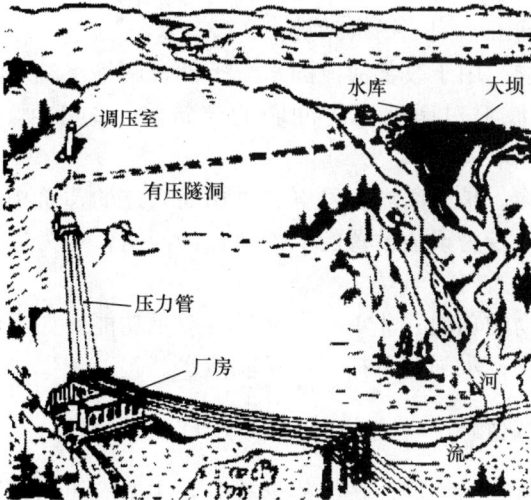

图 8-15　混合式水电站

8.3　水 工 建 筑 物

水利工程中的工程建筑物统称水工建筑物。水工结构工程学是研究水工建筑物勘测、设计、施工及运营维护等方面的学科，如水工建筑物的设计理论及方法、施工技术、健康监测技术、抗震分析理论以及可靠度研究等。它是在长期实践的基础上经过总结积累，并应用数学、固体力学、流体力学和其他很多学科理论的专门工程学科。与水利工程一样，水工建筑物历史悠久。早在公元前 2900 年，埃及就在尼罗河上建造了一座高 15m、长 240m 的挡水坝。中国从春秋时期开始，就在黄河下游沿岸修建堤防，经历代整修、加固、新建，形成长约 1500km 的黄河大堤。公元前 256～前 251 年兴建并沿用至今的都江堰工程，利用鱼嘴分水，飞沙堰泄洪、排沙，宝瓶口引水，是引水灌溉工程的典范。

近代发展的以防洪、灌溉、发电、航运等多目标的水利枢纽中均含有种类繁多的水工建筑物。按其在枢纽中所起的作用可以分为以下几种类型：

（1）挡水建筑物。用于拦截江河形成水库或壅高水位的坝和水闸，为防御洪水或阻挡海潮沿江河海岸修建的堤防、海塘及挡潮闸等。

（2）泄水建筑物。用于宣泄多余水量，排放泥沙和冰凌，或为检修以保证坝和其他建筑物安全的建筑物，常见的泄水建筑物有溢流坝、泄水孔、溢洪道和泄水隧洞等。

（3）输水建筑物。为满足灌溉、发电和供水的需要，从上游向下游输水用的建筑物，如引水渠、船闸的引航道、引水隧洞、引水涵管等。

（4）取（进）水建筑物。是输水建筑物的首部建筑，如引水隧洞的进口段、灌溉渠首和供水用的进水闸、扬水站等。

（5）整治建筑物。用于改善河流的水流条件，调整水流对河床及河岸的作用以及为防护水流和波浪对岸坡堤防冲刷的建筑物，如丁坝、顺坝、护底和护岸等。

（6）专门建筑物。是为灌溉、发电、过坝而兴建的建筑物。如专为发电用的调压室、电站厂房；专为渠道设置的沉沙池、冲沙闸；专为过坝用的船闸、升船机、鱼道等。

有些水工建筑物的功能并非单一，而具有双重功能，如溢流坝既是挡水建筑物，又是泄水建筑物；水闸既可挡水，又能泄水。

8.3.1 挡水建筑物

典型的挡水建筑物为大坝。按结构形式分，主要有重力坝和拱坝。按大坝的建筑方式分，可分为砌体坝和土石坝。按大坝建造所用的主要材料分，又可分为混凝土砌体坝、钢筋混凝土砌体坝、石砌体坝等。

（1）重力坝

重力坝是利用结构自重来维持稳定的坝，是一种古老且应用广泛的坝型。我国长江三峡水利枢纽采用的就是重力坝，坝高181m。

重力坝因具有对地形、地质条件适应性强，水利枢纽泄洪问题容易解决，结构受力明确、施工方便和安全可靠等特点，在水利水电工程中得到广发应用。

重力坝按其结构形式可分为实体重力坝、宽缝重力坝、空腹重力坝、预应力重力坝、装配式重力坝等，如图 8-16 所示。

实体重力坝结构简单，其优点是设计和施工均较方便、坝体稳定、应力计算明确；缺点是扬压力大（扬压力为分布于坝体水平截面上的向上孔隙水压力），工程量较大，坝内材料的强度不能充分发挥，易造成浪费。宽缝重力坝与实体坝相比，具有降低扬压力、节省工程量（约 10%～20%）和便于坝内检查及维护等优点；缺点是施工较为复杂，模板用量较多。空腹重力坝可进一步降低扬压力，节省工程量，并可以利用坝内空腔布置水电站厂房，坝顶溢流宣泄洪水，利于解决在狭窄河谷中布置发电厂房和泄水建筑物的矛盾；缺点是腹孔附近可能存在一定的拉应力，局部需要配置较多的钢筋，施工也比较复杂。预应力重力坝的

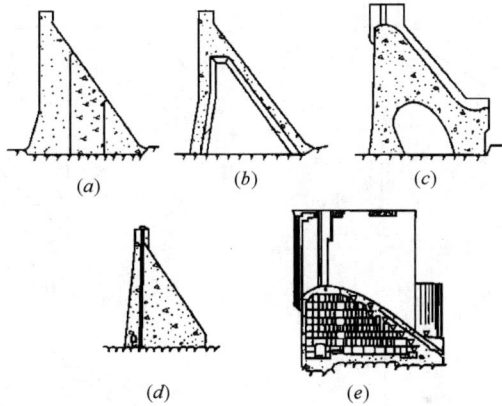

图 8-16　重力坝的类型
(a) 实体重力坝；(b) 宽缝重力坝；(c) 空腹重力坝；
(d) 预应力重力坝；(e) 装配式重力坝

特点是利用预加应力措施来增加坝体上游部分的压应力，提高抗滑稳定性，从而减小坝体剖面，一般在小型工程和除险加固工程中使用。装配式重力坝是采用预制块组装而筑成的坝，可改善施工质量和降低坝的温度升高，但要求施工工艺精确，接缝应有足够的强度和防水性能。

（2）拱坝

拱坝是固接于基岩的空间壳体结构，在平面上呈凸向上游的弧形拱圈，拱圈的两端支承在两岸岩体上。拱坝的垂直截面为直立或向上游凸出的曲线形，底部一般浇接在岩石基础上。坝体结构既有拱作用又有梁作用，其承受的荷载一部分通过拱的作用压向两岸，另一部分通过竖直梁的作用传到坝底基岩。

拱坝以其拱形建筑物受力好的特点，充分利用了混凝土抗压强度的性能，从而可以减薄坝体厚度，节省工程量。拱坝的体积比同一高度的重力坝可节省 1/3～2/3，拱坝是一种经济性优越的坝型。另外由于拱坝的稳定主要依靠两岸拱端的反力作用，不像重力坝那样依靠自重来维持稳定，因此拱坝对坝址的地形、地质条件要求较高，对地基处理的要求也较严格。此外，由于拱坝剖面较薄，坝体几何形状复杂，因此，对于施工质量、筑坝材料强度和防渗要求等都较重力坝严格。

按最大坝高处的坝底厚度 T 和坝高 H 之比，拱坝可分为薄拱坝（$T/H < 0.2$）、中厚拱坝（$T/H = 0.2～0.35$）和厚拱坝（$T/H > 0.35$）。按拱坝体型分，有圆筒拱坝、单曲拱坝和双曲拱坝。按水平拱圈的形式分，有圆弧拱坝、二圆心不对称拱坝、三圆心拱坝、抛物线拱坝、椭圆拱坝和对数螺旋线拱坝，见图8-17。

（3）土石坝

土石坝是土坝、堆石坝和土石混合坝的总称。坝体以土料和砂砾料为主的称

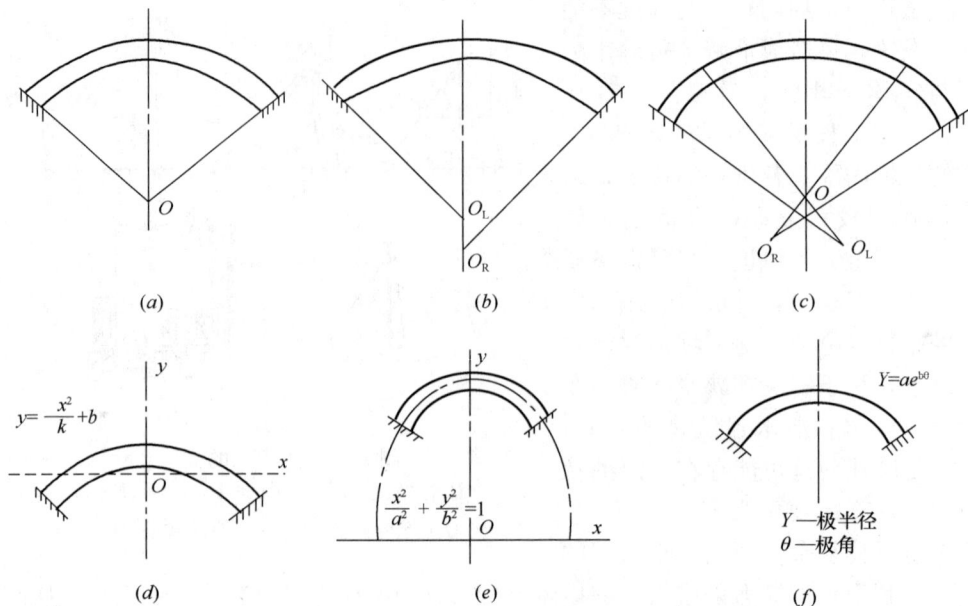

图 8-17　水平拱圈分类

(*a*) 圆拱；(*b*) 二心圆（不对称）；(*c*) 三心圆；
(*d*) 抛物线；(*e*) 椭圆拱；(*f*) 对数螺旋线

为土坝；坝体以石渣、卵石或块石为主的称为石坝；土料和石料各占一定比例的坝体称为土石混合坝。土石坝采用土、石料堆筑而成，主体筑坝材料量大，只能取材于坝址附近，也称为当地材料坝。土石坝是历史最为悠久的一种坝型，也是世界坝工建设中应用最为广泛的一种坝型。

土石坝按土料分布情况分为：

① 均质坝。坝体主要由一种土料组成，同时起防渗和稳定作用。

② 土质防渗体分区坝。由相对不透水或弱透水土料构成坝的防渗体，而以透水性较强的土石料组成坝壳或下游支撑体。

③ 非土质材料防渗体坝。以混凝土、沥青混凝土或土工膜作防渗体，坝的其余部分则用土石料进行填筑。

按施工方法分为：

① 碾压式土石坝。用分层铺填、分层碾压的方法修筑的坝，是应用最广泛的土石坝。

② 水利充填坝。利用水力输送土料的方法填筑施工的坝。

③ 水中填土坝。将土料一层层地倒入由许多小土堤围成的静水中，使土料崩解后，再重新排水固结成坝。

④ 定向爆破堆石坝。在坝址地形合适的情况下，按预定设计要求爆破两岸

山体，使爆出的岩石抛向预定筑坝位置，一次筑坝成形。

碾压式土石坝（图 8-18）又可分为：

① 均质土坝。坝体剖面的全部或绝大部分由一种土料填筑。

② 塑性心墙坝。用透水性较好的砂或砂砾石作坝壳，以防渗性较好的黏性土作为防渗体设在坝的剖面中心位置，心墙材料可用黏土也可用沥青混凝土和钢筋混凝土，坝剖面较均质土坝小，工程量少。

③ 塑性斜墙坝。防渗体布置在坝剖面的一侧。优点是斜墙与坝壳之间的施工干扰相对较小，在调配劳动力和缩短工期方面比心墙坝有利。缺点是黏土量及总工程量较心墙坝大，抗震性及对不均匀沉降的适应性不如心墙坝。

④ 多种土质坝。使用多种土料填筑的坝。

⑤ 土石混合坝。上述的多种土质坝的一些部位用石料代替砂料后筑成的坝。

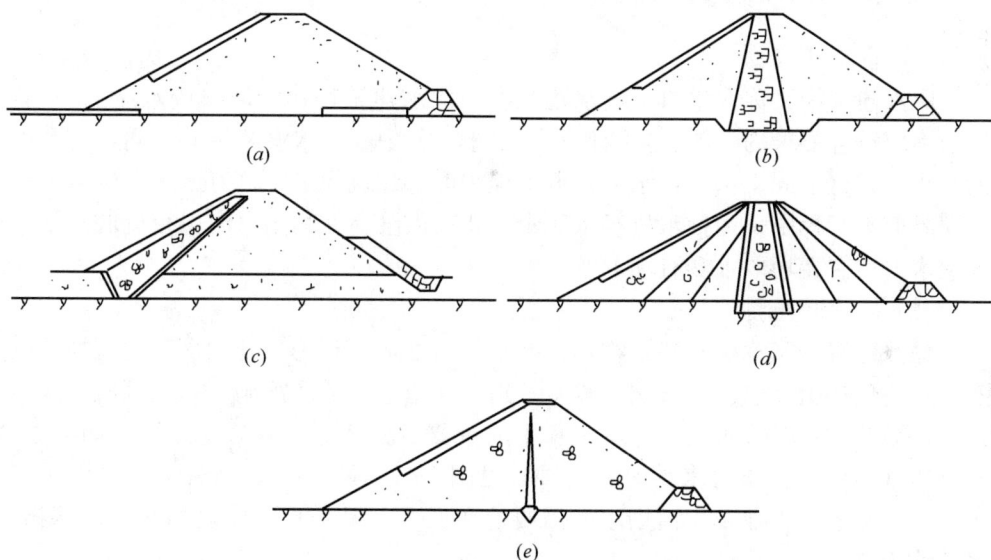

図 8-18 土石坝类型
(a) 均质土坝；(b) 塑性心墙坝；(c) 塑性斜墙坝；
(d) 多种土质心墙坝；(e) 土石混合坝

8.3.2 泄水建筑物

常用的泄水建筑物有：（1）低水头水利枢纽的滚水坝、拦河闸和冲沙闸；（2）高水头水利枢纽的溢流坝、溢洪道、泄水孔、泄水涵管、泄水隧洞；（3）河道分泄洪水的分洪闸、溢洪道；（4）渠道分泄入渠洪水或多余水量的泄水闸；（5）涝区排泄涝水的排水闸、排水泵站。本节以水工隧洞为例介绍泄水建筑物，见图 8-15。

水工隧洞按其用途，可分为泄洪隧洞、发电引水隧洞、尾水隧洞、灌溉和供水隧洞、放空和排沙隧洞、施工导流隧洞等。按隧洞内的水流流态，又可分为有压隧洞和无压隧洞。从水库引水发电的隧洞一般是有压的；灌溉渠道上的输水隧洞常是无压的，有的干渠及干渠上的隧洞还可兼用于通航；其余各类隧洞根据需要可以是有压的，也可以是无压的。

水利枢纽中的泄水隧洞主要包括下列 3 个部分：

（1）进口段。位于隧洞进口部位，用以控制水流，包括拦污栅、进水喇叭口、闸门室及渐变段等。

（2）洞身段。用以泄放和输送水流，一般都需进行衬砌。

（3）出口段。用以连接消能设施。无压泄水隧洞的出口仅设有门框，有压泄水隧洞的出口一般设有渐变段及工作闸门室。

8.3.3　取水和输水建筑物

（1）取水建筑物

取水建筑物又称取水口或进水建筑物。取水建筑物建于河岸或水库的一侧，用于引取符合要求的发电、生活用水。由于工程中利用水源的目的不同，所采用的取水方式也不同。例如：水力发电工程中取水建筑物采用自流进水；生活供水和灌溉取水工程中采用抽水机扬水取水方式以供给高处利用；河川径流取水常见的取水方式有无坝取水和有坝取水。

（2）输水建筑物

输水建筑物又称引水建筑物，即把水从一处输送到另一处的水工建筑物。输水建筑物包括引（供）水隧洞、输水管道、渠道、渡槽及涵洞等，是灌溉、水力发电、城镇供水、排水及环保等工程中的重要组成部分。可分为无压（如渠道）和有压（如隧洞、压力水管等）两种，见图 8-14、图 8-15。而为了满足农田灌溉、水力发电、工业及生活用水的需要，在渠道（渠系）上修建的水工建筑物，又统称为渠系建筑物。

8.4　港口航道与海岸工程

随着世界贸易的不断发展以及海岸带资源开发利用的日趋频繁，港口航道与海岸工程的重要性不断凸显，并成为了一门不可或缺的水利工程学科。港口航道与海岸工程以水力学、工程水文学、河流动力学、河床演变、海岸动力学、港口规划与布置等为基础，主要内容包括港口工程、航道工程与海岸工程的勘测、规划、设计、施工和管理等。

8.4.1　港口工程

港口是具有一定的水域和陆域面积及设备条件，供船舶安全进行货物或旅客的转载作业和船舶修理、供应燃料或其他物资等技术服务和生活服务的场所。港口是水陆运输的枢纽，旅客和货物的集散地，是国内外贸易物资转运的联结点。港口工程是指兴建港口所需的各项工程设施，包括港址选择、工程规划设计及各项设施（如各种建筑物、装卸设备、系船浮筒、航标等）的修建。港口工程的目的是使港口建成后，船舶能安全进入、驶离港口，顺利靠泊码头和进行装卸作业，以完成预期的货物吞吐和旅客运送任务等。

　　港口最基本的属性是运输属性，同时港口还具有非运输属性的不同功能。港口按用途可分为商港、渔港、军港、避风港和工业港；按国家政策可分为国内港、国际港和自由港；按地理位置可分为海港、河港、湖港与水库港，其中海港又可分为海湾港、海峡港和河口港；按成因可分为天然港和人工港；按港口水域在寒冷季节是否冻结分为冻港和不冻港。

　　港口由水域和陆域两大部分组成（图 8-19）。港口水域是指港口界线以内的水域面积，主要包括进出港航道、锚泊地和港池。港口陆域指港口供货物装卸、堆存、转运和旅客集散之用的陆地面积，主要由码头、港口仓库及货场、铁路及道路、装卸及运输机械、港口辅助生产设备等组成。

图 8-19　大连港平面图

　　码头是港口作业的中心，为码头建筑物及装卸作业地带的总和。码头有以下几种常见形式：

　　（1）顺岸式布置

　　码头前沿线大体上与自然岸线平行或呈较小角度的布置方式。这种布置形式是河港常见的布置形式。一些围填海形式的深水港码头由于岸线充足也大多采用顺岸式布置（图 8-20）。

　　（2）突堤式布置

图 8-20　洋山港顺岸式布置集装箱码头

码头前沿线与自然岸线呈较大角度的布置形式，如大连港东西港区的布置（图 8-21）。突堤码头与岸线或顺岸码头呈斜角布置，一般要求交角不小于 45°或不大于 135°，角度愈小岸线利用愈低。突堤式布置多用于海港。

图 8-21　大连港大港港区突堤式布置码头

（3）挖入式布置

码头、港池水域是在向岸的陆地内侧开挖而成的布置形式，多见于河港和河口港（图 8-22）。

（4）沿防波堤内侧布置

码头沿防波堤内侧布置是常见的。一般多布置在堤根部位，可以取得减少码头投资的效果。也有为了减少挖泥将泊位布置在防波堤深水部位。当需要改善沿堤布置泊位的泊稳条件时，可增设与防波堤轴线近似垂直的短堤（图 8-23）。

（5）岛式布置及栈桥布置

码头布置在离岸较远的深水区，一般为开敞式的，不设防波堤。当发生超过作业标准的自然条件时，泊位停止作业，船舶暂时离开码头。这种布置是为了适应现代大型油船而发展起来的一种深水码头。

图 8-22　鹿特丹挖入式港区

图 8-23　秦皇岛港沿防波堤内侧布置的码头

　　大型干散货码头亦多采用开敞式布置，通过布置在栈桥上的工艺设备与岸连接，故将此类码头称为栈桥式布置。大型原油码头，当深水区距岸不太远时，亦有采用开敞的栈桥式布置，如湛江港 30 万吨级栈桥式油码头（图 8-24）、青岛港

图 8-24　湛江港栈桥式油码头

黄岛 20 万吨级油码头等。

随着世界经济和贸易的发展，港口工程正向着港口功能多元化、基础设施大型化、航道深水化和管理信息化四个方向发展。

8.4.2　航道工程

我国是世界上最早利用水运的国家之一。早在 4000 年前，我国人民就临河聚居，制造木舟，发展水上运输。大禹时代就已"分四渎而为贡道"，使当时中原地区的江、河、淮、济四条大河都能通航。春秋时期（公元前 506 年），我国首开胥溪运河。它是世界上最早的运河，较欧洲最早的瑞典果达河早 2300 多年。公元前 84 年，吴国开挖邗沟，沟通长江和淮河，是凿通南北大运河的先声。自隋朝起，经过历代劳动人民的辛勤劳动，直到元朝，工程浩大，贯通南北，连贯海河、黄河、淮河、长江和钱塘江五大水系的京杭大运河终于完全打通，全长 1794km。

尽管我国水运事业发展得很早，有过伟大的创造和光辉的成就，但由于长期遭受封建统治的束缚和帝国主义的侵略，水运事业的发展速度极其缓慢。新中国成立前夕，全国仅有渠化河流两条，通航船闸约 30 座。内河航道大都处于天然状态，通航里程只有 7.3 万 km。经过新中国成立后不断建设，改革开放后的飞速发展，截至 2012 年，全国内河航道通航里程达 12.50 万 km，等级航道 6.37 万 km，占总里程的 51.0%。航道工程通常包括以下几个方面：航道疏浚、航道整治、渠化工程及其他通航建筑物、径流调节以及开挖运河等。

（1）航道整治工程

航道整治工程是采用整治建筑物调整和控制水流，稳定有利河势，以改善航道航行条件的工程措施。航道整治的主要任务是：稳定航槽，刷深浅滩，增加航道水深，拓宽航道宽度，增大弯曲半径，降低急流滩的流速，改善险滩的流态。航道整治是综合治理河道的一个方面。规划设计时要兼顾防洪、排灌、工业布局和港口等方面的要求。为了正确地进行航道整治，必须掌握航道的演变规律，因势利导，顺应河势是航道整治的一个原则。航道的整治规划与设计一般包括：确定航道等级及最低通航水位；根据要求的航道尺度确定整治建筑物顶部高程（即整治水位）和整治线宽度（整治水位时两岸整治建筑物或一岸整治建筑物与对岸岸边构成的水边线）；在平面上确定整治线的位置和形态；最后采用整治建筑物固定、控制和调整整治线。在建筑物的布置上应以最少的工程量来达到最大的整治效果。

我国的航道整治有着悠久的历史，相传大禹治水时就遵循顺水之性、因势利导的方法。1565 年，潘季驯提出了"以堤束水，以水攻沙"的整治原则。新中国成立后，随着水运事业的发展，从北到南在数量众多的河流上都进行了航道整治工程。长江上游的川江（宜昌至宜宾）通过整治改善了航道条件，结束了川江不能夜航的历史。长江、珠江、闽江、甬江、瓯江和黄浦江等沿海河口，通过航道整治均取得通航需要的水深。其中，通过工程整治之后形成了长江南京以下12.5m的深水航道，可满足第三、四代集装箱船和5万吨级船舶全天候双向通航的要求，兼顾第五、六代大型远洋集装箱船舶和10万吨级满载散货船及20万吨级减载散货船乘潮通过长江口深水航道。

航道整治建筑物主要有丁坝、顺坝、潜坝、锁坝、导堤和护岸等。

（2）航道疏浚工程

疏浚工程是指采用挖泥船或其他机具以及人工进行水下挖掘土石方的工程，是改善航道的主要措施之一。航道疏浚工程分为基建性疏浚、维修性疏浚和临时性疏浚。基建性疏浚工程的主要任务是在较长期内根本改善航行条件。维修性疏浚工程是为了保持航期内航道的规定尺度，以保证船舶的安全运行。临时性的疏浚工程，一般是在没有经常性挖泥船的疏浚力量不足的河段上，临时利用其他地区的疏浚力量来进行工作的。

挖泥船是疏浚工程采用的最主要机具，按其工作原理和输泥方式，可分为水力式和机械式两大类。水力式是利用泥泵进行吸泥和排泥，主要有吸扬式挖泥船，包括直吸式挖泥船、绞吸式挖泥船（图8-25）和耙吸式挖泥船等；机械式是依靠泥斗挖掘水下土石方，主要有链斗式挖泥船、抓扬式挖泥船和铲扬式挖泥船等。

图 8-25　绞吸式挖泥船

（3）通航建筑物

通航建筑物是指为船舶通过航道上集中水位落差而修建的建筑物，常见的通航建筑物有船闸（见8-2.2节）、升船机等（图8-26）。

升船机是利用机械的方法升降装载船舶的承船厢，使船舶克服由于在天然或渠化河流以及在运河上建坝而形成集中水位落差的通航建筑物（图8-26）。

图 8-26　三峡五级船闸（左）与大型升船机（右）

8.4.3　海岸工程

海岸工程是为海岸防护、近岸资源开发和海岸带利用所采取的各种工程措施，主要包括海岸防护工程、海港工程、河口治理工程、海上疏浚工程、围海工程以及海上平台工程等，也是海洋工程的重要组成部分。

海洋与陆地是地球表面两个基本地貌单元，它们被一条明显的界线所分开，这条海与陆相互交汇的界线，通常称为海岸线。全世界海岸线总长度约 43.91 万 km。我国大陆与岛屿的海岸线分别为 1.8 万 km 和 1.4 万 km，共 3.2 万 km，是世界上海岸线较长的国家。海岸带是指海水运动对于海岸作用的最上界及其邻近陆地、潮间带以及海水运动对于潮下带岸坡冲淤变化影响的区域。而海涂是高潮淹没、低潮露出的潮间带区域。海岸带包括潮上带、潮间带和潮下带。海岸带的宽度各国规定不尽相同，我国一般定义海岸带为自海岸线向陆地延伸 10km，向海扩展到 10～15m 等深线的区域。我国海岸带和滩涂面积各约 28.6 万 km^2 和 2.17 万 km^2。海岸按物质组成可分为基岩海岸、砂（砾）质海岸、淤泥质海岸和生物海岸等。

（1）海岸带资源开发利用

海岸带开发包括资源开发和空间利用。海岸带资源系指赋存于海岸带环境中可供人类开发利用的物质和能源，如海洋生物资源、滨海矿产资源、海水资源（海水中化学资源提取、海水淡化及海水直接利用）和海洋能等。海岸带空间系指供开发利用的海岸带陆域和水域的整个自然环境空间及其自然景观和人文景观。

1）海岸带滩涂开发利用

世界沿海的滩涂面积约 4400 万 km^2，历史上许多沿海国家用之围垦土地。我国对滩涂开发利用亦有悠久历史，主要用于粮棉生产、水产养殖和盐田等。

目前我国沿海可供开发的滩涂面积 3.53 万 km^2，其中潮间带滩涂面积 2.17 万 km^2。主要分布在渤海和南黄海沿岸，南方的长江口、钱塘江口、珠江口等河口岸段也有不少分布。今天的滩涂日后可能成为肥沃的良田或工业基地和城镇建设的场所，可供开发利用的潜力很大。

2）海上油、气开发

20世纪60年代，石油、天然气在一次性能源消耗中占比例已超过50%，从此人类进入了石油时代。世界性能源需求带动了油、气勘探开发技术的发展。在勘探技术方面，发展了直升式、半潜式钻井平台和自动定位的浮船式钻井平台；采油方面发展了深海张力腿平台（图8-27）、水下采油技术、多相流混输技术和海上铺管船技术等。20世纪70年代末，三维地震层析成像技术应用于海上油田开发；80年代以后，三维数字地震勘探技术广泛应用于探测海底含油、气构造，结合深海张力腿平台与浮式结构海面采油系统，使海上油、气开发最大水深达到3000m，钻井深度可达10000m。水下多相流油、气开采技术，配有遥控深潜器和水下机器人作业，解决了水下遥控基盘及水下油、气分离问题。

图 8-27　海上油田钻井平台

图 8-28　海油陆采工程

我国近海大陆架石油和天然气的资源量约255亿t和14万亿m^3，我国海洋油、气资源勘探与开发技术在最近十多年中得到长足发展，已具有一定数量的钻井船、地质勘探、物探船和工作船及富有理论和实践经验的技术队伍，具有与国外同行竞争承包海上大型油、气开采工程的能力。

3）人工岛建造

人工岛（图8-29）是人工建造而非自然形成的岛屿，一般在自然小岛和暗礁基础上建造，是填海造地的一种。人工岛的大小不一，由扩大现存的小岛、建筑物或暗礁，或合并数个自然小岛建造而成。人工岛具有诸多功能，可用作海港作业区、海上机场、发电厂、工业基地、钻采和储存石油设施（图8-28）、旅游景点及海上军事设施等。

现代人工岛的建设始于20世纪60年代。我国于20世纪90年代初开始，在渤海埕岛油田兴建了第一座浅海人工岛；由我国设计和施工的澳门国际机场人工岛也已于1995年建成；2013年，珠澳口岸人工岛正式建成，该人工岛填海造地

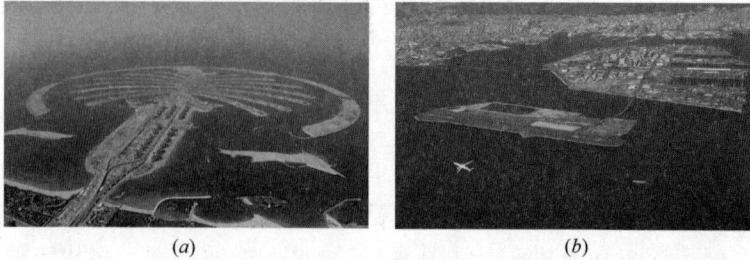

图 8-29　国外著名人工岛工程
(*a*) 迪拜棕榈人工岛；(*b*) 神户机场人工岛

217.56 万 m²，是港珠澳大桥的重要组成部分。近年来，我国南海岛礁也逐渐投入战略性开发，赤瓜岛、永兴岛、永暑礁、美济礁、东门礁等岛礁上不断填海造陆扩大面积，并在个别岛屿上开展岛屿机场建设等大型工程。

人工岛的建造一般有先抛填后护岸和先围海后填筑两种施工方法。先抛填后护岸适用于掩蔽较好的海域，用驳船运送土石料在海上直接抛填，最后修建护岸设施。先围海后填筑适用于风浪较大的海域。先将人工岛所需水域用堤坝圈围起来，留必要的缺口，以便驳船运送土石料进行抛填或用挖泥船进行水力吹填。护岸的结构形式常采用斜坡式和直墙式。斜坡式护岸采用人工砂坡，并用块石、混凝土块或人工异形块体护坡。直墙式护岸采用钢板桩或钢筋混凝土板桩墙，钢板桩格形结构或沉箱、沉井等。人工岛与陆上的交通方式，一般采用海底隧道或海上栈桥连接，通过公路或铁路进行运输；也可以用皮带运输机、管道或缆车等设备运输。人工岛距离陆地较远，又无大宗陆运物资时，则常常采用船舶运输。

人工岛的建造需要考虑多方面复杂因素的影响，如波浪、潮流、潮汐等复杂因素影响下的冲刷和淤积，以及人工岛对周边水动力与泥沙环境的影响，另外还要考虑水工建筑物在海水中的抗腐蚀能力、海底地基沉降、对风暴潮等恶劣天气的抵抗能力，必要时还要考虑地震、海啸等极端灾害的预防和保护。

4）人工养滩工程

对于海滩侵蚀最自然的对策，是从海中或陆上采集合适的沙补充到被侵蚀的岸滩上。海滩补沙已被证明是一种经济有效的措施，而且它对下游岸滩的影响也比其他防护措施小。由于人工填筑到海滩上的沙，在各种海洋环境条件，特别是海浪的作用下，仍将被冲刷，因此必须每隔几年对海滩进行再补沙。人工养滩工程（图 8-30）往往需要采用补沙与人工建筑物相结合的方式，例如海滩两端采用突堤或丁坝形成人工岬头，与海滩共同构成相对稳定的岬湾海岸。为减少补沙的流失，布置分离式离岸堤作为海岸的屏障，在海岸和离岸堤之间，因波浪的绕射产生波影区，波浪和海流的能量被消减，减少泥沙流失。

（2）海岸防护工程

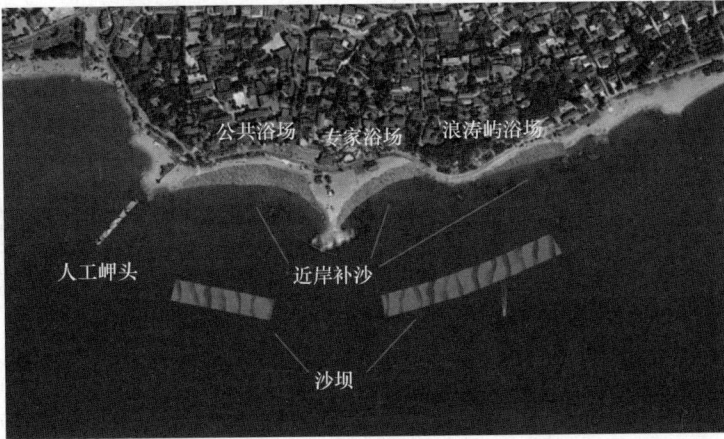

图 8-30 老虎石养滩工程示意图

海岸防护工程是以海岸防护的目的而建造不同类型的海岸建筑物或采取的其他海岸防护措施，其功能主要是防止海滩侵蚀以稳定海岸线，以及对海滨的后滨部分或填筑陆域提供保护。海岸防护工程有丁坝（群）、离岸堤、护岸和海堤等海岸建筑物，以及采取人工养滩补沙措施等。

1）丁坝（群）

丁坝是一种大致与海岸线相垂直布置的海岸建筑物。为了保护一定长度的海岸线，需沿岸线建造多座丁坝，形成丁坝群，丁坝的间距约为丁坝长度的 1～3 倍。被丁坝群拦截的沿岸输沙将沉积在丁坝群的上游侧以及各座丁坝间的滩面上，从而使该段海岸不受侵蚀。采取丁坝群作为海岸防护措施时，应注意防止丁坝群下游侧海滩的侵蚀。

2）离岸堤

在海岸线外一定距离的海域中建造大致与岸线相平行的防波堤，在海港工程中称为岛式防波堤；而在海岸防护工程中称为离岸式防波堤，简称离岸提。通常，岛式防波堤建于较深的海城，以使其后侧有足够的港口水域面积；而离岸堤则建于离海岸线较近的浅水海域，以形成对海滩的有效保护。由于离岸堤后波能较弱，因此可有效地保护该段海滩免遭海浪的侵蚀。在离岸堤与海岸线间的波浪掩护区内，沿岸输沙能力也将减弱，促使上游侧输入的泥沙沉积下来。离岸堤可为单堤，也可布置为间断的形式，即每两道短堤间有一口门的分段式离岸堤。离岸堤的下游侧，由于其上游部分沿岸输沙被拦截，所以也存在岸滩侵蚀问题。但分段式离岸堤对下游侧岸滩的影响比总长度相同的单道堤小。

3）护岸和海堤

护岸或海堤是建造在海滩较高部位用来分界海滨陆域与海域的建筑物，它的走向一般大致与海岸线平行。在海岸防护建筑物中，对护岸与海堤并无明确的定义来加以区分。通常对位于海陆边界上，以挡土为主的建筑物可称为护岸，护岸的顶高程（不包括护岸顶部的防浪墙高）一般与其后方陆域高程相同或相接近。对于在风暴潮和大浪期间，保护陆域及陆上建筑物免遭海水浸淹和海浪破坏的建筑物则可称为海堤，海堤的顶高程常高于其后方陆域的高程。

护岸或海堤只能保护其后侧的海岸陆地，对于其前方的海滩并不能起到防止或减弱侵蚀的作用。若为直立式护岸，由于其对波浪的反射作用，通常还会使其前方的海滩侵蚀加剧，往往需要采用抛石或扭工（王）字块等建筑物做护底、护脚工程。

思 考 讨 论 题

1. 水利工程措施主要有哪些？它们分别具有什么作用？
2. 请简述防洪工程的主要功能和形式。
3. 请写出船闸的定义及其组成，比较分析单级船闸和多级船闸的优缺点。
4. 列举两种不同的现存水电站并描述构成该水电站的主要建筑物。
5. 水工建筑物主要有哪些类型？请阐述各类水工建筑物的用途。
6. 港口的布置形式有哪几种？它们分别适用于什么情况？
7. 海岸防护工程包括哪几种建筑物？分别具有什么作用和特点？

第9章 海洋工程结构

海洋工程是一个相对较新的工程领域，指设计、制造和安装能适应非常恶劣海上环境的近海工程结构物，如海洋平台，以满足人类不断勘察与开发新的食物资源、能源和矿物资源的需要。海洋工程结构不同于传统的结构工程，主要是在于必须考虑结构在运输、安装中以及建成后，能够承受恶劣的海洋环境荷载作用。随着近海石油天然气的深入开发，大量海洋平台的建造，推动了海洋工程这一新技术的发展。但是，海洋工程并非仅限于石油工业，还在军事和航海方面有着广泛的应用。

海洋工程一般可分为海岸工程（见8.4.3节）、近海工程和深海工程三类。近海工程，又称离岸工程，主要是海上平台、人工岛等的建设工程，以及浮船式平台、移动半潜平台（mobile semi-submersible unit）、自升式平台（self-elevating unit）、石油和天然气勘探开采平台、浮式贮油库、浮式炼油厂、浮式飞机场等建设工程。深海工程包括无人深潜的潜水器和遥控的海底采矿设施等建设工程。

本章主要介绍海洋平台结构。

9.1　海洋工程结构设计

海洋工程结构的设计是一个很复杂的过程，要考虑不同的地基条件，即海洋工程结构往往在一个地方建造，安装在另一海域。虽然难以详细列出海洋工程结构设计的每一个步骤，但我们可以列出以下结构设计的主要步骤：

（1）确定设计要求；

（2）评估环境和外力条件；

（3）提出初步设计方案和主要安装方法；

（4）评估工程经济，建造及施工安装关键技术，基础条件等，并确定最后设计方案；

（5）结构与构件详细设计以承受工作荷载和环境荷载；

（6）最后，评估设计，以确保可以承受在运输和安装后的各种荷载作用。

平台结构的确定主要取决于结构所承受的环境荷载、现场海域条件和平台安装程序。环境荷载一般包括：风、水流、波浪力以及可能有的地震和冰冻荷载。现场海域条件包括水深以及海底特征。

初步设计可以围绕平台安装过程、工作荷载以及预估环境荷载几方面展开。在一般情况下，波浪力是设计主要考虑的荷载，但还要考虑地震和浮冰对结构的作用。初步设计还应考虑经济上的可行性、施工和安装的关键技术以及评估项目全过程各个阶段的可行性。当选好平台结构的形式后，应先估计杆件的尺寸，计算在工作荷载和环境荷载作用下的内力，确定所要求的基础大小及各杆件的尺寸。作为设计的一部分，还必须分析平台在运输和安装期间的受力情况。

9.2　海洋平台结构简介

9.2.1　导管架式平台

现今最普遍采用的固定式平台形式是图 9-1 所示的导管架式平台。这种平台由一个预制的钢质导管架和一个预制的钢质平台组成。导管架从海底一直延伸到水面以上，平台位于导管架顶上。管桩通过导管架的腿插入海底，上部与平台连接以支承平台。这些管桩不仅支持了平台，而且把整个平台固定就位，并承受风、浪和流的侧向荷载。

导管架的建造和安装在整个工程设计中起主要作用。导管架通常在平台工作水域的岸边就近进行预制，然后水平地安放在平顶驳船上，再拖曳到它的工作地点。在安装现场，导管架从驳船上滑入水中，在起重驳船的配合下竖立起来并扶正，然后让它垂直地下沉到海底。一旦导管架就位，就可将管桩通过桩腿往下插，并用打桩船将它打入海底。当管桩被打到预定的深度后，伸出导管架顶部的那部分管桩就可切去。然后，将预制好的平台安装到管桩上，并加以焊固。这样，在整个完工的平台中，平台的重量完全由管桩承受，而导管架起到了防止管桩横向移动的作用。

图 9-2 表示了一个典型的石油钻井和生产平台。这个平台位于墨西哥湾路易

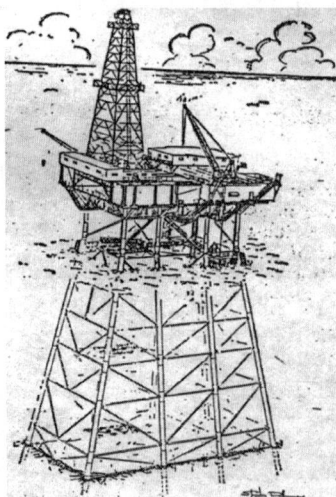

图 9-1　导管架式平台

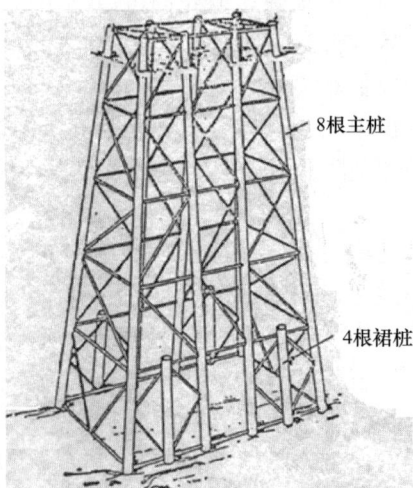

8根主桩

4根裙桩

图 9-2　裙桩导管架

斯安那州附近的海域，其水深为 90m。平台的尺度约为 18m×36m，连同作业设备共重 900t 左右。导管架的重量约为 1800t，通过导管架桩腿打进的 8 个管桩的外径为 1.2m，管壁厚约为 2.5cm。除这些桩外，基础的四周还设有 4 个裙桩。所有管桩打进海底 60~90m。该平台被设计成在极大的飓风条件下能承受 1.3 万kN 左右由风、浪、流引起的侧向合力。因为波浪力在接近水面处最大，所以这个合力作用在平台的上部，因而该平台还设计成能承受一个 9.3 亿 N·m 级的基底倾覆力矩。这些作用力和力矩相当于由极大的风作用在一个典型的 25 层、90m 高的陆地高楼上的力和力矩的 5~7 倍。

针对水深大于 100m 的海域所设计的平台，已在八腿式导管架式平台设计的基础上发展了两种改型。第一种改型是增加平台桩腿的数目。这样，和裙桩一起，平台就能承受更多的竖向载荷、侧向载荷和倾覆力矩；第二个改型是基于这样的想法：随着平台增高和基础加宽、内部管桩在抵抗倾覆力矩中的效用减弱了，故这种八腿式平台的改型取消了内部管桩并把所有管桩设置在平台四个外角的附近。

9.2.2 重力式平台

导管架式平台特别适合于诸如墨西哥湾那样的软质土壤区域。在那里，为了平台固定就位和承受所需的载荷，需要打较深的管桩。在土质坚硬及打桩较困难的区域内，现已发展出了另一种平台形式。它不用桩，而是依靠其自身重量固定就位和抵抗风、浪及流等引起的大的侧向荷载。这类平台拥有巨大的基础构件，当它们加了压载以后，能产生很大的所需重量，且能把这个重量分布在一个足够大的海床区域内，以防地基破坏。这类平台通常称为重力式平台。

重力式平台比较普遍的形式是由钢筋混凝土建造的。它在几根无撑杆的立柱周围有一个大型的蜂窝式基础，这些立柱从基础向上延伸以支持高出水面的平台及设备。这种类型的平台于 20 世纪 70 年代中期设置在北海中。图9-3形象地说明了这类平台的主要特性。这个特定的平台称为 CONDEEP（混凝土深水）平台，它是在挪威设计和建造的。

重力式平台和导管架式平台相比的一个优点是减少了现场安装所需的时间。在像北海那样气候恶劣的区域中，这一点是特别重要的。因为不可

图 9-3 位于北海的钢筋混凝土重力式平台

预测的恶劣气候条件使人们希望减少平台固定就位所需要的安装时间。重力式平台的另一个优点是巨大的混凝土立柱能承受很大的平台竖向载荷。

9.2.3 深水海洋平台

对于大于 300m 左右的水深，可以采用牵索塔及张力腿平台。

图 9-4 说明了牵索塔的概念。它由等截面的支承构件组成，而支承构件由几根牵索保持正位，牵索拉到海底的水泥墩重块上，并通过水泥墩重块进一步伸到普通的锚上，以形成一个双重刚性系泊系统。在正常的作业载荷下，水泥墩重块搁置在海底上，平台的侧向运动受到限制。然而在严重的风暴期间，水泥墩重块由于受到从平台通过牵索传到它这里的荷载作用而被提升并离开海底。重块的这种作业方式使得牵索塔能凭借自身的来回摆动而吸收作用在它上面的环境荷载，使牵索不会过载。目前认为牵索塔概念适用于约 600m 水深的水域。

图 9-5 说明了张力腿概念。在这类设计中，用垂向构件把平台锚泊在海底上。平台的上面部分被设计成具有大量剩余浮力，以便使垂向构件永远受拉。由于这个拉力，平台能在波浪作用下不产生垂向运动，而保持水平位置；侧向偏离

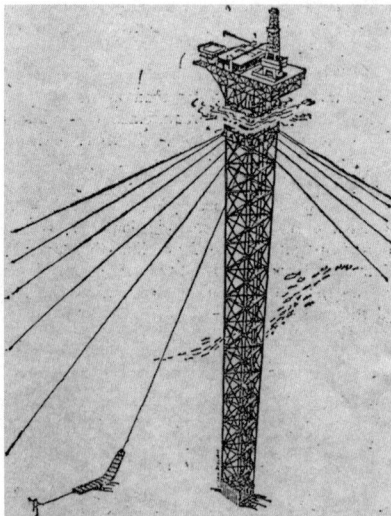

图 9-4 深水牵索塔平台

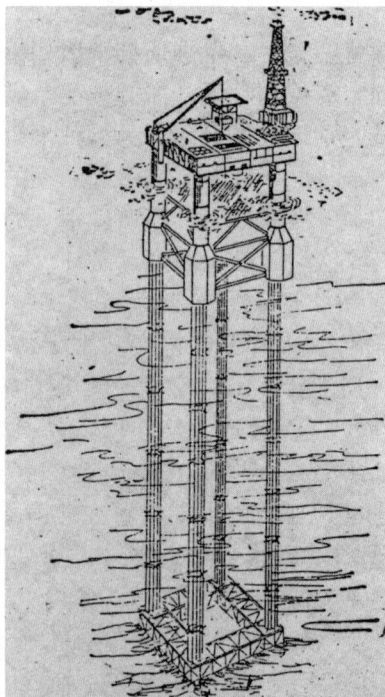

图 9-5 深水张力腿平台

也受到垂向构件的限制，因为侧向偏离必然会使垂向构件形成一个恢复力。张力腿概念的一个主要优点是随着水深的增加它的成本相对地增加得较慢。目前来

看，张力腿平台发展所受到的主要限制是由动惯性力引起的力，这类力与平台在波浪中的侧向振荡有关，并在水深达 600m 左右时变得很大。

9.2.4 移动式钻井平台

最初的钻井平台是将陆用钻机装在驳船上，从海上拖到现场并锚泊而成，或是由供应船配合的固定式平台（图 9-6）。此后，种类繁多的钻井平台得到发展。有一些设计是针对海上某种特殊危险的，另一些是针对较为一般工作的。所有新型的平台都强调机动性和在更深水域中的工作能力。

世界上移动式平台分成四种主要类型：自升式、坐底式、半潜式和钻井船。

最广泛使用的移动平台是自升式平台。将其拖到现场，将桩腿放至海底，然后将平台升出波峰以上。这类自升式平台特别适合于打预探井和估产井。它们最适宜于在水深不大于 90m、土质较为坚实的海底进行钻井工作。

坐底式平台是由早期坐底驳船发展而成。这种平台被拖到现场，然后坐到海底。它们的稳定性好，能在土质软的海底进行作业，并且就位后能迅速地升起和坐下。其缺点是拖运困难。

半潜式平台（图 9-7）是坐底式平台的一种变种。它们既可作为坐底式平台使用，也可在深水作为浮动式平台使用。其主要优点是能在水深变化很大的范围内作业。此外，作为浮动式平台使用时，由于它们的主要浮体深沉于波面以下，因而具有很大的稳定性。半潜式平台是最新型的钻井平台。

图 9-6 浮动式海洋石油钻井船　　　　图 9-7 半潜式海洋平台

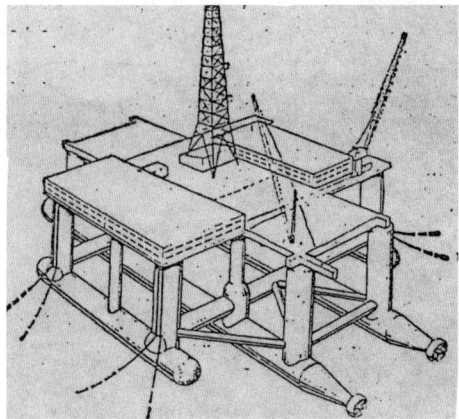

浮动式钻井船（图 9-6）能在 18m 直至深海进行钻井作业。它们可建成自航式船或具有船舶的外表、要求拖航的船。已建造了一些双体形式的船，以便使它具有良好的稳定性。浮动式钻井船利用锚泊或精巧的动力定位系统来保持它们的船位。动力定位系统对较深的水域来说是必不可少的。浮动式平台或船的工作水

深不能浅于 20m 的水域，因为钻井时水下要有特殊设备，而波浪和潮汐又会引起船只的垂直运动，而且锚链的松与紧也会引起船只作小的水平移动。

9.3　海洋平台结构分析

海洋平台的设计过程通常包括从初步设计到施工图设计等过程。初步设计在预估环境荷载的基础上进行，而最终的施工图设计则必须包括平台安装和工作期间的受力情况，对平台每一个构件的大小进行详细设计，并用每个构件所承受的力来确定构件尺寸。因此，在结构分析时应首先预估杆件的尺寸，最后调整杆件的大小，按此步骤反复几次就能得到最优的设计结果。为了考虑结构制作工艺的简化，通常每个杆件并不是按照它所承受的荷载进行优化的。例如，导管架平台的斜撑杆件，一般都设计成相同的尺寸，尽管它们实际所承受的应力并不相同。

要对结构进行结构分析计算，首先要确定合理的外荷载作用。在某些情况下，例如导管架的吊装与下水过程，就要确定结构各部分构件的重量，随后再确定工作荷载以及相应荷载所作用的结构构件重量。再将环境荷载换算成作用于相应结构的外力。当然这样需要经过详细的分析计算才能得到。

对固定式海洋平台进行静力分析，需要考虑结构工作荷载和环境荷载共同作用下，在任何情况下，结构应能承受施加于其上的最大荷载。通常在最大水深90m 时，这些静力分析结果是令人满意的。因为这时各种波浪对结构的惯性作用可以忽略。对桩基海洋平台在结构分析时，还应考虑桩—土共同作用效果，由所承受的竖向荷载作用来确定桩基长度。

最后，在设计水深90m 以上的海洋平台时，其惯性作用不能忽略，应对结构进行动力分析，特别是地震的惯性作用。

9.4　环　境　荷　载

通常在设计海洋平台结构之前，首先要确定平台在各个阶段所承受的各种荷载。这些荷载包括：风、波浪力、海流、冰荷载、地震作用等。

风荷载是结构设计时必须考虑的荷载之一。例如，像墨西哥湾海域，其暴风速度可达 160km/h。

同样，处在各种海区的海洋工程结构，随时受到海浪的直接威胁，其波浪荷载也是结构设计的重要条件，例如墨西哥海湾海域的波浪高度可达 15m。

还有作用于水下结构的海流作用力也是结构设计时需要考虑的作用力。海流作用是指各种因素引起的水体运动，不是指表面波浪作用，它包括潮汐作用、风作用、江河流动、大洋流作用。在发生海洋风暴时，其海流流速常常超过0.6m/s，其海流作用力比波浪力高 10%。

下面我们将详细介绍如何计算作用于海洋结构的各种环境荷载。

9.4.1 风速

风荷载的值，往往与风速大小、海洋结构形状有关。为确定可能出现的最大风荷载时的风况条件，需要对多年风速记录中的每年最大风速值予以统计分析，最后计算出相应的概率分布图。

海洋工程的设计常需要了解一定概率的最大风速，并以某重现期的风速特征作为设计标准。在海洋工程中常以 50 年一遇的年最大风速或 100 年一遇的年最大风速作为设计风速。

9.4.2 风荷载

作用在海洋结构的风荷载是结构各构件所受风力的总和。对于每一个构件，如储油罐、上层建筑等，风力是由空气的黏性阻力引起的，它作用在结构的迎风面和背面，其风力的大小可表示为：

$$F = \frac{1}{2}\rho c A v^2$$

式中　ρ——空气的密度；

　　　A——结构迎风面积；

　　　v——风速；

　　　c——风形系数。

9.4.3 海洋波浪

引起海浪的外力有风、地震、重力等。而由风引起的浪，在海浪研究中占主要地位，也是结构物设计的主要控制荷载。

在工程中，通常我们选择一个标准设计波来模拟某海域的实际波浪情况。对于复杂的海洋波浪，可用统计分析或波谱来表示，但在海洋结构的设计中一般愿采用其特征值。如：最大波高 H_{max} 和最大周期 T_{max} 以及有效波高 $H_{1/3}$ 和有效周期 $T_{1/3}$，并以此来分析波浪荷载对结构的作用。人们对波浪进行深入地研究，建立了对不同性质波浪的波浪理论，其波浪要素有波速、加速度、水压、波高、周期等。

9.4.4 浮力

沉浸在水中的潜体受到的浮力是静水压力差引起的。其静水压力可表示为：

$$P = \gamma(h - y)$$

式中　γ——海水的重度；

　　　h——水深；

　　　y——从海底算起的垂直距离。

9.4.5 冰荷载

在结冰的海域上，如极地地区，建造海工结构物，常会遭受海冰挤压和冲击作用，因此，冰对结构物作用的压力是结冰海域地区设计海上结构物主要设计荷载之一，过去，因对冰的作用力估计不足，致使有的海工结构物遭到海冰作用而毁坏。

冰压力主要存在于风和潮流的作用下，大面积冰层移动产生挤压力，以及流冰期间，冰块对结构物产生冲击力，其作用力 F 可以下列公式计算：

$$F = Cf_c \cdot A$$

式中 f_c——冰的挤压强度；

      C——冰挤压系数；

      A——冰层挤压面积。

一般冰挤压系数取 $0.3 \sim 0.7$；冰的挤压强度取 $140 \sim 350 \text{N/cm}^2$，在缺乏实验数据时，取 250N/cm^2。

9.4.6 土压力

海工结构物的承载能力，不论在竖向荷载或水平荷载作用下，都由海底土的性质决定。而土的特性最重要的是其剪切强度和摩擦力。

作用在海工结构物桩基单位长度的土压力 F 可由下列公式计算：

$$F = N\tau D$$

式中 N——土压力系数；

      τ——土的剪切强度；

      D——桩的直径。

N 取 $7 \sim 9$，土的剪切强度可用土样实验确定。一般取 $0.5 \sim 1 \text{N/cm}^2$。

9.5 深 海 工 程

目前，国际上的深海海洋工程装备主要包括以下几类：深海钻采平台、水下工程装备、深海运载与作业装备、超大型海洋浮式结构物等。

9.5.1 深水平台

海洋工程技术比较先进的国家，如美国、挪威及英国等都十分重视深海平台的研究，探索综合利用深水张力腿平台技术、单圆柱平台（SPAR）技术以及桶形基础技术等开发出新的平台形式。我国深水平台（图 9-8）的作

图 9-8 深水平台

业水深已超过 3000m。

9.5.2 深海运载与作业装备

深海运载与作业装备主要包括深潜器和深海空间站等。深潜技术是进行海洋开发的必要手段，世界海洋油气资源勘探、深海科学考察主要依赖水面船与各类海洋平台，操纵各类潜器完成，如缆控无人探测器（ROV）、深海拖曳测绘系统（TMS）、无人无缆自制深潜器（AUV）和载人深潜器（HOV）等。深海开发的大量采样、勘探和作业等任务，须由携带各种装置、设备和科技人员到达深海复杂环境的各类深海运载器完成。

深海空间站，外形类似一艘小型潜艇，工作潜深可达 1500m，正常排水量 250t 级，长度在 22m 左右，宽度接近 7m，高度在 8m 左右。未来的空间站，就好比把地面的房间搬到了水下，在狭小的空间尽可能把各种功能都考虑到，可携带多种水下机器人（ROV）、大型多功能作业机械手、重型水下起吊装置等，为中国深水油气田开发、海洋观测网络建设与运行维护、海洋科学研究提供深海作业装备。它将与水面平台（6000t 级母船，可拖带工作站，支持其长期水下作业）、穿梭式多功能载人潜水器（往返于工作站与母船之间，具备输送、维修、通信、救生等功能）构成"一主两辅"的三元深海作业体系。

图 9-9 深海空间站

图 9-10 深潜器

深潜器是具有水下观察和作业能力的活动深潜水装置，主要用来执行水下考察、海底勘探、海底开发和打捞、救生等任务，并可以作为潜水员活动的水下作业基地。

作为国家载人航天工程姊妹篇的"7000m 载人潜水器"在青岛市开展下水深潜试验。在 7000m 的深海能承受 710t 的重量。目前，世界上只有美国、日本、法国、俄罗斯拥有深海载人潜水器，最大工作深度未超过 6500m。中国研制的 7000m 载人潜水器，将成为世界上下潜最深的载人潜水器，可到达世界 99.8% 的海洋底部。

思 考 讨 论 题

1. 移动式海洋平台有哪几种类型，各适用于何种情况？

2. 对导管架式海洋平台一般采用何种顺序安装？

3. 在海水深度超过 300m 的海域，建造固定式海洋平台时，应采取哪几种类型，为什么？

4. 作用在海洋平台上的环境荷载主要有哪几种？

第10章 土力学与基础工程

10.1 引 言

岩和土作为土木工程中常见的两种工程介质，在形成方式、组成结构、力学性质等方面有诸多不同。

"岩"作为基本词语，可以有"岩石"和"岩体"两种理解。虽然只有一字之差，但二者有着较大差别。岩石一般指的是我们常见的或大或小的石块或者岩块，而岩体可以理解为由岩块在长期自然作用下堆砌而成的巨大物体，它最常见的表现形式就是山体。

根据其成因，岩石是由矿物在地质作用下按一定的规律聚集而形成的自然物体，其中构成岩石的矿物称为造岩矿物。常见的造岩矿物有石英（SiO_2）、正长石（$KAlSi_3O_8$）、方解石（$CaCO_3$）等。

岩石是地壳的主要构成物质。除此之外，在地壳的自然形成过程中还有节理、裂隙、断层、褶皱等地质不连续面随之形成。岩体力学中，通常将一定工程范围内的自然地质体称为岩体，包括上述的岩石块体和地质不连续面。

一般来讲，完整岩石块不包含显著的裂隙（但含有微结构面），可视为连续介质，其强度由造岩矿物决定；而岩体中存在明显的不连续面，不连续性较强，其力学强度由岩石块和不连续面共同决定。岩体力学即为研究岩石和岩体在周围物理环境（力、温度、地下水等）作用下其力学性能的一门学科。岩体本身是一种地质材料，而岩体力学又以岩体（固体）为研究对象、以力学为理论基础，所以岩体力学与地质学、固体力学联系密切。

土是什么？我们日常的行走、玩耍、旅行以及修建房屋等活动都是在它上面进行，另外，我们也用它耕种粮食。或许你会觉得它很"脏"，但同其他所有生命一样，我们都依赖着这一相对不厚但几乎覆盖了整个地球的介质材料。我们绝大多数人都会将"土"视为理所当然之物，很少会注意到不同地区土性的不同。

土是有生命的，它包含植物（根系）和动物（如：田鼠、蚯蚓、蜗牛和昆虫）。土也包括水、有机物、空气和矿物颗粒等物质。大部分土都源于风化的岩石材料，而我们今天所看到的土是许许多多因素共同作用的结果。

"土"这一词的含义十分广泛。对于一位土壤学家来说，土是一种覆盖于地球表面可以种植植物的介质；对于地质学家来说，土是地球表面一层较薄的介质圈，植物的根生长在这里，而地壳的其他部分被归类为岩石；对于工程师来说，土是由矿物材料、有机物颗粒或碎片组成的离散的、非胶结的沉淀物，其覆盖了地壳大部分区域。

　　与工程其他分支学科相同，土力学与基础工程是一门人类在长期学习、经验积累和实践的基础上建立起的由数学和自然科学知识构成的专业学科，它的应用需要人们结合经验判断以达到经济合理、造福人类的目的。

　　土力学是土木工程专业中最为年轻的学科之一，其以土的物理化学性质、力学行为及其工程应用为研究对象。太沙基曾下过这样的定义："土力学是应用基础力学和水力学的基本原理，处理与沉积物和其他非胶结固体颗粒（由岩石受物理、化学作用瓦解形成）相关的工程问题，并忽略它们中的有机物成分。"

　　作为一门学科，岩体力学成立比土力学要晚，二者的研究对象不同。但是，土与岩石有时是难以区分的，例如，某些风化严重的岩石，多成细粒状，它们既可称为岩石也可称为土，二者之间并没有严格的界限。对此类岩石，使用土力学的理论和方法可以得到更接近于实际的结果。事实上，土力学和岩体力学在很多理论和方法上是相通的，很多学者将二者统称为岩土力学。

　　而基础工程是工程学的分支，它主要解决建筑结构体中基础、挡墙、桩基础、沉箱基础及其他基础结构部分的设计、施工、维护和修复工作。如若埋置于岩土体中的工程结构与建筑物基础有关，那么也属于基础工程的范畴。基础工程在社会和工业的发展中的作用越来越显著，它与许多重大工程建设如发电站、基础设施建设（地铁、港口、机场等）等都有密切的联系。然而，在小的工程建设中也会遇到极富挑战性的基础工程问题，如在敏感性很强的设施或构筑物附近区域进行施工。在许多国家，土地空间的利用都开始接近饱和（尤其是城市繁华区域），这迫使人们不得不向海洋要土地，或开发偏远或地质条件较差的地区。例如上海市因地处松软和压缩性强的土质环境中，绝大部分的建筑物都不得不采取桩基础或其他深基础的形式，这种措施虽然可以达到工程要求，但造价却十分的昂贵。

　　岩土力学和基础工程的区别在于岩土力学不直接以基础结构构件为研究对象。例如，混凝土扩展基础的设计就不属于岩土力学所研究的问题。而所有与岩体与土体相关的问题都属于岩土力学的范畴，例如土石坝、路堤、岩石边坡和土方工程等的勘察、设计、施工及维护工作以及室内土工试验等。

10.2　岩土的分类和结构

10.2.1　岩体的分类

　　岩体是由岩石块和各种各样的地质不连续面共同组成的地质综合体，一般称地质不连续面（节理、裂隙、褶皱、断层、层理等）为结构面，被结构面切割而成的岩石块称为结构体。岩石一般按其成因来分类，岩体分类应考虑岩体的多方面工程性质。

岩石按其成因可分为岩浆岩、沉积岩和变质岩三大类。岩浆岩是高温熔融状态下的岩浆在地表或者地下冷凝而形成的岩石，也称火成岩。常见的岩浆岩有花岗岩、玄武岩、橄榄岩等。沉积岩是由母岩（岩浆岩、变质岩和早已形成的沉积岩）在地表条件下因风化作用、生物作用侵蚀所产生的物质，再经由水、空气和冰川等外力搬运、沉积和固结作用之后形成的岩石。常见的沉积岩有砾岩、页岩、砂岩、石灰岩等。变质岩是由先成的岩石（岩浆岩、变质岩或沉积岩）在地壳中受到高温、高压和化学作用之后变质形成的岩石。常见的变质岩有大理岩、板岩、片麻岩等。

从工程角度出发，对岩体进行分类，初步判断其好坏，进行相应的实验，确定相关的地质学和物理力学参数，以便于合理地进行工程设计和施工，从而达到经济、安全的目的。

工程岩体分类有两种思路，一种是独立因素分析，另一种是综合因素分析。

工程岩体的独立因素主要有三个：岩石材料的质量（强度和变形性质）、岩体的完整性和水的影响。根据岩石材料的强度和变形特性，可大致将岩石分为硬质岩和软质岩，见表 10-1。岩体完整程度的定性划分如表 10-2 所示。

岩石材料坚硬程度的定性划分（参考：《工程岩体分级标准》GB 50218—2014）

表 10-1

名称		定 性 鉴 定	代 表 性 岩 石
硬质岩	坚硬岩	锤击声清脆，有回弹，振手，难击碎；浸水后，大多无吸水反应	未风化-微风化的花岗岩、闪长岩、辉绿岩、玄武岩、安山岩、片麻岩、石英岩、石英砂岩等
	较硬岩	锤击声较清脆，有轻微回弹，稍振手，较难击碎；浸水后，有轻微吸水反应	1. 弱风化的坚硬岩石；2. 未风化-微风化的大理岩、板岩、石灰岩、白云岩、钙质砂岩等
软质岩	较软岩	锤击声不清脆，无回弹，轻易击碎；浸水后指甲浸水后，可刻出印痕	1. 中风化-强风化的坚硬岩或较硬岩；2. 未风化-微风化的千枚岩、泥灰岩、页岩等
	软岩	锤击声哑，无回弹，有较深凹痕；浸水后，手可掰开	1. 强风化的坚硬岩或较硬岩；2. 中风化-强风化的较软岩；3. 未风化-微风化的页岩、泥岩、泥质砂岩等
	极软岩	锤击声哑，无回弹，有较深凹痕；浸水后，可捏成团	1. 全风化的各种岩石；2. 各种半成岩

岩体完整性的定性划分（参考：《工程岩体分级标准》GB 50218—2014）

表 10-2

名称	结构面发育程度		主要结构面的结合程度	主要结构面类型	相应结构类型
	组数	平均间距（m）			
完整	1～2	＞1	结合好或结合一般	节理、裂隙、层面	整体状或巨厚层状结构
较完整	1～2	＞1	结合差	节理、裂隙、层面	块状或厚层状结构
	2～3	1～0.4	结合好或结合一般		块状结构
较破碎	2～3	1～0.4	结合差	节理、裂隙、层面、小断层	裂隙块状或中厚层状结构
	≥3	0.4～0.2	结合好		镶嵌碎裂结构
			结合一般		中、薄层状结构
破碎	≥3	0.4～0.2	结合差	各种类型结构面	裂隙块状结构
		≤0.2	结合一般或结合差		碎裂状结构
极破碎	无序		结合很差		散体状结构

　　考虑综合因素的工程岩体分类除了基于上述三个独立因素之外，还考虑了地应力、结构面方向和强度等方面的影响。具有代表性的分类有迪尔（Deere）于1963年提出的岩石质量指标分类（RQD）、毕昂斯基（Bieniawski）于1974年提出的岩体分类系统（RMR）、巴顿（Barton）等于1974年提出的隧道工程 Q 分类等。我国于1994年颁布了国家标准的《工程岩体分级标准》GB 50218—94，将岩体分为Ⅰ～Ⅴ级，等级越大，岩石越软、岩体结构越破碎，在其中修建地下工程则自稳性越差。

10.2.2　土的分类

　　在工程领域，土是指位于地壳表层的足够松散的介质材料，一般由固、液、气三相构成。颗粒大小是土力学中的基本概念，决定了土的类型。按照粒径由大到小具体可分为：漂石（＞10cm），卵石（10～5cm），砾石（5cm～5mm），砾砂（5～2mm），砂（2～0.06mm）。以上这些土类均为摩擦型、无黏性土，它们依靠颗粒间的内摩阻力维持土体稳定。对于有黏性土，国际上普遍采用以下分类标准：粉土（0.02～0.002mm），黏土（＜0.002mm）。当然其界限并不十分明确，有很多土可以定义为是粉质黏土或黏质粉土。某一种土可能由一种粒级的颗粒组成（如海滩的砂土、卵石以及黄土等），也可能由许多粒级的、级配为连续或间断的颗粒组成。土的粒度组成被称为土的构造，一个天然土样可能含有多种不同粒径的颗粒。多年来，许多研究机构都尝试提出了土的分类标准，表10-3列出了其中较具代表性的分类标准。

土的分类标准（参考：高等土力学，Braja M. Das 编写，2002）　　**表 10-3**

研究机构或部门	类型	粒径界限值 （mm）	研究机构或部门	类型	粒径界限值 （mm）
美国农业部	砾石	＞2	麻省理工学院	砾石	＞2
	极粗砂	2～1		粗砂	2～0.6
	粗砂	1～0.5		中砂	0.6～0.2
	中砂	0.5～0.25		细砂	0.2～0.06
	细砂	0.25～0.1		粉土	0.06～0.002
	极细砂	0.1～0.05		黏土	＜0.002
	粉土	0.05～0.002	美国州公路	砾石	76.2～2
	黏土	＜0.002	及运输协会	粗砂	2～0.425
国际土力学协会	砾石	＞2		细砂	0.425～0.075
	粗砂	2～0.2		粉土	0.075～0.002
	细砂	0.2～0.02		黏土	＜0.002
	粉土	0.02～0.002	美国陆军工程师兵团， 美国资源再利用局， 美国材料试验协会	砾石	76.2～4.75
	黏土	＜0.002			
美国联邦航空局	砾石	＞2		粗砂	4.75～2
	砂	2～0.075		中砂	2～0.425
	粉土	0.075～0.005		细砂	0.425～0.075
	黏土	＜0.005		粉土和黏土	＜0.075

在表 10-3 中，值得注意的是一些研究机构将黏土界定为粒径小于 0.005mm 颗粒，而其他机构认为是粒径应小于 0.002mm。对于黏土的定义，并不单单取决于其组成的颗粒大小，应该注意到，黏土颗粒在水分作用下逐步呈现出一定的可塑性。

为了便于定义土的物理特性指标，可借助土的三相简图进行描述，如图10-1所示。

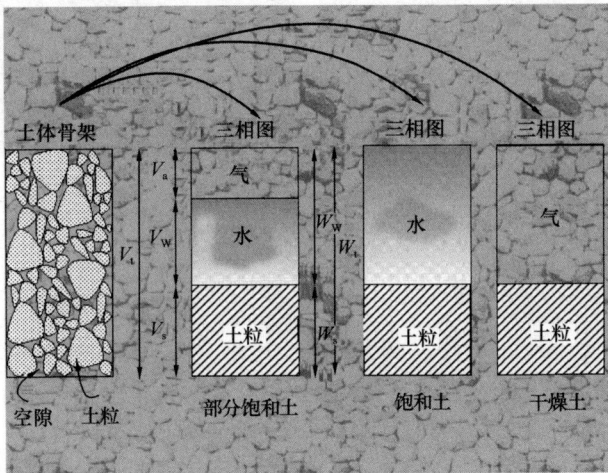

图 10-1　土的三相关系示意图

（图片来源：Lecture-soil Mechanics. htm，2003）

土是一种三维体系，包含两维的广度和第三维的深度。无论它们是地质沉积物还是由于母材相互作用、气候因素、地形作用和生物作用等形成的，土均表现出沿深度分层变化的规律。

10.2.3   岩体的结构

岩石结构指的是其中矿物颗粒之间的关系，包括颗粒大小、形状、分布状况、结构联结特点以及岩石中的微弱结构面。其中以结构联结形式和结构面对岩石的物理力学性质影响最大。图 10-2 很好地展现了岩石的微观构造。

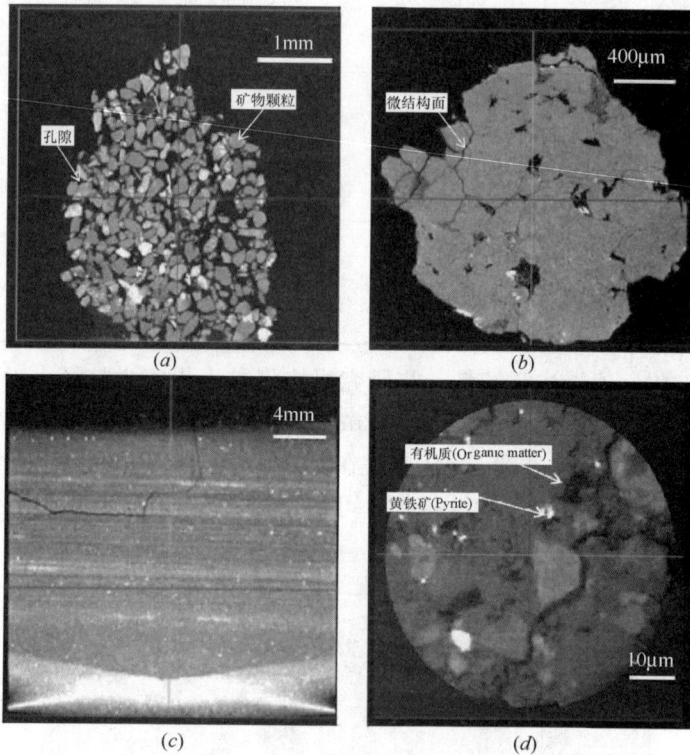

图 10-2   岩石样品 CT 扫描图像

(照片来源：薛华庆等)

(a) 油砂；(b) 致密砂岩；(c) 页岩（微米 CT）；(d) 页岩（纳米 CT）

岩体作为岩石块体和结构面的共同产物，一般将其分为六大类：块状结构、镶嵌结构、碎裂结构、层状结构、层状碎裂结构和散体结构。同时它也反映了岩体的完整性（表 10-2）。在实际工程中，需根据工程开挖和岩体裂隙密度的相对尺度来决定采用何种岩体结构来描述围岩。如图 10-3 所示，如果工程开挖尺度和裂隙密度相差较小，则只需考虑一组 (b) 或两组 (c) 结构面的影响；如果工程开挖尺度较大，其影响范围内的围岩含结构面则较多 (d、e)，需采用破碎岩体结构来描述围岩。从选取岩石试件进行岩体强度试验的角度来看，当取样尺寸较小时，岩样中几乎不含 (a) 或含有较少 (b、c) 结构面；当取样尺寸较大时，则岩样中含有较多结构面（*d*、*e*）。

总之，正确地描述岩体结构至关重要，它是岩体工程进行数值模拟、支护设计和工程施工的基础。

10.2.4 土的结构

土的结构是指土颗粒之间的相互作用及它们在空间上的分布状况。无黏性土（如砂和砾石）为单一颗粒结构。有黏性土（如粉土和黏土）为在以下两种情况下均可能形成并保持整体结构：①所形成的整体体积不随着含水量的变化而变化；②除了饱和沉淀土体的持续固结，整体结构的稳定也使得它们的

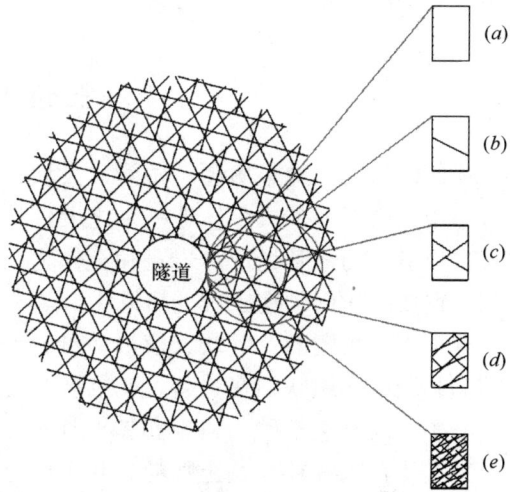

图 10-3　工程开挖与岩体结构相对尺寸示意图
（图片来源：Hoek and Brown，张子新）

体积未发生变化。无论从宏观还是微观角度讲，土的结构都影响甚至决定着土的很多工程特性，例如渗透性、承载力、抗剪强度、工作性、导热性和导电性等。在工程师眼中，土的结构概念比在土壤学家的眼中要宽泛得多，举个例子，松散沉积土体的结构包括从分散的单颗粒结构到松散的絮凝状结构（沉积于海底环境，含盐量很高）。

图 10-4 描述了不同土层的土体结构。

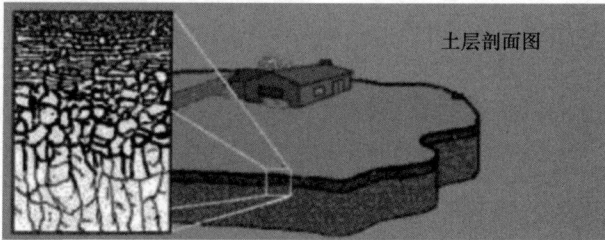

图 10-4　土层结构剖面图
（图片来源：Soil Basics-picture. htm，2003）

通常在未扰动的土体中包含有四种结构类型，从上到下依次为：粒状、板状、块状和棱柱状结构，这些土层即构成了所谓的土层剖面。表层土体的形成需要经历相当长的时间，所以我们必须保护和养护好这些土壤。一种经验估算方法认为每一英尺表层土的形成需要一百年的时间，而我们所需的肥沃土壤则需要一千年的时间！

总之，土体结构就是表示土颗粒构成土体的空间分布特征，良好的土体结构

对我们人类的工程建设十分有益。

10.3　土的工程特性

任何建筑物无论是房屋、桥梁、大坝、公路还是建造中的船舶，都必须支撑于地基土（岩石地基或土体地基）之上。从古至今，绝大多数工程建设的第一步都是选择良好的地基场址，岩石和土作为工程地基和建筑材料，在工程建设中起着相当重要的作用。在工程的概念中，岩土具有显著的地域差异特性，其主要由以下五个因素决定的：气候、植被、母岩、地形和成土时间。岩石中造岩矿物通过结晶和胶结作用联结在一起，矿物颗粒之间存在大大小小的孔隙和微结构面。土中的矿物成分包括砂、粉土和黏土颗粒，它们的粒径大小不同。砂颗粒粒径最大，其次是粉土颗粒和黏土颗粒。几乎所有的土体都包含这三种颗粒成分，但对不同的土体，各成分的比例却是千差万别。岩石和土中的矿物成分及其微观结构决定了它们的许多工程特性。

岩土地基基础工程建设的第一环节都是地质勘查，该环节对场地的适用性进行初步的分析和评价，获取岩土地基的基本地质参数和力学参数。一般来讲，岩石风化程度越大，其强度越小，变形抵抗能力越小。土体强度随深度的变化而变化，有时随深度的增加而增大，有时反之；土体变形特性则和土质有关。岩土体能否直接作为基础来使用，主要取决于它们的强度和变形特性。

因此，在选择基础结构类型时，对岩土的力学及工程特性的了解与研究是至关重要的，对分析可能的基础沉降具有很大的帮助。除了土体固结的原因以外，还有很多可能引起地基沉降的因素，它们是：冻结作用、土体化学成分的变化、地下水侵蚀作用、地下水位的降低以及周围地下工程的施工或车辆设备的运行等。这些因素造成的影响无法精确计算，在实际中需谨慎对待。图 10-5 (a) 和 (b) 所示为著名的两座斜塔，它们都是由于基础的不均匀沉降所致。

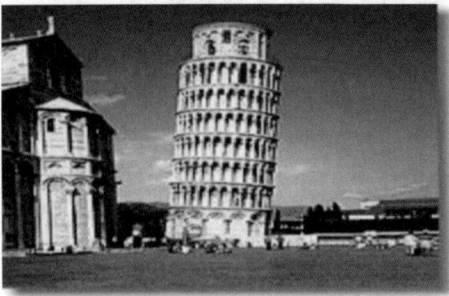

图 10-5 (a)　意大利比萨斜塔

（照片来源：GeoPhoto. html，2003，R. Wan 博士）

图 10-5 (b)　加拿大接吻的筒仓

（照片来源：GeoPhoto. html，2003）

从图 10-5 （a） 和 （b） 可以看出，在工程建设前我们需对场地的土质状况有一个预先的了解，这样才能保证结构在整个使用寿命中的安全可靠。"接吻的筒仓"是作为农场储存饲料用的。一般这些筒仓都是由农民自己修建的，渐渐地筒仓越建越大，有时仓底的地基土压力会超过土的抗剪强度，从而造成结构的下沉、倾斜甚至破坏。

岩土的工程特性通常采用地层剖面图进行描述。岩土的工程特性通常采用地层剖面图进行描述。岩层剖面图反映了岩层性质、成岩年代、岩层深度和宽度、节理倾向和倾角等地质信息，其物理力学性质的确定需要进行实地试验或取样进行室内土工试验。土层剖面图主要包括以下三类土层：表层土体（100～200mm）或暗色土体，该部分土体富含空气、水分及腐殖质，适于植物生长；下层土体，黏土状的土层；基岩，位于土层以下。在某些地区，例如南美洲，下层土体可能是由于搬运作用、残积作用或二者同时作用形成的。搬运作用是指风力、水力和重力等自然力作用，而残积土是岩体经风化作用后残留在原地形成的土。土体主要根据土的物理化学成分、有机结构等的不同进行分层，而各土层则是气候、生物体、地形构造变化等诸多因素长期相互作用的结果（Strahler & Strahler，1992）。

总之，岩土的工程特性是它们的类型、状态以及结构特性（如强度、可压缩性、渗透性、膨胀势等）的综合反映。

10.4 土力学理论的应用

岩体力学有两大基本研究任务：岩石块体的物理力学特性，包括强度、变形、水力学性质；包含结构面的岩体的物理力学特性和稳定性。岩体力学应用于实际工程中，主要有以下三方面：地下硐室和隧道开挖时围岩稳定性分析，岩质边坡的稳定性分析，岩质地基的承载力和稳定性研究。

在土力学中，基于莫尔-库伦强度理论的塑性分析方法应用十分广泛，其主要用于土体稳定性的分析，即确定塑性失稳状态和对破坏进行预测。莫尔-库伦准则有两种稳定性分析途径：滑移线法和极限平衡法，它们分别适用于以下情形：（1）假设在整个破坏区域均满足破坏准则；（2）假设破坏是由刚性土体间的相对位移引起的，而且塑性流动只发生于各刚体的边界区域。

另外，在达西定律和相关水力学理论的基础上，可以对土的渗透性与渗流进行进一步的研究，如确定渗透系、连续性方程、流网、渗流数值分析和水工结构的安全性等。还有一个重要方面就是可以利用固结理论计算土体的固结沉降。

以上所述即为土力学中利用基础力学和水力学知识解决工程问题的应用。最近几年中，土力学的应用遍布全球，尤其是在中国。图 10-6 （a） 和 （b） 所示为上海市两座著名的建筑：金茂大厦和东方明珠电视塔，它们均坐落于软土地基上并采用桩基础进行施工。

图 10-6　金茂大厦和东方明珠电视塔
(a) 金茂大厦；(b) 东方明珠电视塔
（照片来源：张子新　提供，2003）

　　上海地区的基础工程，尤其是桩基础（金茂大厦和东方明珠）从 20 世纪 30 年代起就开始引起世界范围的关注（ICSMFE，1936；Terzaghi 等，1948）。

　　图 10-7 所示为通过在土中安设集水管从而加速土体固结的地基处理方法，图 10-8 所示为在不均匀土质条件中进行管线施工的技术。

图 10-7　安设集水管
（照片来源：GeoPhoto. html，2003）

图 10-8　管线施工
（照片来源：GeoPhoto. html，2003）

　　在设计和施工过程中，如果采用了不恰当的准则或计算方法，将可能产生许多工程问题，有时甚至会酿成严重的后果。图 10-9 所示为自然灾害引起的滑坡事故，导致大量土体滑移破坏。

　　从图 10-10 中，我们可以清楚地看到由于不均匀沉降导致房屋结构出现裂缝的现象。

图 10-9　滑坡

图 10-10　不均匀沉降灾害

（照片来源：GeoPhoto. html，2003）

10.5 基 础 工 程

　　几乎所有的土木工程构筑物，如楼房、桥梁、公路、隧道、塔楼、沟渠或大坝等都必须修建于地基之上。为达到工程的安全性要求，结构物都应当选取适合的基础形式（浅基础或深基础）。当坚实土层距地表较深时，一个普通的浅基础，将通过竖向传力构件（如筏、桩、墩或沉箱等，它们之间并不存在明确的界限）把结构荷载传递至持力层中。深基础就是指当浅层土体无法满足建筑物对地基变形和强度方面的要求时，利用下部坚实土层或岩层作为持力层的基础形式。

　　与建筑材料（如钢铁、混凝土等）不同，想要对岩土体进行精确的分析计算是十分困难的。岩土体具有显著的地域差异特性，同一场地中的岩土在水平和竖直方向都可能发生明显的变化。所以，直到 21 世纪的今天，基础工程建设还是更多要依靠经验。对于重要的工程，时常需要钻设深探坑以获得某一深度的土样，有时还需在探坑底部进行静力加载试验以了解岩土体的承载力大小。

　　基础的作用是在满足以下要求的前提下，将上部结构荷重传递至地基土中：（1）不发生过大的沉降；（2）不产生不均匀沉降；（3）在荷载作用下不发生破坏。

10.5.1　基础类型

以下列出了针对不同情况所采用的基础类型：

（1）房屋结构基础（图 10-11）

（2）箱形基础（图 10-12）

（3）挡土墙（图 10-13）

（4）土钉墙（图 10-14）

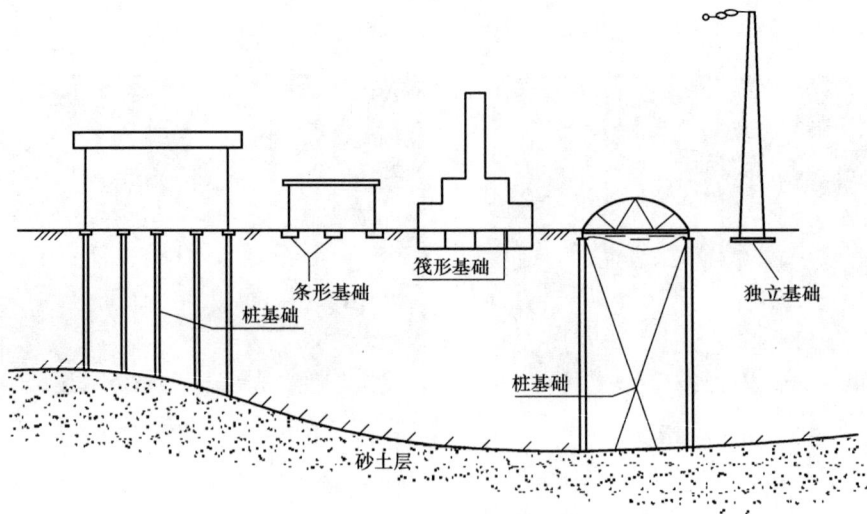

图 10-11   房屋结构基础

(来源：Bengt B. Broms，张子新)

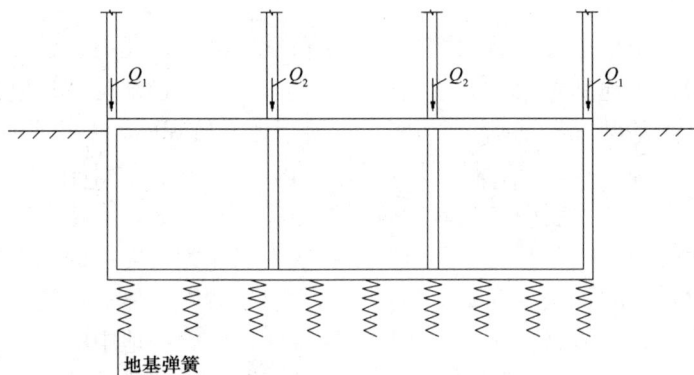

图 10-12   箱形基础

(来源：Bengt B. Broms，张子新)

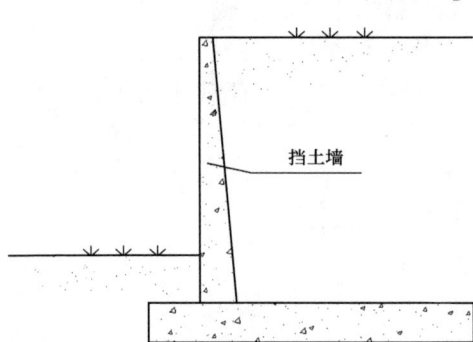

图 10-13   挡土墙

(来源：Bengt B. Broms，张子新)

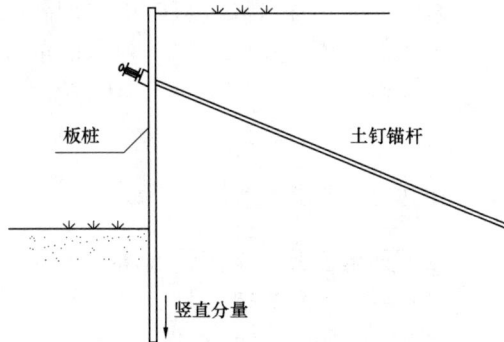

图 10-14   土钉墙

(来源：Bengt B. Broms，张子新)

（5）桩基础（图 10-15）

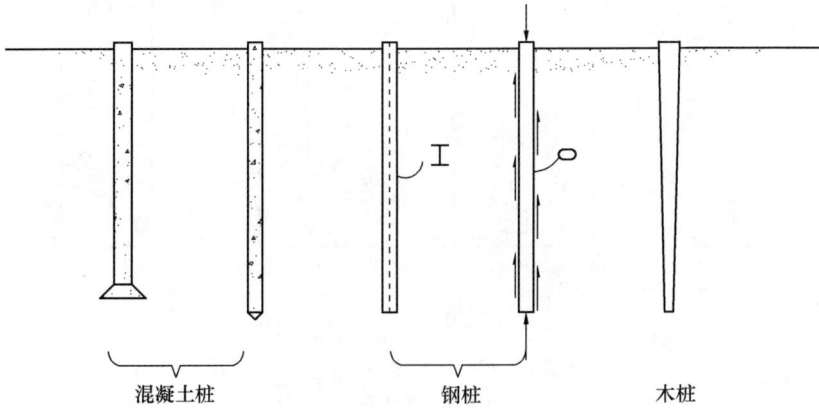

图 10-15　桩基础

（来源：Bengt B. Broms，张子新）

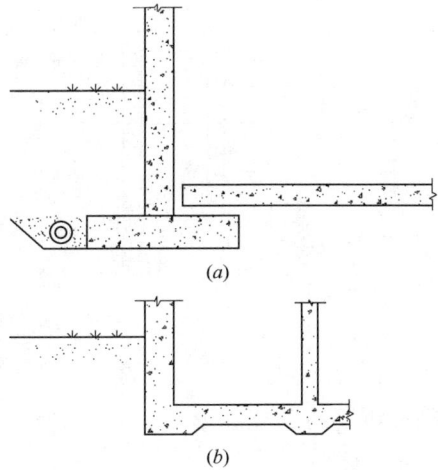

（6）群桩基础（图 10-16）

（7）条形基础与筏形基础（图 10-17）

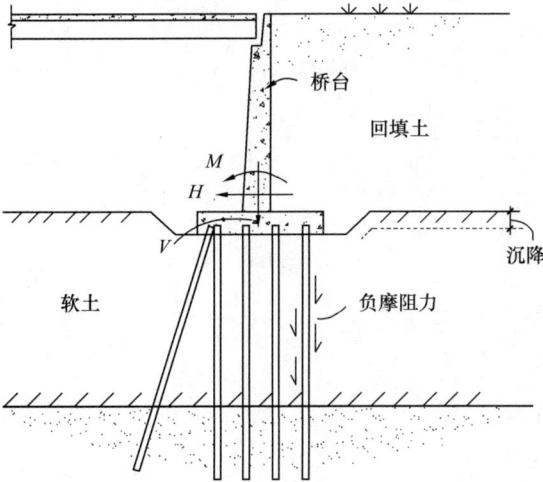

图 10-16　群桩基础

（来源：Bengt B. Broms，张子新）

图 10-17　条形基础与筏形基础

（a）条形基础；（b）筏形基础

（来源：Bengt B. Broms，张子新）

（8）墩基础（图 10-18）

（9）沉井基础（图 10-19）

10.5.2　深基础

随着我国经济的发展，尤其是在上海、北京和广州等大城市地区，采用深基础方案处理松软土地基问题越来越广泛。通常来说，桩基础、沉箱基础和墩基础

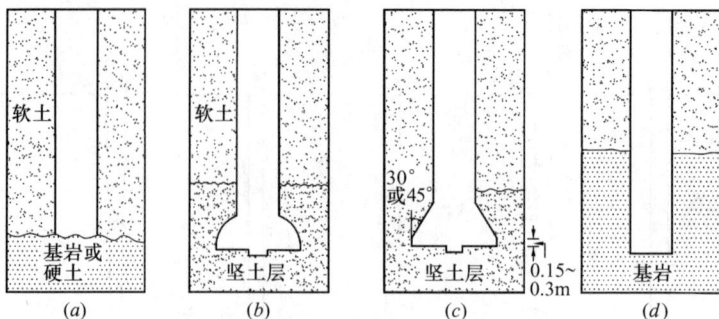

图 10-18　钻孔墩基础

（a）等直墩；（b）、（c）扩底墩；（d）嵌岩墩

（来源：张子新）

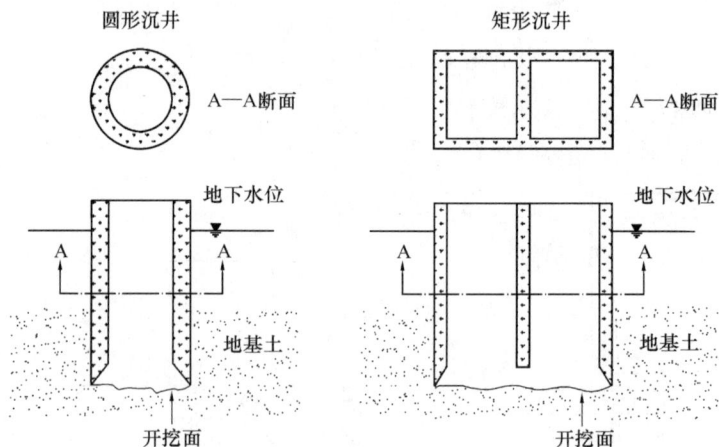

图 10-19　沉井基础

（来源：张子新）

是最重要的深基础形式。其中，沉箱和墩基础尺寸较大，通常采用打入法进行施工。

对桩基础类型进行选取时需考虑荷载类型、地基土条件和地下水情况等因素。桩主要可以分为以下几种类型：钢桩、混凝土桩、木桩、复合桩。由此可知，桩是由钢材、混凝土或木材制成的结构受力构件。虽然桩基础的工程造价较高，但对保证结构的安全还是十分必要的。

在基础工程中，以下的专业术语代表的基础形式之间常可相互交替使用：沉箱、墩基础、钻孔桩、钻孔墩。它们都属于具有一定尺寸的现浇混凝土或钢筋混凝土基础，如图 10-18 所示。沉箱基础主要可以分为以下三类：开口沉箱，即沉井基础（如图 10-19）；封闭式沉箱；气压式沉箱。

最后来回顾一下基础工程的历史。一些古文明地区的大城市中修建了大量的建筑物，当时建设过程中与我们现在的城市建设一样会遇到很多基础工程问题。最具代表性的工程如埃及的金字塔、巴比伦的庙宇、中国的长城、古罗马帝国的渠道和道路以及其他未载入史册的重要工程，它们在建设过程中一定遇到并处理了许多复杂的基础工程问题。面对变异性大、极为复杂的土体，我们可以推断：从古至今，人类对基础工程问题一直都很重视并倾注了大量的心血和智慧，而这些智慧的结晶也十分值得我们现代人去研究、学习、继承与发展。

思 考 讨 论 题

1. 请用您自己的语言论述一下"土力学与基础工程"的学科定义。

2. 试举例说明基础工程的类型。

3. 试分别叙述岩石和土的分类有哪些。

4. 试述岩体和土体的区别。

5. 试解释岩土力学和基础工程两个学科的区别。

6. 假如你是一名土木工程师，请论述社会发展中需求的变化将会如何影响你的工程态度和实践。

7. 试讨论国家和政府新出台的一些法律和政策今后将会对土木工程领域产生何种影响。

第11章 防灾减灾

11.1 引　言

当第一次听到"防灾减灾（hazard mitigation）"这个术语时，很多人会问："这是什么意思呢?"其实大多数人都知道"灾害（hazard）"的含义，即危险或需要提防的事情，但"防或减（mitigation）"的含义是什么呢? 古罗马人用"mitigate"来表达"缓和、削弱"的意思。而丹尼尔·韦伯斯特将其定义为："降低严重程度、减轻疼痛程度，或降低严厉、残酷、造成不利后果的程度"。这里"mitigate"是"relieve"、"alleviate"的同义词，都含有"减轻、缓和"的意思。减灾（hazard mitigation）就像服用阿司匹林来减轻头痛一样——尽管可能不能完全消除，但能在一定程度上起到减轻疼痛的效果。总地来说减灾就是降低危险形势的危害程度。

就实际应用而言，灾害包括自然灾害和人为灾害。防灾减灾就是降低、消除、转移或避免这些灾害的不利后果和影响。防灾减灾的标准定义是任何为减轻或消除由自然和人为灾害所带来对生命和财产的长期危险而采取的具备成本效益的行动。在这个定义中加入"具备成本效益"是为了强调一个重要的务实理念，即减灾措施应该从长远来看能节省最终的成本。

例如，在汶川地震和唐山地震中很多公路和桥梁毁坏了，那么是按照震前相同的标准重建这些结构划算，还是多花费一点、建造抗震能力更强的结构划算呢? 第二个选择很可能更为合理。另一方面，唐山也许不需要花费很多投资在抗洪上面，更适当、更具备成本效益的减灾措施应该是针对抗旱的。

11.2 灾害概念定位

在查看和考虑你所在社区面临的各种灾害之前，最重要的一件事情就是首先查看社区自身的构成。这样做的原因是能够确定在你的社区中存在什么样潜在的危险以及某种灾难是否会发生，这种基本信息，也叫"灾害概念定位"，当你在形成灾害优先级列表过程中评估不同类型灾难的后果时将会很有用。

为了确定社区中的灾害定位，美国联邦应急管理局（Federal Emergency Management Agency，简写为 FEMA）提出了一份包括 14 个部分的灾害定位索引表，你可以增加或者删减表中任何类别以获取对你所在社区最准确的描述。

定位识别

市/县＿＿＿＿＿＿＿＿＿面积＿＿＿＿＿＿＿＿＿平方公里

人口	
公共用水供应	
污水处理点	
道路/街道里程	
铁路里程	
管线里程	
公用事业线路里程	
机场	
医院	
桥梁	
水坝	
有毒物/化学品存放点	
有害废物处理点	
核电厂（距离）	

以下还有一些当你所在社区的评估灾害定位时需要考虑的其他事项：

1. 灾害定位——当灾难来临时什么将处于危险之中？

（a）灾害影响人群、住宅和行业、关键设施、运输路线、供水设施和服务、环境。

（b）第一准则："了解社区"。

2. 灾害影响人群——你社区的人口分布是怎样的？

（a）总人口。

（b）年龄和性别分布。

（c）在家和在校儿童数量。

（d）老年人和有特殊需求的人群数量。

（e）人口密度：城市和农村。

（f）社区中的劳动力数量。

（g）邻近灾害危险区域的人群数量：

- 核电厂；
- 化学制品储藏厂；
- 河流和水坝。

3. 灾害影响住宅和行业

（a）该地区有哪些行业？

（b）劳动力规模有多大？

　（c）规模最大和最关键的行业是什么？

　（d）人们采用什么方式上班？

　（e）还需要什么设施和服务？

　（f）如果某个行业关闭会发生什么？

　（g）在工作中的灾害危险是什么？

　（h）同危险地区的相邻程度是怎样的？

　（i）房产资源状况如何？

- 房屋数量；
- 建造类型；
- 施工方法；
- 位置。

4. 灾害影响住宅和行业

（a）医院和保健所。

（b）学校和托儿所。

（c）应急避难所。

（d）设施和服务。

（e）通信网络。

（f）应急服务。

（g）政府服务。

（h）运输条件。

以上只是为了准确了解灾难发生时的潜在危险而需要收集的一些基本社区信息。在开始时做到更好、更全面地了解你的社区，你就能制订出更详细、更准确的防灾减灾方案。而这也有助于你回答前面提到的一些问题：哪些灾难会造成最大的损失？哪些灾难会影响最多的人群和最大的地区？哪些灾难会使各行业和地区经济付出最昂贵的代价？

11.3　灾害易损性分析

在制订当地减灾方案中的下一步工作是进行灾害易损性分析（Hazard Vulnerability Analysis，简写为 HVA），我们将要确定哪些灾害会对你的社区造成最大的威胁。

灾害易损性分析就是评估一种特定灾难所带来的风险，并根据发生概率和频度、量级和严重程度、产生后果加以定义的过程。

做灾害易损性分析有很多种方法，从最新高科技的计算机建模方法到仅用铅笔和人脑进行分析的传统方法。无论采用何种方法，基本元素总是一样的，分析得到的最终结果就是使决策者能够预估损失、评价潜在影响、促进有效应急计划和灾害风险管理顺利进行的方法。

根据发生概率和频度来定义一种灾害就是确定其可能多长时间发生一次。就通常发生的自然灾难（洪水、冬季风暴）而言，通过当地新闻记录、官方记录和当地人的经历可以非常容易地为过去的发生历史提供证明。技术灾害和事故（核或化工）都受到法律的周密监控，因此可以通过这些法律要求的授权报告来进行追踪。一些严重的、会对高度发展和人口稠密地区造成毁灭性后果的灾害（地震）可能在最近记载中并未发生过，这种情况下你可能不得不依靠专家或统计预测其发生可能性和严重程度。

当确定了一种灾害的发生频度后，在你的当地灾害易损性分析中要考虑的下一件重要事项就是估量其量级和严重程度。量级就是一种灾害的强度和破坏力。严重程度就是其持久性和影响范围的程度。这两项指标同发生频度和概率一起就可以确认社区中灾害风险的次序。

需要指出的是，发生频度和严重程度是相互关联的，你可以针对每个风险类别和等级采用你自己的标准。无论你如何抉择，你的风险矩阵必须包括你的社区、必须考虑的所有灾害形式、并对各种灾害风险定义明确的参数。

以下是一个风险矩阵的例子。

风险矩阵灾害分析范例

		严 重 程 度			
		小规模	严重	大规模	灾难性
频　率	高	C	B	A	A
	中	C	B	B	A
	低	D	C	B	B
	很低	D	D	C	C

风险矩阵灾害分类列表

A 类（高风险/高优先级）

1. _____

2. _____

3. _____

4. _____

B 类（中到高风险/立即行动优先级）

1. _____

2. _____

3. _____

4. _____

C类（值得注意的风险/进一步考虑优先级）

1. _____

2. _____

3. _____

4. _____

5. _____

6. _____

7. _____

D类（低风险/建议优先级）

1. _____

2. _____

3. _____

4. _____

5. _____

6. _____

7. _____

8. _____

9. _____

11.4 防灾能力评估

现在你应该对威胁你社区的灾害以及哪些灾害会造成最大伤害有了很好的认识。通过查看刚才你完成的风险分类列表，你应该能知道对哪些灾害需要采取最即时的关注。

风险分类列表的完成只是一项减灾计划任务即风险降低优先级排序的开始。我们会在稍晚些制订减灾计划时回到这一步骤。

在对各种减灾努力进行优先级排序前，我们需要仔细考虑各种资源和针对我们确认的各种灾害所带来风险的降低能力。我们把这个步骤叫做防灾能力评估。

防灾能力评估，简单地说，就是看看你正在做什么、不在做什么、能做什么、甚至做了什么不利于降低灾害风险的事。

对有些人来说，防灾能力评估就像减灾计划过程中的丑小鸭或者被遗忘的小孩。针对毁灭性的地震、飓风或者龙卷风，防灾能力评估主要查看和考虑政府计划和政策、规章和条例、现有应急方案、人员和设备等。

防灾能力评估是当你为了降低灾害风险而查看社区里什么确实到位了而什么没有到位时首先要做的第一件事。在这个环节你需要查看防灾减灾策略的具体细节。

防灾能力评估中你需要综合大范围的真正可信的立场和观点。例如针对化学制品、储存、运输以及核设施等造成的各种人为灾害，防灾能力评估意味着要查找和察看从私人工厂到政府机构的大量法律规定的公共文件。当地的应急管理协调员可以协助你找到这些文件，这些文件能够帮助你找到社区里各种危险材料的生产和贮藏地，也能告诉你各现场这些材料的种类和数量。

同样可供借鉴的还有告诉你本社区曾经发生过多少危险材料事故、发生地点、涉及哪些化学制品以及问题是如何解决的等信息的各种报告。很多工厂（包括核电厂）都被责成提供"最坏情况"报告以预测厂址发生的大型灾难将对你社区造成的后果，这些信息可以帮助你在灾害易损性分析中确定这种事件所带来的后果。

防灾能力评估也意味着对你社区各种本地法律和规章制度做一个彻底的察看。一个具备灾害抵抗能力的社区需要有大量可以控制事态进展位置和方式的安全措施和预防措施。以下列出的清单包括了大量政策和规章文件以供考虑和评估对社区安全的各种正面和负面影响：

（1）足够的建筑规范；

（2）土地使用、区域划分和细分的规章制度；

（3）漫滩和暴雨水的条例；

（4）综合规划；

（5）基本建设改建和运输计划；

（6）设施和需求；

（7）人口增长和未来发展；

（8）经济发展计划；

（9）能源管理反应和恢复计划。

以上各种当地政策、规章和计划都有助于降低灾害风险。

防灾能力评估还应当跨越当地社区层面，查看更高级政府的职责。市、政和自治市应该查看县层面的有效保护措施，县应当执行上级政府和监管部门提供的各种减灾政策和保护措施。

你的防灾能力评估必须认可已经采取的积极的减灾布局，同时切合实际地指出任何缺陷和需要改进之处以提升社区的灾害抵抗能力。最终，你的防灾减灾计划将被包括在积极降低灾害风险的措施清单中。除此之外，一份细致的、经过深思熟虑的防灾减灾计划可以成为综合性多灾害防御对策中连接和协调当地政策、规章的核心。

防灾能力评估还需要查看当地社区的所有能降低灾难风险的可用资源。这些资源可以分为四类：人力资源、物资资源、信息资源和财政资源。

（1）人力资源

人力资源包括当地警力、救火、救护和应急管理、应急应对人员。当地政府运作和服务、电力、油气和其他公用事业提供者，都需要能在灾难发生的紧要时期正常运作并发挥作用。医生、护士和医疗辅助人员也必须在评估社区减灾能力时考虑进来。教师、社会公益服务人员、心理健康专业人员和志愿服务人员能够在抗灾准备的提高公众意识和安全教育方面以及辅助灾后应对和恢复方面发挥极其重要的作用。企业和当地居民也能成为减灾准备中的关键资源。

（2）物资资源

物资资源包括社区中可用的各种设备、车辆、公共土地、设施和建筑物。在对物资资产和需求的审查中还必须包括用于应急反应和恢复的设备和车辆。尽管应急反应和恢复通常被认为是应急管理中同灾害减轻完全不同的一个方面，但你的社区在灾难中和灾后迅速开展这些重要任务的能力是降低灾害损失和破坏程度的重要因素，而这正是减灾。一旦得到确认，以上设备和车辆的状况和条件以及你现在和将来的需求都将成为基本建设改进、投资和预算规划的依据。各种设施和建筑物在减灾中会发挥关键作用。警力、火灾营救、污水处理、用水供应、政府服务等社区基本功能的位置和所在地区必须得到评估以衡量其在灾难发生情况下的自身结构安全性和维持运作的能力。此外，还必须评估学校、医院等公共建筑的抗灾能力和作为应急避难所的可能性。

（3）信息资源

除了互联网上可用而丰富的有关灾难、减灾和计划的信息，还有来自其他渠道的非常有用的信息资源，包括印刷物和视频资料。对信息资源的评估还应当考虑不断提高的公众意识和教育努力及需求。一个了解灾难、减灾以及如何应对的社区已经为灾难来袭做了更好的准备。

（4）财政资源

我们防灾减灾能力评估的最后部分通常也是当地社区最为关注的：我们将从哪里得到用于社区防灾减灾的资金呢？让我们来看看中央和省的资金来源。大部分中央和省级资助项目都要求地方社区提供至少一部分的项目经费，包括提供资金或者实物服务。虽然地方社区的资助比例随项目不同而不同，地方社区仍然需要评估自身实施防灾减灾行动计划的财政能力和资源。

在你完成能力评估的时候，你应该已经对当前社区制订并执行一项综合性多灾害防灾减灾行动计划的资产和潜在需求有了充分的了解。为了形成一个有效计划，还需要回顾一下灾害易损性分析中确认的各类型灾害及其风险等级，并将其按优先级排序。被确认为最具破坏性和危险性的灾害（A类）将是第一优先级，B类为第二优先级并依此类推，直到所有你确认的灾害都被分级。一旦优先级评估完成，针对特定类型灾害的减灾能力匹配、减灾措施确定以及当地减灾行动计划的制订工作就可以最终得以开展。

11.5 防灾减灾措施

到目前为止在你的防灾减灾规划活动中，你应该对社区中最大危险所在和哪些资源可供选择有了很好的认识和了解，下一步是确定存在哪些可供选择的防灾减灾措施以有效降低你所确认的各种灾害所带来的风险和毁灭性后果。

如果我们尝试为每个社区评估每一个具体的灾害风险，并为各类型和各级别的灾害制订减灾措施，那么这一努力将持续相当漫长的一段时间，估计也没有人想这么去做。这一级别的特性和专门性决定其应当发生在地方一级，并由最了解该地区和所受风险、最直接承受灾难后果的人们来完成。而先确定各种可供选择的防灾减灾措施，则可以通过提供不同类型防灾减灾措施总体概念的方式来帮助减灾计划的启动。

共有六种降低灾害风险的一般方法：预防措施、财产保护、应急服务、结构工程、自然资源保护和公共信息。

（1）预防措施

这些措施通常是通过规划分区、空地保留、建筑规范及加固、暴雨管理和排水系统维护等方式来实施的。

（2）财产保护

此类措施就是永久地使人、财产和企业离开不安全的地区，在明智的防灾减灾规划中它们原本就不应该呆在那些地区。第一种这样的措施就是产权收购：即对易受灾害损失的土地采取公共采购和管理；迁移有危险的建筑也能取得产权收购同样的效果，这些住宅和企业被迁移到更安全的地区，但仍保留个人业主的产权，同时原住地由当地政府购买并维护；对一些受洪水威胁的住宅而言，提升建筑高度也是有效和适当的减灾措施。通过将建筑物中生活区域的高度提升到洪水线以上，就能降低洪水造成的损失和对生命财产的威胁，改修住宅也是适当的减灾方法，还可以把一些住宅中的设施、装置移到洪水线以上；此外，可以将能提高结构抵抗大风和沉重积雪能力的建筑技术引入到新住宅建造和已有建筑改造中，私有住宅和企业的保险政策以及参与国家洪水保险计划，都可以降低财产的未保险损失。

（3）应急服务

在灾难发生过程中采取这类措施可以减小灾难的不利影响。城市、县应急管理人员、主要和关键设施操作人员和其他当地应急服务组织将负责实施这类措施。这些措施包括预警系统、监测系统、应急反应计划、疏散、关键设施保护以及健康、安全维护。

（4）结构工程

结构工程通常是由工程师设计、由公共工作人员管理和维护。它们是按照减灾或者改变自然灾害（特别是洪水）的方法并使其离开受威胁的居住区。这样的例子包括水库、堤坝、防洪墙、水流分配、水道改变和暴雨水管。

（5）自然资源保护

这类措施保护和恢复自然区域及其自然功能。这些措施通常由公园和娱乐机构、保护机构或野生动物组织来实施，具体包括湿地保护、最佳管理实践、水土流失控制和河流保护。

（6）公共信息

公共信息计划将告知产权人、潜在产权人和其他人群各种灾害危险以及灾害中保护人员、财产的方法。这一般由公共信息办公室来完成。公共信息计划可以包括防洪地图和相关数据、图书馆资源、外联项目、技术帮助、房地产信息披露和环境教育计划。

减灾规划委员会应当针对社区面临的各项确认的风险考虑以上措施的实施范围，在所确认的灾害范围内各种可能降低灾害风险的减灾措施都必须被考虑到。

防灾减灾计划可能看起来简单明确。然而，我们现在做的大部分工作其实是为了抓住基本要点而避免多余的信息，查看整个社区面临的所有灾害风险，并提出降低这些风险的办法很可能后者比前者困难得多。

思 考 讨 论 题

1. 防灾减灾的含义是什么？
2. 为了确定社区中的灾害定位，需要调查和了解哪些方面的情况和资料？
3. 什么是灾害易损性分析？风险矩阵灾害分类列表中一般有哪几种分类？
4. 防灾能力评估应包含哪些内容？
5. 防灾减灾措施一般有哪几种？

第12章 土建行业未来发展趋势

土木工程专业的学生毕业后大多要从事土建方面的工作，应对土建行业的发展现状和未来发展趋势有所了解，以明确大学阶段的学习目标、知识储备以及毕业后的工作规划。

12.1 土建行业发展现状

最近几十年来，特别是 20 世纪 90 年代以来，我国土建行业飞速发展，取得了辉煌的成就。一方面体现在道路交通设施、铁路交通设施、水利设施、桥梁、体育馆、展览馆及超高层建筑等领域完成了一系列设计理念超前、科技含量高、使用要求高、施工难度大等令世界瞩目的重大工程。一方面体现在建筑业的产业规模创历史新高。2015 年，建筑业总产值约为 18.08 万亿元，占国民生产总值（GDP）20% 以上，是国民经济的支柱产业。同时，在国际市场上的开拓也取得了新的进展，年均增长 30% 以上。另一方面，我国土建行业是从国外引进材料、技术、人才最少，能依靠本国力量自主实现高速发展的行业之一。

我国土建行业在高速发展的同时，也存在不符合可持续发展战略、不符合现代产业发展要求、不符合信息时代管理模式发展方向等问题，凸显发展理念陈旧、技术落后。例如：土建行业能耗居高不下，直接和间接耗能占全国总耗能的 47% 以上；水泥用量占世界 59%；碳排放量突出，环境污染严重，生态环境时遭破坏；生产方式落后，仍属劳动密集型行业，生产效率低；习惯于传统依照经验管理的模式，无法应对项目海量数据的及时处理，无法实现精细化管理的基本要求等问题。同时，土建行业相关企业的科技研发投入低，主要精力放在不断地承接工程项目上，拥有能真正转化成生产力的有效专利和专有技术少，缺少向高科技企业发展的规划。因此，虽然我国土建行业取得了辉煌的成就，已成为了土建大国，但离土建强国的目标还有很长的路要走。

土建行业高速发展中存在的上述一系列问题已引起了国家高度重视。21 世纪以来，国务院、国家发展和改革委员会、住房城乡建设部等陆续颁布了一系列针对土建行业改革的相关政策文件，意欲推行绿色土建工程以实现土建行业的可持续发展策略，推行预制装配式建筑以符合现代化产业发展要求，推行信息化管理以符合信息时代管理模式的发展方向。从土建行业科学发展观来看，21 世纪以来的改革方向是正确的，土建行业未来的发展方向应该是绿色土建工程、新型建筑工业化和建筑信息化三个方面。而且这三个方面不应孤立发展，而应三位一体协调发展。

12.2　绿色土建工程

12.2.1　绿色土建工程的背景

18 世纪到 19 世纪，由于工业革命带来的负面影响，出现了工业生产污染严重、城市卫生状况恶化、环境质量急剧下降等问题，引发了严重的社会问题。为此，美国、英国、法国等国家开展了城市公园绿地建设活动来缓解工业革命产生的上述负面影响。为在城市发展中被迫与自然隔离的人们创造了与大自然亲近的机会，在一定程度上反映了绿色建筑的思想。

20 世纪 60 年代，美籍意大利建筑师保罗·索勒瑞首次将生态学（Ecology）与建筑学（Archite cture）两词合并为"Arology"，提出了"生态建筑学"的新理念，使人们对建筑的本质又有了新的认识，真正的绿色建筑概念在这时才算被提了出来。1972 年联合国人类环境会议通过的《斯德哥尔摩宣言》，提出了人与人工环境、自然环境保持协调的原则。

回顾过去我国二十多年的大规模基本建设，给人民生活提供了极大的便利，为社会创造了大量的财富，同时也消耗了大量的自然资源，产生了一系列环境问题。另外，建筑行业已成为能源消耗和碳排放大户。如果不用绿色发展理念加以革新，仍以粗放模式建设，将会摧残生态环境，制约中国乃至世界的可持续发展。

20 世纪 90 年代，我国首次引入绿色建筑的概念。在正式启动绿色建筑近 10 年的时间内，我国的绿色建筑从无到有、从少到多、从地方到全国、从单体向城区和城市规模化发展。特别是 2013 年《绿色建筑行动方案》发布以来，我国绿色建筑进入了新的发展阶段。尽管近年我国绿色建筑发展速度明显加快，但总体来说我国绿色建筑发展尚处于初步阶段，仍然存在不少问题。主要表现在以下几个方面：（1）大部分绿色建筑项目尚未在运营过程中得到验证，已获得绿色建筑标识的项目，80％以上集中在设计阶段；（2）市场上存在着部分追求噱头、形式片面、盲目进行技术堆砌倾向；（3）由于缺乏对绿色建筑投入产出的科学评价以及对社会环境效益的正确认识，从而影响设计和施工人员的主动积极性。

我国在国民经济和社会发展第十三个五年规划的建议中提出了五大发展理念。绿色发展理念是其中之一，提出"必须坚持节约资源和保护环境的基本国策，坚持可持续发展"以及"促进人和自然和谐共生"。土建行业在贯彻绿色发展理念时就应把实现绿色土建工程作为行动的目标。

12.2.2　绿色土建工程的发展策略

绿色建筑目前在国际上仍然没有一个统一的概念，欧美国家提出的"生态建筑"、"节能省地型建筑"和"可持续建筑"，以及日本提出的"环境共生建筑"等都是从不同角度对绿色建筑的阐述。对绿色建筑的提法的共同特点是将建筑与环境紧密联系，主要突出以下三个方面：对资源和环境的影响和负荷小；为人类提供健康舒适的生活环境；要求建筑与自然条件相融合。

我国对绿色建筑的定义为：绿色建筑（Green Buildings）是指在建筑的全寿命周期内，最大限度地节约资源、保护环境和减少污染，为人们提供健康、适用和高效的使用空间，与自然和谐共生的建筑。简言之，绿色建筑就是在全寿命周期内实现"四节一环保"，满足使用功能的同时与自然和谐共生。

由此可见，绿色建筑就是要在建筑全寿命周期内做到以下三点：一是节约各种资源，特别是强调节能；二是保护环境，强调减少环境污染，减少二氧化碳的排放；三是满足人民使用上的要求，为人们提供与自然和谐共生的空间。这就要求建筑行业在推行绿色建筑时必须认真做到节地和室外生态环境利用；节能和能源利用；节水和水资源利用；节材和材料资源利用；绿色施工及采用新型建筑工业化建造；室外环境保护及污染物控制；洁净室内环境及职业健康保护，等等。

因此，为使我国建筑行业能够尽早实现绿色建筑，必须坚持在建筑全寿命周期内从以下几方面作重点推进，并把各项指标的综合评价作为评价的依据：①绿色建筑材料和再生材料的利用；②绿色设计的创新理念，如"共享设计"的绿色建筑设计理论和"被动优先、主动优化"的解决之道以及结构轻量化设计理念等；③"建筑一体化管理（BIM）"信息共享平台的深度运用；④新型建筑工业化和绿色施工的系统研发；⑤结构全寿命设计，受灾后建筑功能快速恢复技术及多灾种防灾技术的应用等。除此之外，还必须坚持可持续发展观和形成人与自然和谐共生、建设生态文明等国家相关战略。只有以上述正确的发展理念为主导，建筑行业的绿色化才能全面、完善地得到实现。

12.3　新型建筑工业化

12.3.1　新型建筑工业化发展的背景

回顾历史，不难看出，工业革命的成果直接推动了制造业的变革，也影响了建筑工业化的发展。18世纪60年代开始的第一次工业革命的蒸汽机成果，促成制造业的变革是机器替代手工劳动，在建筑业出现了机械建造的预制装配式建筑。19世纪70年代开始的第二次工业革命的电气化成果，促成制造业的变革是自动流水线生产代替单台机器生产，形成大规模成批生产，在建筑业也出现了体系建筑和模块建筑等的流水线建造。20 世纪 50 年代开始的第三次工业革命的电子计算机和信息控制技术等成果,促成制造业的变革是向高度数字化自动控制下的生产发展,数控机床、机器人的大量应用,少人和无操作工人的车间正在陆续出现,在建筑业也有越来越多的建筑业工厂已在 BIM 技术的控制下采用机器人或数控机床进行建筑部品的批量生产和组装。

目前,美、德等发达国家正在致力于向第四次工业革命前进,其特征是智能化。制造业的变化体现在以下几方面:在控制技术方面,用可变的智能控制技术取代不可变的自动控制技术;在生产系统方面,用柔性制造系统取代刚性生产系统;在生产模式方面,用大量定制生产模式取代大规模成批生产模式;在生产体制方面,用社会化生产体制(即通过物流网和互联网技术组成最有效的产业链联盟)取代工业化生产体制。

我国建筑工业化现状与发达国家相比存在非常明显的差距。我国自 20 世纪 50 年代开始在全国建筑业推行标准化、工厂化,大力发展预制装配建筑。到 20 世纪 80 年代末,全国已有数万家构件厂,预制混凝土年产量达 2500 万 m³。但由于对预制装配式建筑的结构整体性缺少深入研究,在 1976 年唐山大地震中,几乎所有的钢筋混凝土预制装配式建筑都夷为平地;在北京建造的预制钢筋混凝土大板高层住宅经过几年使用后均发现板缝明显渗水,影响使用质量。另外,我国自 20 世纪 80 年代末开始推行社会主义市场经济,钢筋混凝土预制装配式建筑造价较高的缺点暴露无遗。因此,从那时起,我国的钢筋混凝土建筑仍回到以现浇结构为主,在少量机械化的辅助下由人工建造,相当于处在第一次工业革命时期的工业化水平。钢结构建筑情况稍好,均采用预制装配式,一些部品已有流水线建造,相当于第二次工业革命早期的工业化水平。

长期以来,我国建筑业一直是劳动密集型行业,主要依赖低人力成本和以包代管的生产经营模式。与其他行业以及国外同行业相比,我国建筑业存在手工作业多、工业化程度低、劳动生产率低、工人工作条件差、建筑工程质量和安全问题时有发生、建造过程的能源和资源消耗大、环境污染严重、建筑寿命低等问题。随着我国人口红利的淡出,建筑业的"招工难"、"用工荒"现象已经出现,而且仍在不断地加剧,传统模式已难以为继,必须向新型工业化道路转轨。

自 21 世纪初期以来,建筑工业化已提升成为我国在建筑领域的发展战略。实现建筑工业化符合《国家中长期科学和技术发展规划纲要(2006—2020 年)》,是我国当前建筑业转型升级、节能减排、新农村建设、城镇化和住宅产业化等国家重大发展需求的技术支撑。鉴于过去发展建筑工业化的经验教训,2002 年 11 月,党的十六大提出"走新型工业化道路"。2012 年 2 月,习近平同志在中央经济工作会议上提出"走一条中国式新型工业化道路",均提到了要有别于过去工业化的新型工业化。

近年来,全国由上而下地出台各种政策,意欲推动建筑特别是住宅建筑工业化的发展，但事与愿违。由于在推进建筑工业化发展的过程中，没有按照其自身发展规律去做，只是采用行政命令强行推行，其结果必然导致构件生产非标准化，出现费工费料费时的劳民伤财现象。

因此，要在全国更广、更快和更好地实现建筑工业化，必须对新型建筑工业化的目标和技术要求有清晰的了解，对其发展理念有正确的掌握，对其实现策略有认真的规划。

12.3.2 新型建筑工业化发展的策略

鉴于我国建筑工业化的技术水平相当落后，其发展必须贯彻创新发展理念，走新型建筑工业化的跨越式发展道路。

新型建筑工业化的目标和技术特征可从以下几方面加以说明：

（1）新型建筑工业化的技术水平应定位在第三次工业革命甚至第四次工业革命的技术水平，即达到深度信息化甚至智能信息化初步。

（2）新型建筑工业化的覆盖范围应是从建筑设计阶段开始到建筑物拆除为止的全寿命周期。

（3）建筑设计个性化应能在新型建筑工业化中得到充分的发挥。

（4）新型建筑工业化的建造系统应逐步采用可变的智能控制技术和柔性制造系统，形成大产量定制的生产模式，满足客户的各种需求。

（5）形成完备的各种建筑部品的商品化生产，通过产业链联盟的组建，逐步由工业化生产体制向社会化生产体制转变。

（6）实行满足个性化要求的菜单式订购。

基于我国建筑业的现状，要实现新型建筑工业化，任务是非常艰巨的，是一项不折不扣的系统工程。这项系统工程可以分解为建筑全寿命周期的 9 个阶段，在每一个阶段都有实现"一个化"的要求：即①建筑设计个性化；②结构设计体系化；③部品尺寸模数化；④结构构件标准化；⑤配套部品商品化；⑥加工制作智能化；⑦现场安装装配化；⑧建造运维信息化；⑨拆除废件资源化。

可以看出，当九个阶段都实现"一个化"的要求，即"九段九化"都能实现，就标志了新型建筑工业化的实现。

新型建筑工业化实现后取得的效果可用"四个高"加以归纳，即高效率、高质量、高科技、高效益。

为使我国建筑行业能够尽早实现新型建筑工业化，在推行新型建筑工业化时不能按部就班地走传统发展的老路必须坚持走跨越式发展的道路；必须坚持以达到提高质量、增加效率、减少污染、节约资源和降低成本等为追求目的，不能总是瞄准了获得各种优惠政策的指标去做，违背了新型建筑工业化必能取得的"四个高"的效果；必须坚持以建筑全寿命周期内的各项指标作为衡量的综合指标，不能采用只强调一个或少部分的指标而无视全体指标的做法。只有以上述正确的发展理念为主导，建筑行业的新型建筑工业化才能健康、迅速地得到实现。

12.4   建筑一体化信息管理

12.4.1   建筑一体化管理发展的背景

人类信息技术的发展经历了"语言的使用"、"文字的创造"、"印刷的发明"、"电话、电报、广播和电视的发明及普遍应用"以及"电子计算机、互联网和现代通信的使用"五次革命。而建筑信息化的概念是在信息技术第五次革命之后的1975 年由美国首次提出，但当时受制于技术未能实现。随着信息技术的不断发展，建筑行业信息化的定义也得到了不断地完善。我国对建筑行业信息化的定义为：运用信息技术，特别是计算机技术、网络技术、通信技术、控制技术、系统集成技术和信息安全技术等，改造和提升建筑业技术手段和生产组织方式，提高建筑企业经营管理水平和核心竞争能力，提高建筑业主管部门的管理、决策和服务水平。

近年来，随着信息技术的不断进步和建筑行业逐步规范，我国建筑行业信息化发展较快，信息网络建设开始起步，信息技术应用得到推广，但是大部分企业信息化基本处于单一应用阶段。企业信息化仅限于专业软件的局部使用，数据不能共享，普遍存在信息孤岛现象。根据国外建筑业信息化的发展轨迹，在未来若干年内，一方面行业工具软件将进一步得到广泛应用，另一方面行业发展要求建筑企业对工程项目建设进行全过程信息化管理，项目管理整体解决方案将得到大范围应用。此外，行业内信息的收集、共享也将通过网络平台等得到发展，为建筑企业经营决策提供支持。

我国在 2003 年由建设部颁布了《2003—2008 年全国建筑业信息化发展规划纲要》，指出我国要运用信息技术实现建筑业跨越式发展。2015 年，住房和城乡建设部发布《住房城乡建设部关于印发推进建筑信息模型应用指导意见的通知》（建质函［2015］159），就推进建筑信息模型（BIM）的应用提出了具体意见。然而信息技术在我国建筑行业的应用水平依然比较落后，严重落后于其他行业，而且主要不是企业自身驱动力去实施的，而是依赖国家政策的推动。但是随着中国建筑业全球化、城市化进程的发展以及可持续发展的要求，建筑企业应用BIM 技术对建筑全寿命周期进行全方位管理，是实现建筑业信息化跨越式发展的必然趋势。

12.4.2   建筑行业信息化的发展策略

新型建筑工业化需要有正确无误的精细化管理，建筑行业传统的项目管理方式无法应对项目海量数据的及时处理，无法解决协同效率低、错误多等问题，也无法完成一套完整的预算数据。由于缺乏强大的基础数据支撑，一切管理均依照经验指挥，再好的管理团队也不可能真正实现精细化管理。

建筑行业为了解决这一问题，最初采用"建筑信息模型"技术（Building Information Model 简称 BIM）得到了一个建设项目的物理和功能特性的数字表达；应用后发现 BIM 还需为项目从概念到拆除的全寿命周期中不断修正数字表达，以符合不断变化的实际情况，BIM 的表达改用"建筑信息建模"（Building Information Modeling）更为合适；以后更发现，BIM 又能为该项目在全寿命周期中的所有决策提供可靠依据，具有广泛的管理功能，BIM 更可改用"建筑信息管理"（Building Information Management）来表达；最近，BIM 又能为建筑工业化提供数字化信息，实现信息控制下的智能建造系统，因此，又把 BIM 表达为"建筑一体化管理"（Building Integration Management）。

BIM 在土建行业应用的过程中，已经显示了越来越多的功能，必将成为建筑行业信息化发展的主要方向。

建设单位应用 BIM，可使各参建方提供的数据信息具有便于集成、管理、更新、维护以及可快速检索、调用、传输、分析和可视化等特点，为建设单位建立科学的决策机制，实现工程项目投资控制管理，施工质量和进度的控制管理等提供便利。

勘察、设计单位应用 BIM，可实现对项目规划方案和投资策略进行模拟分析；可进行包括节能、日照、风环境、光环境、声环境、热环境、交通、抗震等在内的建筑性能分析，并结合全生命期成本，进行优化设计；可实现各专业之间数据信息的无损传递和共享，进行各专业之间的碰撞检测和管线综合碰撞检测，最大限度减少错、漏、碰、缺等设计质量通病，提高设计质量和效率。

施工及建造单位应用 BIM，可将土建工程所有部品的物理信息按工厂化制造的需要用数字化表达，使预制部品实现融入了 BIM 控制技术的工业化智能生产，引导建筑工业化的第四次革命；同时，应用 BIM 信息化管理，可优化构件的运输批次，大幅度提高运输管理效率，也可将现场安装的误差及时反馈给构件加工厂，以调整后续构件的加工精度，提高整体结构的安装精度；在施工单位应用 BIM 还可辅助工程预算的编制，对施工进度、人力、材料、设备、质量、安全、场地布置等信息及工程成本进行动态管理，实现可视化模拟和施工方案不断优化等精细化管理。

运营维护单位构建综合 BIM 运营维护管理平台，可支持大型公共建筑和住宅小区的基础设施和市政管网的信息化管理，实现建筑物业、设备、设施及其巡检维修的精细化和可视化管理，为工程健康监测提供信息支持。综合应用 BIM 运营维护模型和各类灾害分析、虚拟现实等技术，实现各种可预见灾害模拟和应急处置；BIM 运营维护管理平台与楼宇设备自动控制系统相结合，可支持设备设施运行的动态信息查询和异常情况快速定位。

由此可见，建筑一体化管理（BIM）可为建筑业的提质增效、节能环保创造条件，是建筑行业转型升级的重要标志，具有重要的战略地位和应用价值。同时，BIM 技术的特征是信息互用，即在项目建设过程中项目参与方之间、不同应用系统工具之间对项目信息的交换和共享。因此建筑行业在实现建筑一体化管理（BIM）信息平台时，必须认真贯彻共享发展理念：坚持实现的信息平台能为全行业共享；坚持实现的信息平台应在建筑全寿命周期内信息统一；坚持实现的信息平台能为各阶段所有参与单位共用。

12.5 土建行业未来发展策略

12.5.1 绿色化、工业化、信息化三位一体协调发展策略

新型建筑工业化在建筑全寿命周期内可划分成以下几个阶段：设计阶段、制作阶段、安装阶段、运维阶段以及拆除阶段。这五个阶段都有独立进行的时段、独立进行的空间，但又是循序渐进的。以制作阶段为例，在设计阶段完成后，就进入制作阶段，在工厂完成产品的制作，产品再进入安装阶段。按照新型建筑工业化的要求，制作阶段应将"水、电、暖等管道"、"内外装修"以及有关绿色化的措施等在构件和部品制作时一体化完成。绿色建筑是指导设计体现可持续发展观的一种先进理念，它的实现必须通过各种绿色化措施在建筑全寿命周期内的各个阶段予以实施。因此，体现绿色建筑的各种措施能否在新型建筑工业化的各个阶段一体化完成至关重要。绿色建筑的措施如不能在建筑工业化的各个阶段同时完成，不但影响建筑工业化的效果，也同样会影响绿色化措施的效果。因此，建筑行业的绿色化发展和工业化发展应该融合统一，协调发展，在推行绿色建筑时，处处考虑到建筑工业化的可行性，在推行建筑工业化时，处处关注到绿色建筑的要求，以达到相得益彰、事半功倍的效果。

新型建筑工业化要求建筑的建造和运维的全过程（即全寿命周期）是在数字化信息控制下的自动化或智能化系统中进行和完成。一个工程往往有数十个甚至数百个单位参与，所有海量信息必须前后一致、完全统一，才能在新型建筑工业化的高度自动化生产和管理系统中使用。而建筑一体化信息管理（BIM）平台能满足这一要求，能提供建筑全寿命周期内使用需要的用数字表达的信息，使其在新型建筑工业化的高度自动化生产管理系统中得到高效应用。建立在 BIM 信息平台上的新型建筑工业化并且在建造系统中融入了 BIM 控制技术后，建筑工业化将发生质的提升，可以将高度自动化的生产系统逐步发展为可自律操作的智能生产系统，引领建筑工业化的第四次革命。因此，建筑工业化发展和信息化发展应该融合统一，协调发展。

综上，绿色化、工业化、信息化三位一体协调发展符合土建行业的客观发展

规律，符合科学发展观，能起到 $1+1+1 \gg 3$ 的作用，是必需的，可行的。而要使土建行业的"三位一体"协调发展顺利进行，应从行业发展的高度制定合理可行的顶层设计方案，指导行业发展。

12.5.2 三位一体协调发展，应以钢结构建筑为抓手

钢结构建筑与混凝土结构建筑相比，已基本实现预制装配化，具备了自动流水线制造的能力，并且已形成了若干种符合建筑工业化制造特征的体系建筑（如：轻型工业厂房的轻钢门式刚架体系建筑、螺栓球节点网架结构体系建筑等），完成了多种建筑部品的商业化生产（如：墙面、楼面、屋面等）。因此，钢结构建筑已具有实现新型建筑工业化的基础，土建行业实现新型建筑工业化应以钢结构建筑为抓手，率先实现，并起示范作用。

钢结构建筑体系在我国已具备规模化发展的条件。钢结构建筑以其鲜明的工业化特色、轻质高强的优势以及干式施工方式，不仅可以大幅提高工程质量和安全技术标准，实现绿色施工，还可以大幅提高建筑的力学性能和使用品质，增强城市的防灾减灾能力。精心设计的钢结构建筑具有"轻、快、好、省"的特点。轻，在相同外荷载作用下，结构最轻，因而节材；快，工业化程度高，建造速度快因而节能、节水、节地、减少污染；好，材性好，能安全且容易做到轻量化，因而节材；省，钢材可回收利用，因而符合可持续发展要求。此外，钢结构建筑抗震性能好，减少地震灾害，可做到人与自然和谐共生，加上新型工业化建造，就能在全寿命周期内高质量地践行"绿色建筑"的各项要求。因此，钢结构建筑是实现"绿色建筑"的最佳结构形式。

钢结构建筑的建造特点决定了它在建筑信息化中具有较其他结构更明显的优势，主要体现在以下几个方面：①设计阶段，特别是深化图设计阶段，钢结构建筑的所有零件和建筑部品均可按工厂制造的需要将其物理信息数字化表达，直接为制造厂所用。建筑信息模型的建立，既能起到碰撞检查的作用，又能起到虚拟建造的作用，为优化现场施工安装方案提供了可视化的依据；②工厂制作阶段，融入了 BIM 控制技术后，可将 BIM 信息直接输入智能机器人和数控机床，实现钢结构构件的数字化制造，使钢结构建筑工业化产生质的提升，从高度自动化的生产逐步发展为可自律操作的智能生产；③运输阶段，通过信息化技术，可根据现场安装进程，对构件进场批次及堆放次序等运输方案做合理安排，大幅度提高运输管理效率；④现场安装阶段，可应用信息化技术，将现场安装中的误差及时反馈给钢结构制造厂，以调整后续构件的加工，减少整体结构的安装误差，实现精细化管理。由此可见，钢结构建筑能使 BIM 技术在实现新型建筑工业化建造中起关键作用。

综合分析来看，钢结构建筑的建造特征已可将其定位为建筑领域的制造业，制造业的各种先进经验可以得到借鉴；钢结构建筑建造技术的发展目标完全可以

定位在先进制造业的水平,实现跨越式发展;钢结构建筑建造技术的发展成果对于其他类别的结构都有示范作用,可以激励建筑业创新发展和转型升级;以钢结构建筑为抓手,因其固有特征,有望在土建行业内有效地推动行业的现代化发展,起到事半功倍的效果。

因此,土建行业三位一体,协调发展,应以钢结构建筑为抓手,推进我国由土建大国向土建强国的转变。

12.5.3 土建行业未来发展的人才培养策略

土建行业三位一体协调发展涉及建筑、结构、管理、信息、机械制造、智能控制等多学科交叉,其发展需要建设一批复合型高级科技人才队伍,才能支持其健康、高水平地发展。

传统的土木工程专业人才培养较重视扎实的知识结构,但面对土建行业未来发展趋势,其不足主要体现在:专业口径虽宽,但缺少多学科交叉渗透,与复合型土木工程专业人才培养的理念不相适应,也难以满足行业发展对人才的需求。

为适应土建行业未来发展的需要,应从以下几个方面大力推进传统土木工程人才培养模式向复合型人才培养模式的转变:①学科交叉上,建立从低年级开始逐步形成多学科交叉渗透的教学制度,将学科交叉渗透到课堂综合练习、讨论、试验、论文写作、课程设计、生产实习与毕业设计等各个环节,增加从不同学科或交叉学科的角度来解答的案例教学;②教学方法上,专业基础课的学习应主要采用询问学习、基于问题的学习、有指导的发现式学习等方法,专业课则主要采用基于项目、案例的教学方法,以提高教学效果。

根据复合型土木工程人才培养目标,结合其多学科交叉渗透的特性,应做好以下才培养任务,具体有:①多学科交叉渗透的人才培养方案与教学计划,着力于卓越工程师的培养,而非一般意义的人才教育;②建立多学科交叉渗透的教师队伍,形成各学科专家集合体;③合理安排多学科交叉渗透的教学内容、课程体系,编写相应教材,重点在于纵向整合工程经验的传授,横向整合工程案例解决方案;④安排多学科交叉渗透的实验,强调原理的发现与运用,而非操作过程的绝对掌握;⑤与行业龙头企业合作,建立重大工程或现代化工程的实践基地。

多学科交叉渗透的复合型土木工程人才培养模式包括交叉模式、互补模式与交流平台等三方面。①交叉模式:利用综合性院校在各学科的资源优势,研究确立交叉性实验训练、专业课程开放、新技术渗透、新工艺指导等多学科交叉渗透的培养模式。②互补模式:探讨跨专业、跨院系教师常态教学交流及其评价机制,形成多学科交叉在教学资源等方面的互补模式,加大前沿讲座与工程案例剖析的比例,包括课时、进度、内容等方面的协调。③交流平台:充分利用已有教学开放平台、实验室等,建立多学科交叉渗透的教学资源共享平台与教师交流平台。

　　在多学科交叉培养的途径上，应有意识地构建多学科交叉渗透人才培养管理与评价机制，在实施多学科交叉渗透人才培养模式上达成共识；应按照学科大类别进行统一招生，突破传统专业设置的局限性，鼓励合理设置多学科交叉课程体系与教学内容。建立以学分制为核心的教学管理制度，打破目前普遍实行学年制或学年学分制的状态；鼓励学生自选交叉学科课程，开展教师跨学科合作教学，由土木工程专业与其他相关专业教师共同完成同一课程的教学，强化多学科交叉的渗透性。

思 考 讨 论 题

1. 您如何看待我国土建行业取得的成就和存在的问题之间的关系？
2. 您认为土建行业应从哪些方面来贯彻"十八大"五中全会提出的国家"五大发展理念"？
3. 根据您的理解，"新型建筑工业化"是否等同于"预制装配式建筑"？
4. 您如何看待绿色土建工程与绿色建筑之间的关系？
5. 您如何看待BIM在土建行业未来发展中的地位？
6. 为满足土建行业未来发展对人才的需求，大学生应做哪些知识储备？

附录 高等学校土木工程本科指导性专业规范

一、学科基础

土木工程是建筑、岩土、地下建筑、桥梁、隧道、道路、铁路、矿山建筑、港口等工程的统称，其内涵为用各种建筑材料修建上述工程时的生产活动和相关的工程技术，包括勘测、设计、施工、维修、管理等。

土木工程的主干学科为结构工程学、岩土工程学、流体力学等；重要基础支撑学科有数学、物理学、化学、力学、材料科学、计算机科学与技术等。

土木工程的主要工程对象为建筑工程、道路与桥梁工程、地下建筑与隧道工程、铁道工程等。

二、培养目标

培养适应社会主义现代化建设需要，德智体美全面发展，掌握土木工程学科的基本原理和基本知识，经过工程师基本训练，能胜任房屋建筑、道路、桥梁、隧道、铁道等各类工程的技术与管理工作，具有扎实的基础理论、宽广的专业知识，较强的实践能力和创新能力，具有一定的国际视野，能面向未来的高级专门人才。

毕业生能够在有关土木工程的勘察、设计、施工、管理、教育、投资和开发、金融与保险等部门从事技术或管理工作。

三、培养规格

1. 知识结构

具有基本的人文社会科学基础知识，包括熟悉哲学、历史、社会学、经济学等社会科学基本知识，熟悉政治学、法法、管理学等方面的公共政策和管理基本知识，了解心理学、文学、艺术等方面的基本知识。具有扎实的自然科学基础，包括掌握高等数学和工程数学知识，熟悉大学物理、化学、信息科学和环境科学的基本知识，了解自然环境的可持续发展知识，了解当代科学技术发展的基本情况。掌握工具知识，包括掌握一门外国语，掌握计算机基本原理和高级编程语言的相关知识。具有扎实的专业知识，包括掌握理论力学、材料力学、结构力学、土力学、流体力学等力学原理；掌握工程地质、土木工程测量、制图、试验的基本原理，掌握土木工程材料的基本性能，了解新型材料的应用和发展前景；掌握工程经济与项目管理、建设工程法规和工程概预算等方面的基本理论；掌握工程荷载和结构可靠度的基本原理，掌握工程结构和基础工程的基本原理；掌握土木工程施工的基本原理，了解土木工程的现代施工技术；熟悉工程软件的基本原理；熟悉土木工程防灾减灾的基本原理。了解相关领域的科学知识，包括了解建筑、规划、环境、交通、机械、设备、电气等相关专业的基本知识；了解工程安全、节能减排的基本知识。

2. 能力结构

具有应用工程科学的能力，包括能运用数学手段解决土木工程的技术问题；能应用物理学和化学的基本原理分析工程问题，具有物理、化学实验的基本技能；具有应用土木工程技术基础的能力，具有较熟练的计算、分析和实验能力；能合理选用土木工程材料；能较熟练使用仪器进行一般工程的测绘和施工放样；能绘制工程图；能编制简单的计算机程序，具有常用工程软件的初步应用能力；具备对工程项目进行技术经济分析的基本技能，并提出合理的质量控制方法。

具备较强的解决土木工程实际问题的能力，包括能对实验数据进行整理、统计和分析；能够对实际工程做出合理的计算假定，确定结构计算简图，并对计算结果做出正确判断。熟悉工程建设中经常遇到的工程地质问题，具备合理选址的初步能力；能根据交通规划要求合理选择线路；能初步判断规划的合理性；能进行简单的建筑设计。能选择合理的结构体系、结构形式和计算方法，正确设计土木工程基本构件；能进行一般土木工程基础选型和设计；能对房屋、路桥、铁路、地下工程中的一种土木工程结构进行选型、分析和设计，并能正确表达设计成果；能进行简单工程结构的抗震设计。能合理制定一般工程项目的施工方案，具有编制施工组织设计、组织单位工程项目实施的初步能力；能够分析影响施工进度的因素，并提出动态调整的初步方案。具有评价工程质量的能力；能编制工程概预算；能够正确分析建造过程中的各种安全隐患，提出有效防范措施。具备信息收集、沟通表达能力、人际交往的能力。能够了解本领域最新技术发展趋势，具备文献检索、选择国内外相关技术信息的能力；具有较强的专业外语阅读能力、一定的书面和口头表达能力；具有与相关专业人员良好的沟通与合作能力；有预防和处理与土木工程相关的突发事件的初步能力。

3. 人文、科学与工程的综合素质

有科学的世界观和正确的人生观，愿为国家富强、民族振兴服务；为人诚实、正直，具有高尚的道德品质；能体现人文和艺术方面的良好素养。具有严谨求实的科学态度和开拓进取精神；具有科学思维和辩证思维能力；具有创新意识和一定的创新能力。具备良好的职业道德和敬业精神，坚持原则，具有勇于承担技术责任；具有不断学习、获取新知识和寻找解决问题的愿望，具有推广新技术的进取精神；具有良好的心理和身体素质，能乐观面对挑战和挫折；具有良好的市场、质量和安全意识；注意土木工程对社会和环境的影响，并能在工程实践中自觉维护生态文明和社会和谐。

四、教学内容

土木工程专业的教学内容分为专业知识体系、专业实践体系和大学生创新训练三部分，它们通过有序的课堂教学、实践教学和课外活动完成，目的在于利用各个环节培养土木工程专业人才具有符合要求的基本知识、能力和专业素质。

（一）土木工程专业知识体系

1. 土木工程专业的知识体系

土木工程专业的知识体系由以下四部分组成：

（1）工具知识体系

（2）人文社会科学知识体系

（3）自然科学知识体系

（4）专业知识体系

每个知识体系所包含的知识领域见附表1-1和附表1-2。

2. 土木工程专业的专业知识体系

（1）专业知识体系

土木工程专业的专业知识体系由以下六个知识领域组成：

1）力学原理和方法

2）专业技术相关基础

3）工程项目经济与管理

4）结构基本原理和方法

5）施工原理和方法

6）计算机应用技术

（2）六个知识领域的核心部分

这六个知识领域涵盖了土木工程的所有知识范围，包含的内容十分广泛。掌握了这些领域中的核心知识及其运用方法，就具备了从事土木工程的理论分析、设计、规划、建造、维护保养和管理等方面工作的基础。上述知识领域中的107个核心知识单元及其425个知识点的集合，构成了高等学校土木工程专业学生的必修知识。遵循专业规范内容最小化的原则，本专业规范只对上述知识领域中的核心知识单元及对应的知识点作出规定。

附件一列出了对这些核心知识及学习要求。为了方便教学需要，还列举了21门核心课程以及每个知识单元的推荐学时。

（3）六个知识领域的选修部分

考虑到行业、地区的人才需求差别，以及高校人才培养目标的不同，专业规范还在核心知识以外留出选修空间。如果教学计划的课内总学时控制在2500学时，选修部分的634学时由学校自己掌握。选修部分可以在上述六个知识领域内增加（相当于加强专业基础知识），也可以组成一定的专业方向知识，还可以两者兼而有之。选修部分反映学校办学的特色，根据学校定位、专业定位、自身的办学条件设置。高校应注意行业和地方对人才知识和能力的需求，根据工程建设的发展趋势对专业选修部分作适时地调整和安排。

为了加强指导，本专业规范推荐了建筑工程、道路与桥梁工程、地下工程、铁道工程四个典型方向的专业知识单元和每个方向 264 个推荐学时，供学校制定教学计划时参考（见附件三）。

（二）土木工程专业实践体系

土木工程专业实践体系包括各类实验、实习、设计、社会实践以及科研训练等形式。具有非独立设置和独立设置的基础、专业基础和专业的实践教学环节，每一个实践环节都应有相应的知识和技能点要求。

实践体系分实践领域、实践单元、知识与技能点三个层次。它们都是土木工程专业的核心内容。通过实践教育，培养学生具有实验技能、工程设计和施工的能力、科学研究的初步能力等。

1. 实验领域

实验领域包括基础实验、专业基础实验和专业及研究性实验四个环节。

基础实验实践环节包括普通物理实验、普通化学实验等实践单元。

专业基础实验实践环节包括材料力学实验、流体力学实验、土木工程材料实验、混凝土基本构件实验、土力学实验、土木工程测试技术等实践单元。

专业实验实践环节包括按专业方向安排的相关的土木工程专业实验单元。

研究性实验实践环节可作为拓展能力的培养，不作统一要求，由各校自己掌握。

2. 实习领域

实习领域包括认识实习、课程实习、生产实习和毕业实习四个实践知识与技能单元。

认识实习实践环节按土木工程专业核心知识的相关要求安排实践单元，可重点选择一个专业方向的相关内容。

课程实习实践环节包括工程测量、工程地质及与专业方向有关的课程实习实践单元。

生产实习与毕业实习实践环节的实践单元按专业方向安排相关内容。

3. 设计领域

设计领域包括课程设计和毕业设计（论文）两个实践环节。

课程设计与毕业设计（论文）的实践单元按专业方向安排相关内容。

每个实践单元的学习目标、所包含的技能点及其所需的最少实践时间见附件二。

（三）大学生创新训练

土木工程专业人才的培养体现知识、能力、素质协调发展的原则，特别强调大学生创新思维、创新方法和创新能力的培养。在培养方案中要运用循序渐进的方式，从低年级到高年级有计划地进行创新训练。各校要注意以知识体系为载体，在课堂知识教育中进行创新训练；以实践体系为载体，在实验、实习和设计中进行创新训练；选择合适的知识单元和实践环节，提出创新思维、创新方法、创新能力的训练目标，构建成为创新训练单元。提倡和鼓励学生参加创新活动，如土木工程大赛、大学生创新实践训练等。

有条件的学校可以开设创新训练的专门课程，如创新思维和创新方法、本学科研究方法、大学生创新性实验等，这些创新训练课程也应纳入学校的培养方案。

五、课程体系

本专业规范是土木工程专业人才培养的目标导则。各校构建的课程体系应提出达到培养目标所需的全部教学任务和教学要求，并覆盖所有核心知识点和技能点。同时也要给出足够的选修课程。

一门课程可以包含取自若干个知识领域的知识点，一个知识领域中知识单元的内容按知识点也可以分布在不同的课程中，但要求课程体系中的核心课程实现对全部核心知识单元的完整覆盖。

本专业规范在工具、人文、自然科学知识体系中推荐核心课程 21 门（附表 1-1 中 A、B、C），对应推荐学时 1110 个；在专业知识体系中推荐核心课程 21 门（附表 1-2 中 D、E、F、G、M、N），对应推荐学时 712 个。专业规范在实践体系中安排实践环节 9 个（附表 2-1 中 AA），其中基础实验推荐 54 学时，专业基础实验推荐 44 学时，专业实验推荐 8 学时；实习 10 周，设计 22 周。

课内教学和实验教学的学时数（周数）分布见下表。

课内教学和实验教学的学时数（周数）分布

项目	工具、人文、自然科学知识体系学时数（周数）	专业知识体系学时数（周数）	选修学时数	
			推荐的专业方向选修学时数（周数）	剩余学时（周数）
专业知识体系（按 2500 学时统计）	1110 学时	712＋44 学时	264 学时	370 学时
	44.4%	30.2%	10.6%	14.8%
专业知识体系（按 2300 学时统计）	48.3%	32.8%	11.5%	7.4%
专业实践体系（按 40 周统计）	62 学时＋3 周	32 周	—	4 周
	约 90.0%			约 10.0%

六、基本教学条件

（一）教师

1. 有一支结构合理、相对稳定、水平较高的教师队伍。教师必须具备高校教师资格。

2. 承担本专业主干课程的任课教师不少于 2 人/每门；专业教师中高级职称教师比例不少于 40%，具有研究生学历的教师比例不低于 70%。毕业设计（论文）阶段 1 名教师指导的学生人数不应多于 10 名。

3. 有学术造诣较高的学科带头人，具有一定比例的有工程实践经历的专兼职教师。对于新办本专业的学校，应有业务能力较强、教学经验较为丰富的教师主持教学管理工作，并有一支胜任本专业各主干课程教学任务的骨干教学队伍。

4. 公共课、基础课和专业基础课教师应能够在数量和教学水平上满足土木工程专业教学的需要。

（二）教材

1. 要选用符合专业规范的教材或教学参考书，教材内容应覆盖所有的核心知识。专业方向的教材或讲义应形成系列，满足培养方案和教学计划的要求，并符合学校的办学特色。

2. 基础课程教材应尽量选用适合学校办学特色的省部级以上规划教材。

（三）图书资料

1. 学校图书馆中应有与土木工程专业学生数量相适应的本专业图书、刊物、资料，应具有数字化资源和具有检索这些信息资源的工具。

2. 有专业资料室，并能满足学生在各类教学环节中查阅所需的资料。图书、资料的利用率比较充分。

（四）实验室

1. 基础课程实验室的设备应满足土木工程专业的教学需要，并满足教学计划规定的学生分组实验的台套数要求。计算机的数量和管理应满足学生学习的需要。

2. 专业实验室仪器设备必须满足所开设实验的条件，并根据各校的专业方向和具体情况有所侧重。专业实验室生均仪器设备费需达到 0.4 万元以上。

3. 基础和专业实验室应有具备高级职称的实验人员，人数应满足要求，管理应规范有序。

（五）实习基地

1. 要有相对稳定的校内外实习基地，实习基地应符合专业实习的要求。

2. 校外实习基地的建设应有规章制度、相对稳定的兼职指导教师和必要的资料档案。

（六）教学经费

1. 学费收入用于四项教学经费（本科业务费、教学差旅费、教学仪器维修费、体育维持费）的比例需大于 25％，并逐年有所增长。其中本科业务费和教学仪器维修费需占四项教学经费的 80％及以上。

2. 新设的土木工程专业，开办经费一般不低于生均 1 万元（不包括学生宿舍、教室、办公场所等）。

七、专业规范的附件

附件一　土木工程专业的知识体系、核心知识领域、核心知识单元和知识点

附件二　土木工程专业实践教育体系中的实践领域、核心实践单元和知识技能点

附件三　推荐的建筑工程、道路与桥梁工程、地下工程、铁道工程方向知识单元（略）*

附件一

土木工程专业的知识体系、知识领域、核心知识单元和知识点

工具、人文、自然科学知识体系中的知识领域及推荐课程（1110 学时）

附表 1-1

序号	知识体系（学时）	知识领域			推荐课程
		序号	描述	推荐学时	
1	工具知识（372）	1	外国语	240	A
		2	信息科学技术	72	
		3	计算机技术与应用	60	
2	人文社会科学知识（332）	1	哲学	204	B
		2	政治学		
		3	历史学		
		4	法学		
		5	社会学		
		6	经济学		
		7	管理学		
		8	心理学		
		9	体育	128	
		10	军事	3 周	
3	自然科学知识（406）	1	数学	214	C
		2	物理学	144	
		3	化学	32	
		4	环境科学基础	16	

专业知识体系中的核心知识及推荐课程学时（712 学时）

附表 1-2

序号	知识领域	核心知识单元（个）	知识点（个）	推荐课程	推荐学时
1	力学原理与方法	36	142	D	256
2	专业技术相关基础	33	125	E	182
3	工程项目经济与管理	3	20	F	48
4	结构基本原理和方法	22	94	G	150
5	施工原理和方法	12	42	M	56
6	计算机应用技术	1	2	N	20
	总计	107	425	21 门	712

---

* 请参阅高等学校土木工程学科专业指导委员会编制的《高等学校土木工程本科指导性专业规范》（中国建筑工业出版社，2011 年版）

附件二

土木工程专业实践教育体系中的实践领域、核心实践单元和知识技能点

实践体系中的领域和核心实践单元 附表 2-1

序号	实践领域	核心实践单元（个）	实践环节	推荐学时
1	实验	2	AA	54
2		6		44
3		1		8
4	实习	3		1 周
5		2		3 周
6		4		4 周
7	设计	1		2 周
8		7		8 周
9		1		14 周

实验领域的核心实践单元和知识技能点 附表 2-2

核心实践单元		知识与技能点		
序号	描述（学时）	序号	描 述	要求
1	普通物理实验（48）	1		参照物理教学要求
2	普通化学实验（6）	1		参照化学教学要求
3	材料力学实验（10）	1	万能试验机的构造和工作原理	了解
		2	万能试验机的基本操作规程	掌握
		3	低碳钢和铸铁的拉、压屈服极限、强度极限及低碳钢的伸长率、断面收缩率的测定方法	掌握
		4	材料拉伸图的绘制，低碳钢与铸铁的拉、压力学性能的比较	掌握
		5	比例极限内胡克定律的验证，实验加载方案的拟定、钢材弹性模量的测定，引伸仪的使用方法	掌握
		6	低碳钢和铸铁的剪切屈服极限、低碳钢的剪切强度极限的测定，低碳钢及铸铁试件扭转破坏情况的观察与比较	熟悉
		7	低碳钢材料的剪切弹性模量的测定、材料受扭时在比例极限内剪切胡克定律的验证	掌握
		8	电测法的原理及电阻应变仪的使用、电阻应变片的应用	了解
		9	矩形截面简支梁在受纯弯曲时横截面上正应力的大小及其分布规律的测定	掌握
		10	受弯扭组合变形作用的薄壁圆筒表面一点的主应力及主方向的测定	熟悉

参 考 文 献

［1］ Yan Jinxiu. Tunneling and underground works in the mainland of China，Int. J. of Tunnels & Tunneling International，2000，45~48.

［2］ Li Dianhuang. Tunnel construction and technical progress on railway，Int. J. of Tunnels & Tunneling International，1999，38~40.

［3］ 苏小卒主编. 土木工程专业英语，上海：同济大学出版社，2000.

［4］ Tongji University，Geotechnical Engineering，in English，1994.

［5］ T. Adachi，Urban tunneling(shield tunnels)in Japan-non-circular shield tunneling technology，Proceedings of the International Seminar on Practice and Advance in Geotechnical Engineering，Shanghai，China.

［6］ 刘建航，侯学渊. 盾构法隧道. 北京：中国铁道出版社，1991.

［7］ King，E. H.，Rock Tunnels，Tunnel Engineering Handbook，Bickel，J. o.，Kuesel，T. R. and King，E. H.，eds，Second edition，Chapman & Hall，pp122~152.

［8］ H. S. Chung，G. J. Bae. Underground excavation and tunneling. Eleventh Asian Regional Conference on Soil Mechanics and Geotechnical Engineering，Hong et al. (Eds.)，2001.

［9］ 葛耀君. 土建英语. 上海：上海教育出版社，1996.

［10］ 孙一芳编. Hydraulic Engineering. 北京：商务印书馆，1995.

［11］ 周开鑫主编. Civil Engineering English. 北京：人民交通出版社，2001.

［12］ Offshore Structural Engineering. Dawson. Thomas. H，Printed in the United States of America.

［13］ 裘晓星主编. 船舶与海洋工程英语. 北京：海洋出版社，1989.

［14］ J. E. Bowles，Foundation Design and Analysis，New York，McGraw-hill，1982.

［15］ B. M. Das，M. F. Azim，Uplift Capacity of Rigid Pile Groups in Clay，Soils and Foundations，Col. 25，No. 4，1985.

［16］ Edited by Zhao Mingyu，Civil and Architecture English(3rd)，Beijing：China Architecture and Industry Press，1987.

［17］ Bengt B Broms. Foundation Engineering，ebook，2003.

［18］ http：//cz. slider. com/enc/25000/hydraulics. htm

［19］ 陈可一编. 水利工程概论讲义. 北京：高等教育出版社，1957.

［20］ Michael R. Lindeburg，P. E.，"Civil Engineering Reference Manual"，5th ed.，Professional Publications，Inc.，Belmont，1989.

［21］ Ray K. Linsley，Jr.，Max A. Kohler，and Joseph L. H. Paulhus，"Hydrology for Engineers"，3rd ed.，1982.

［22］ 姚润丰. 我国重点水利工程建设取得重大进展. 新华网，2008 年 1 月 24 日.

［23］ 刘树坤. 生态水力学研究进展. 中国论文下载中心.

［24］ 董哲仁. 生态水工学的工程理论. 中国水利，2003 年第 1 期.

[25] 郑连生. 环境水利学科研究进展、应用与展望. www. 66wen. com, 2006 年 08 月 01 日.

[26] 高等学校土木工程专业指导委员会编制. 高等学校土木工程专业本科教育培养目标和培养方案及课程教学大纲. 北京：中国建筑工业出版社，2002.

[27] 范立强. 桥梁工程. 北京：人民交通出版社，2004.

[28] http://image. baidu. com

[29] http://tupian. baike. com

[30] https://en. wikipedia. org

[31] http://szb. gdzjdaily. com. cn

[32] 陈志龙，刘宏. 城市地下空间总体规划. 南京：东南大学出版社，2011.

[33] 邵继中. 人类开发利用地下空间的历史发展概要. 城市，2015(8)：35-41.

[34] 胡斌，赵贵华. 蒙特利尔地下城对广州地下空间开发的启示. 地下空间与工程学报，2007，3(4)：592-596.

[35] 陈一新. 巴黎德方斯新区规划及 43 年发展历程. 2003，18(1)：38-46.

[36] 陈志龙，张平，郭东军，王陈媛. 中国城市中心区地下道路建设探讨. 地下空间与工程学报，2009，5(1)：1-6，12.

[37] 缪宇宁. 上海虹桥综合交通枢纽地区地下空间规划. 地下空间与工程学报，2010，6(2)：243-249.

[38] 郭子坚. 港口规划与布置[M]. 北京：人民交通出版社，2011.

[39] 洪承礼. 港口规划与布置[M]. 北京：人民交通出版社，1999.

[40] 周素真. 港口航道工程学[M]. 北京：中国水利水电出版社，2000.

[41] 楼江涛. 港口与航道工程现状及未来发展[J]. 民营科技. 2013(06)：174.

[42] 邱大洪. 工程水文学[M]. 北京：人民交通出版社，2011.

[43] 严恺. 海岸工程[M]. 北京：海洋出版社，2002：702.

[44] 程昌华，刘晓平，唐寿鑫. 航道工程学[M]. 北京：人民交通出版社，2001.

[45] 朱海澎，张小东. 浅谈港口与航道工程现状及未来发展[J]. 科技创新与应用. 2012(32)：176.

[46] 吴小根，王爱军，张建新. 射阳县沿海滩涂资源的开发利用研究[J]. 经济地理. 2004，24(2)：268-271.

[47] 吴持恭. 水力学[M]. 北京：高等教育出版社，2007.

[48] 贡力，孙文. 水利工程概论[M]. 北京：中国铁道出版社，2012.

[49] 辛全才，牟献友. 水利工程概论[M]. 郑州：黄河水利出版社，2011.

[50] 田士豪. 水利水电工程概论[M]. 北京：中国电力出版社，2004：234.

[51] 周福田，张贤明. 水运工程施工[M]. 北京：人民交通出版社，2004.

[52] 邓友生. 土木工程概论[M]. 北京：北京大学出版社，2012.

[53] 沈祖炎. 土木工程概论[M]. 北京：中国建筑工业出版社，2009.

[54] 项海帆，沈祖炎，范立础. 土木工程概论[M]. 北京：人民交通出版社，2007.

[55] 裘江海. 我国近代滩涂开发利用综述[J]. 水利发展研究. 2006(03)：26-28.

[56] 武汉大学，崔承章，熊治平. 治河防洪工程[M]. 北京：中国水利水电出版社，2004.

［57］ 左其华，窦希萍．中国海岸工程进展［M］．北京：海洋出版社，2014．

［58］ 王树明．单桩式潮流电站的总体设计［D］．哈尔滨工程大学，2012．

［59］ 林继镛．水工建筑物［M］．北京：中国水利水电出版社，2009．

［60］ 焦爱萍，杨邦柱．水工建筑物［M］．北京：中国水利水电出版社，2009．

［61］ 汪胡桢．水工隧洞的设计理论和计算［M］．北京：水利电力出版社，1990．

［62］ 谷兆祺，马吉明，才君眉．水利水电工程经验与案例分析［M］．北京：中国水利水电出版社，2008．

［63］ 张兴玲．浅析我国潮汐电站的开发与利用［J］．江西能源，2009，（03）：9-11．

［64］ 杜文朋，包凤英，戴哈莉．浅议当今世界海洋发电的发展趋势［J］．广东电力，2001，（01）：16-18．

［65］ 沈明荣，陈建峰编．岩体力学．上海：同济大学出版社，2006．

［66］ 陈颙，黄庭芳，刘恩儒编．岩石物理学．合肥：中国科学技术大学出版社，2009．

［67］ 中华人民共和国国家标准，工程岩体分级标准（GB/T 50218—2014），北京：中国计划出版社，2015．

［68］ 孙广忠．岩体力学基础．北京：科学出版社，1983．

［69］ 蔡美峰主编，何满朝，刘东燕副主编．岩石力学与工程．北京：科学出版社，2002．

［70］ 薛华庆，胥蕊娜，姜培学，周尚文．岩石微观结构 CT 扫描表征技术研究．力学学报，2015，47(6)，1073-1078．

［71］ E. Hoek and E. T. Brown. Underground excavations in rock. The Institute of Mining and Metallurgy，London，1980．

［72］ 沈祖炎，罗金辉，李元齐．以钢结构建筑为抓手，推动建筑行业绿色化、工业化、信息化协调发展［J］．建筑钢结构进展，2016，18(2)：1-4．

［73］ 刘镇，周翠英．多学科交叉渗透的复合型土木工程人才培养模式探索［J］．高等建筑教育，2014，23(2)：12-15．

［74］ 高等学校土木工程学科专业指导委员会编制．高等学校土木工程本科指导性专业规范．北京：中国建筑工业出版社，2011．

高校土木工程专业指导委员会
规划推荐教材（经典精品系列教材）

征订号	书 名	定价（元）	作 者	备 注
V28007	土木工程施工（第三版）（赠送课件）	78.00	重庆大学　同济大学　哈尔滨工业大学	教育部普通高等教育精品教材
V28456	岩土工程测试与监测技术（第二版）	36.00	宰金珉　王旭东　等	
V25576	建筑结构抗震设计（第四版）（赠送课件）	34.00	李国强　等	
V22301	土木工程制图（第四版）（含教学资源光盘）	58.00	卢传贤　等	
V22302	土木工程制图习题集（第四版）	20.00	卢传贤　等	
V27251	岩石力学（第三版）（赠送课件）	32.00	张永兴　许明	
V20960	钢结构基本原理（第二版）	39.00	沈祖炎　等	
V16338	房屋钢结构设计	55.00	沈祖炎　陈以一　陈扬骥	教育部普通高等教育精品教材
V24535	路基工程（第二版）	38.00	刘建坤　曾巧玲　等	
V20313	建筑工程事故分析与处理（第三版）	44.00	江见鲸　等	教育部普通高等教育精品教材
V13522	特种基础工程	19.00	谢新宇　俞建霖	
V28723	工程结构荷载与可靠度设计原理（第四版）（赠送课件）	37.00	李国强　等	
V28556	地下建筑结构（第三版）（赠送课件）	55.00	朱合华　等	教育部普通高等教育精品教材
V28269	房屋建筑学（第五版）（含光盘）	59.00	同济大学　西安建筑科技大学　东南大学　重庆大学	教育部普通高等教育精品教材
V28115	流体力学（第三版）	39.00	刘鹤年	
V12972	桥梁施工（含光盘）	37.00	许克宾	
V19477	工程结构抗震设计（第二版）	28.00	李爱群　等	
V27912	建筑结构试验（第四版）（赠送课件）	35.00	易伟建　张望喜	
V29558	地基处理（第二版）（赠送课件）	30.00	龚晓南　陶燕丽	
V29713	轨道工程（第二版）（赠送课件）	53.00	陈秀方　娄平	
V28200	爆破工程（第二版）（赠送课件）	36.00	东兆星　等	
V28197	岩土工程勘察（第二版）	38.00	王奎华	

征订号	书　　名	定价(元)	作　者	备　注
V20764	钢-混凝土组合结构	33.00	聂建国　等	
V29415	土力学(第四版)	42.00	东南大学 浙江大学 湖南大学 苏州大学	
V24832	基础工程(第三版)(赠送课件)	48.00	华南理工大学　等	
V28155	混凝土结构(上册)——混凝土结构设计原理(第六版)(赠送课件)	42.00	东南大学　天津大学 同济大学	教育部普通高等教育精品教材
V28156	混凝土结构(中册)——混凝土结构与砌体结构设计(第六版)(赠送课件)	58.00	东南大学　同济大学 天津大学	教育部普通高等教育精品教材
V28157	混凝土结构(下册)——混凝土桥梁设计(第六版)	52.00	东南大学　同济大学 天津大学	教育部普通高等教育精品教材
V25453	混凝土结构(上册)(第二版)(含光盘)	58.00	叶列平	
V23080	混凝土结构(下册)	48.00	叶列平	
V11404	混凝土结构及砌体结构(上)	42.00	滕智明　等	
V11439	混凝土结构及砌体结构(下)	39.00	罗福午　等	
V25362	钢结构(上册)——钢结构基础(第三版)(含光盘)	52.00	陈绍蕃	
V25363	钢结构(下册)——房屋建筑钢结构设计(第三版)(赠送课件)	32.00	陈绍蕃	
V22020	混凝土结构基本原理(第二版)	48.00	张　誉　等	
V25093	混凝土及砌体结构(上册)(第二版)	45.00	哈尔滨工业大学 大连理工大学等	
V26027	混凝土及砌体结构(下册)(第二版)	29.00	哈尔滨工业大学 大连理工大学等	
V20495	土木工程材料(第二版)	38.00	湖南大学 天津大学 同济大学 东南大学	
V29372	土木工程概论(第二版)	28.00	沈祖炎	
V19590	土木工程概论(第二版)	42.00	丁大钧　等	教育部普通高等教育精品教材
V30759	工程地质学(第三版)	36.00	石振明　黄雨	
V20916	水文学	25.00	雒文生	
V22601	高层建筑结构设计(第二版)	45.00	钱稼茹	
V19359	桥梁工程(第二版)	39.00	房贞政	
V19338	砌体结构(第三版)	32.00	东南大学 同济大学 郑州大学	教育部普通高等教育精品教材

注：本套教材均被评为《"十二五"普通高等教育本科国家级规划教材》和《住房城乡建设部土建类学科专业"十三五"规划教材》。